역사영웅서사문학의 세계

이 저서는 2007년 정부(교육과학기술부) 재원으로 한국학술진흥재단의 지원을 받아 수행된 연구임(KRF-2007-814-A00228).

역사영웅서사문학의 세계

이 민 희

서울대학교출판부

A Comparative Study of Historical Heroic-Narrative Literature from Korea, Japan, Poland, and England

Min-heui Lee

Seoul National University Press

머리말

개인적인 이야기를 먼저 꺼내야 할 것 같다. 20여 년 전, 해외여행 자유화가 시작된 지 얼마 되지 않았던 대학교 1학년 시절에 미국 대륙횡단 여행을 다녀온 적이 있었다. 그때 시카고에서 어느 흑인과의 만남을 통해 필자는 개인적으로 일생을 뒤바꿀 만한 커다란 정신적 충격을 받았었다. 문화적 편견과 개인적 무지에 대한 깨달음 때문에 나 자신이 한없이 작아졌지만, 오기랄까 그때 이후로 타 문화와 비교문학에 대해 깊은 관심을 갖게 되었다. 그래서 방위병 판정을 받았음에도 불구하고 현역병인 카투사로 자원입대해 군 생활을 하며 미국 문화를 배우고 우리와 또 다른 의식세계가 있음을 확인할 수 있었다.

제대 후 본격적으로 국문학을 연구하고자 결심하고, 곧바로 실천에 옮겼다. 당시 세계문학과 국문학을 아우른 연구에 몰입하고 계시던 서울대 조동일 선생님께 사사하고자 서울대 대학원으로 진학하게 된 것이다. 물론 그러한 결심 이면에는 어느 날 내 꿈속에 폴란드로 건너오라며 손짓하던 한 폴란드 여인과의 만남이 있었다. 결국, 대학원 과정에서 고전문학을 공부하면서 비교문학 대상을 폴란드문학으로 정하고, 방학 때마다 폴란드를 오가며 폴란드와 동유럽 문학세계에 빠져들었다. 그 결과 석사 및 박사학위를 우리 고전문학과 폴란드 고전문학을 연결시킨 논문으로 만들어 제출할 수 있었다. 거기에 조동일 선생님의 무수한 격려와 지도가 있었던 것은 두말할 필요가 없다. 고전문학 연구자가 외국문학, 그것도 유럽문학을 가지고 학위논문을 쓴다는 것은 아직까지 학계에서 한번도 시도되지 않았던 것이었다. 그래서 곱지 않은 시선도 적잖이 받으며, 외롭게 나 자신과 싸울 수밖에 없었다. 그러나 그럴 때마다 서울대 국문과 선생님들의 지도와 동학들의 후원이 있었기에 오늘의 필자가 있을 수 있게 되었다. 20대와 30대 중반을 우리 고전문학과 비교문학 연구에 빠져 신명나게 즐긴 느낌이다. 그 짧지 않은 시기에 고민했던 사유의 흔적을 박사학위논문으로 제출한 것이 본 저서의 초고다.

본 연구는 세계 역사서사문학사에서 중세에서 근대로 이행하던 시기에 창작된 동서양의 네 편의 역사영웅서사문학 작품의 비교를 통해 역사영웅서사문학의 일반적 특성을 구명하는 것을 목적으로 삼았다. 역사서사문학은 역사와 문학, 이 두 분야의 갈등과 긴장이 서로를 제약하는 동시에 서로를 자극하는 이중적 관계에서 발전해 왔다. 과거의 역사를 객관적으로 재현해야 할 뿐만 아니라, 문학적 완성도 또한 갖추어야 하기 때문에 역사서사문학은 역사를 해석하고 허구화하는 작가의 관점 내지 시대적 요구에 따라 실재한 과거의 역사와는 별개의 것으로 창안되어 왔던 것이다.

그런데 역사서사문학에 관한 연구는 그동안 동서양을 막론하고 소설 중심으로 이루어져 왔다고 해도 과언이 아니다. 더욱이 사실주의소설론에 입각해 논의를 펴 왔으나 문제는 이러한 서양의 소설론이 세계 역사서사문학 작품들의 실상과 특성을 제대로 설명해 주지 못한다는 점일 것이다. 그리하여 서양에서는 사실성을 강조한 나머지 주로 근대의 사실주의 소설에 큰 비중을 두고 역사서사문학 논의가 이루어졌으며, 동양의 역사서사문학 작품을 소위 역사적 로맨스 또는 낭만주의적 역사 소설이라고 하여 하등품으로 치부해 왔다. 이러한 서양의 역사서사문학론 중에 게오르그 루카치(Georg Lukács)의 이론이 대표적이다. 그가 영국의 월터 스콧(Walter Scott)이 쓴 『웨이벌리(*Waverley*)』(1814)를 세계 역사소설의 효시로 평가한 것은 이미 잘 알려진 바다. 그러나 루카치의 이런 평가와 소설의 서사학적 기원론이 얼마나 객관적이며 보편적이냐 하는 문제는 여전히 재고를 요한다. 동서양의 역사 전체를 살펴볼 때, 서사문학 작품 속에는 사실성보다는 비사실성(혹은 전기성, 환상성)이 더 오랫동안 지배적이었다는 사실을 고려할 필요가 있다. 어떤 면에서 사실성을 강조한 서양의 사실주의 문학론은 세계 역사서사문학작품의 실상을 파악하는 데 오히려 장애가 될 수 있다.

그래서 여기서는 역사서사 작품을 문학 갈래별 분류 개념이 아니라 소설사 전개구도를 이해하기 위한 매개 개념으로 여기고 하위 유형 개념을 따로 설정하고자 했다. 역사영웅서사문학으로 묶을 수 있는 여러 나라의 여러 하위 서사갈래별(예를 들어, 영웅서사시, 영웅소설, 영웅인형극대본) 작품들을 가지고 역사영웅서사문학이 보여줄 수 있는 보편성과 특수성을 살피되, 문학사의 한 시대(중세 이후부터 근대 이전 시기)에 나타난 고유한 특질과 의미가 무엇인지를 고구해 보고자 한 것이다. 서사학이라는 문학이론에다 영웅담을 포개고, 역사적 인물 또는 사건을 중첩시켜 바라보고자 했다. 이는 달리 말하자면 서사라는 일차적 하드웨어에다 역사와 영웅이라는 소프트웨어를 얹어 얻어진 결과물로서의 문학작품들을 동양과 서양의 경우를 막론해 비교 · 분석한 성과라 하겠다. 이론을 세우고 실제 작품에 적용하는 작업을 시양 이론에 기대지 않고 오히려 기존의 서양 이론을 비판하는 입장에서 동서양의 대표직 역사영웅서사문학 작품을 가져와 대입 · 적용시켜 봄으로써 드러나는 개별 작품의 장단점을 거시적으로 파악하고 그 문학사적 의미를 찾아보고자 한 것이다.

본 연구는 일반 서사문학과 달리 '역사영웅' 서사문학이 지닌 특징이 무엇인지 변별해 내려 했다는 점에서 가치가 있다. 또한 국내 작품이나 주변의 일본, 중국 작품에만 한정시키지 않고, 서양의 작품까지 균등하게 다루고자 함으로써 거기서 도출된 결과들이 세계문학사적 보편성을 이해하는 하나의 단서를 제공해 줄 수 있으리라고 본다. 이는 곧 연구 방법의 독창성과도 연결된다고 하겠는데, 본 연구는 동양과 서양의 작품을 동등한 비율로 다루고 있으며, 또한 주목한 연구대상 작품들을 연구자가 원서를 직접 읽고 해석 · 분석한 것이라는 점에서 의미를 부여할 수 있다. 특히 일본과 폴란드의 작품은 아직 국내에서 본격적으로 다뤄지지 못하고 있는 것이다. 전공 연구자들은 물론 일반 독자들에게도 새로운 자료를 접할 수 있는 기회가 되리라 본다. 물론 비교대상으로 삼은 작품들은 각 나라별로 역사영웅서사문학 작품으로 손꼽히는 최고의 고전작품들이라 자국 문학사에서 첫 번째로 내세울 만한 대표작인 만큼 취급 대상 작품이 갖는 문학사적 의미는 새삼 재론할 필요가 없을 것이다. 세계 속의 한국문학을 이해하고 한국문학의 세계화에 관심이 많은 독자들, 또는 국문학과 세계문학의 연결지점을 확인하고 싶은 독자들에게 이 책이 여러 시사점과 연구 시각을 제공해 줄 수 있기를 감히 소망해 본다.

박사학위논문을 제출한 지 벌써 5년이 지났다. 그 후로 자꾸만 새로운 분야에 흥미를 느껴 연구 영역을 확장하고 이것저것 흥이 가는 쪽으로 연구하다 보니, 논문을 책으로 만들어 낼 엄두조차 내지 못하고 있었다. 그러다가 이번에 다행히 한국학술진흥재단의 지원을 받아 책으로 출간할 기회를 얻게 된 것이다. 한편으로 마음의 짐을 덜게 된 기분이다. 그러나 다른 한편으로, 논문을 다시 보면 볼수록 미진한 부분이 너무 많아 원투 짭 펀치를 얻어맞는 것처럼 정신을 차리기 어렵다. 마음 같아서는 전면 개고를 하고 싶지만, 어디 그게 쉬운 일인가? 그렇다고 세월의 무게와 가벼운 단상을 그대로 놔두는 것 또한 마음이 편치만 않을 듯 싶었다. 그래서 일반 독자들도 가능한 한 쉽게 읽을 수 있도록 풀어쓰는 데 방향을 두었다. 시비조가 아닌 설명조로 새 작품들을 접할 수 있도록 주력하였다. 그러나 이 역시 여전히 성이 차지 않는 부분이 적지 않다. 독자와 연구자들의 넓은 양해를 구한다.

부족한 논문의 출판을 맡아 주신 서울대학교출판부에 진심으로 감사의 마음을 표하고 싶다. 아울러 심사를 흔쾌히 맡아주시고 귀한 질정과 격려를 해주신 이상택 선생님 · 김명렬 선생님 · 최건영 선생님 · 최경국 선생님이 계셨기에 오늘의 이 책이 가능할 수 있었다. 또한 학문과 연구를 하면서 평생의 지음(知音)이 돼 준, 사랑하는 정인 · 재인 · 해인 세 여인에게도 감사할 따름이다. 마지막으로 세계문학과 국문문학, 아니 학문의 너른 바다에서 항해할 수 있는 혜안과 학도락(學道樂)의 묘미를 베풀고 계시는 조동일 선생님이야말로 모두와 함께 오르고 싶은 높은 산과 같다. 산이 있어 오르는 것과 오르고 싶어 산을 타는 것의 차이를 알 듯 말 듯하다.

2009년 2월 10일

이 민 희

차례

I. 서론

1. 문제제기 및 기존연구 검토

본 연구는 중세에서 근대로 이행하던 시기에 창작된 영웅문학 작품들을 통해 역사적 사실과 허구적 서사를 함께 지닌 역사서사문학의 일반적 성격을 고찰하는 것을 목표로 한다. 세계 여러 나라에 존재하는 몇 편의 역사영웅서사문학 작품들을 직접 비교해 역사영웅서사문학의 공통점과 차이점을 밝히고, 세계문학사 및 자국문학사에서 이들 작품들이 차지하는 위치와 의의를 재정립해 보고자 하는 것이다.

역사서사문학은 역사와 문학, 이 두 분야의 갈등과 긴장이 서로를 제약하는 동시에 서로를 자극하는 이중적 관계 속에서 발전해 왔다. 과거 역사를 적절히 객관적으로 재현해 내는 한편, 문학적 의미와 장치 또한 중간에 혼효시켜 놓기 때문에 역사서사문학에서는 사실과 허구의 상관관계가 중요한 의미로 다가오지 않을 수 없다. 그 결과 역사를 해석하고 허구화하는 작가의 관점 내지 시대적 요구에 따라 실재한 과거의 역사와는 별개의 것으로 창안될 수도 있다. 때로는 시대 또는 작가에 따라 역사적 사실성을 강조하여 허구화 가능성의 논리를 배제시키거나, 혹은 그 반대로 허구성을 강조한 나머지 역사적 사실을 의도적으로 바꿔 놓기도 한다.

이렇듯 역사서사문학이 근본적으로 갖고 있는 창작원리 및 성격상의 모호성은 지금까지 역사서사문학을 규정하기 힘들고 모호한 문학적 범주로 여기게 만드는 한 요인이 되어 온 것이 사실이다. 또한 역사적 사실을 허구적 서사를 통해 표현해 내는 양식이 지역과 시대에 따라 다양하게 존재해 온 것도 역사서사문학의 본질과 특성을 명확하게 규정짓지 못하게 하는 이유 중 하나였다. 거기에 덧붙여 역사서사문학에 관한 연구가 그동안 동서양을 막론하고 소설 위주로 이루어져 온 것도 하나의 이유라면 이유랄 수 있다. 이것은 전통적으로 사실주의론이 소설론을 중심으로 전개되어 왔을뿐더러, 서양의 역사소설 작품을 가지고 서양인의 관점에서 바라본 역사소설론이 전 세계적으로 커다란 영향을 끼쳤기 때문이기도 하다.

그렇다면 과연 이렇듯 막강한 영향력을 행사해 온 서양의 소설론이 세계 역사서사문학 작품들의 실상과 특성을 제대로 설명하고 있는가? 사실을 말하자면 오랫동안 서양에서의 역사서사문학론은 대개 사실성을 강조하고, 주로 근대의 사실주의 소설론에 집착해 왔다. 고전 역사서사문학 작품을 소위 역사적 로맨스 또는 낭만주의적 역사소설로 운운하면서 근대 사실주의 소설의 하류 격으로 치부하기도 했다. 대표적인 것이 게오르그 루카치(Georg Lukács)의 역사소설론이다.

"역사소설은 19세기 초에, 대략 나폴레옹의 몰락과 때를 같이하여 발생했다."[1]라는 선언적 문장으로 시작하는 『역사소설론(*Der historische Roman*)』[2]에서 루카치가 영국의 월터 스콧(Walter Scott)이 쓴 『웨이벌리(*Waverley*)』(1814)를 세계 역사소설의 효시로 평가한 것은 이미 널리 알려져 있는 사실이다. 그런데 루카치의 이러한 주장의 밑바탕에는 1930년대 후반에 파시즘에 대항하고자 나타난 사실주의 유물론적 문학론이 자리 잡고 있음을 간과해서는 안 된다. 사실주의 문학론에서는 언어와 현실, 기호와 대상 간의 직접적이고 모방적인 관계로써 경험적이거나 역사적인 현실을 상정할 때 비로소 그 언어의 사실성과 타당성을 검증받을 수 있다고 여겼기 때문에, '과거의 객관적 묘사'에 비교적 충실한 스콧의 역사소설이야말로 근대문학 작품으로 적합하다고 보았던 것이다. 인물을 통해 역사의 중심을 구현하고 역사 속에서 인물을 형상화해 내는 방법이 우수하다고 본 사실주의 문학평론가들의 논리에 힘입어 루카치의 역사소설론이 전 세계적으로 오랫동안 큰 영향력을 행사해 온 것이다.

그러나 루카치는 서양문학에 끼지 못하는 다른 세계의 문학이나 전 세계를 아우르는 문학사 전개에 대해 무관심했을 뿐만 아니라(적어도 그의 글에서 서양 문학의 범주에서 벗어난 작품까지 거론하며 그의 주장을 편 것은 없다) 유물론적 사실주의 이론에 부합하는 작품들만을 택해 사실주의 문학을 적극 옹호하려 했다. 더욱이 스콧에 대한 루카치의 평가는 스콧의 작품에 나타난 특성들을 객관적으로 분석한 결과라기보다는 자신의 변증법적 역사소설론에 잘 들어맞는 것에 대한 찬사를 보낸 것이나 마찬가지다.[3] 그렇기 때문에 스콧의 역사소설 작품에 대한 평가는 시대에 따라 희비가 엇갈릴 수밖에 없었다. 가령, 스콧이 살아 있을 때와는 달리, 19세기 후반 또는 20세기 초에 스콧의 작품은 모험소설 내지 로맨스 차원의 아동용 소설로 격하되고 본격문학의 영역에서 멀어지기도 했다. 그러다가 다시 1930년대에 이르러 루카치에 의해 새롭게 재평가된 것이었다. 다시 말해 루카치가 높게 평가한 스콧의 소설작품은 시대에 따라 다르게 해석 · 평가되어 왔던 것이다.

그런데 동양과 서양의 서사문학사 전체를 살펴볼 때, 서사문학 작품 속에는 오랫동안 사실성보다는 비사실성(혹은 전기성, 환상성)이 지배적 요소로 작용해 왔음을 알 수 있다. 그에 비해 사실성을 강조한 사실주의 문학론이나 실제 작품창작이 중심적 위치를 차지하게 된 것은 근대 이후에 나타난 현상이었다. 루카치가 영국의 역사소설에 주목했던 것도 역사의식과 민족의식이 서양에서 강력히 대두되던 18-19세기의 시대적 성격 또는 근대적 의식과 무관하지 않다고 보았기 때문이었다.

예컨대, 스콧의 작품이 세상에 발표된 1814년은 나폴레옹이 워털루 전투에서 패하기 1년 전이었으며, 프랑스혁명과 산업혁명 등 사회 전반에서 극적인 역사적 · 정치적 · 경제적 사건과 변화를 체험하던 때였다. 이 시기에 유럽에서는 중세와는 달리 국가와 민족의 독자적 성격이 강해진 데다 정치 · 사회의 급격한 변화와 함께 민족의 운명을 좌우하는 역사적 인물의 출현이 중요 관심사로 부각되었다. 그리고 신분질서의 붕괴와 경제 · 사회체제의 변화는 시민계급의 등장과 맞물리면서 계급 간의 내적 갈등을 야기하기에 이르렀다.

따라서 루카치는 이러한 역사적 전환기에 영국에서 대내외적 역사의식과 세계관을 담아 내기에 적합한 문학 갈래로서 역사소설이 태동할 수밖에 없었다고 보았던 것이다. 19세기 초 영국과 서유럽에서 일어난 역사적 사건들에 의해 사회적 근대화가 이루어졌고 스콧의 역사소설이 그 시대의 반영으로 태어났다고 본 것이다. 그러나 이는 역으로 말해, 루카치의 이론이 그 자체로 시대적 한계를 지니고 있음을 뜻하는 것이 된다. 그 적용범위는 19세기 영국의 경우로 국한되어야 할 것이기 때문이다.

반면, 미하일 바흐친(Mikhail Bakhtin, 1895-1975)의 주장은 루카치의 이론에서 탈피해 역사서사문학을 좀 더 다양하게 이해할 수 있는 시각을 제공해 준다. 루카치가 근대의 시민계급과 사실주의 문학에 주목했다면, 바흐친은 사실주의 소설론의 과제 중 하나였던 소설의 민중성에 중심을 두었다. 바흐친은 소설을 시민계급이 중심이 된 시대에 시민계급에 의해 고정된 형식으로 만들어진 갈래로 보지 않고, 중세의 지배문화가 무너지고 민중의 다양한 목소리와 세계관이 힘을 얻게 되면서 기존의 고급문화의 전통과 만나 가장 현실적인 갈래로 성립된 것이라고 보았다. 그에 의하면, 소설이란 민간에 전해 오던 구비문학적 이야기나 격이 없는 농담과 웃음 등을 실제 사건들 사이에 슬쩍 삽입시켜 자유롭게 말할 수 있게끔 문자로 기록하여 문학 속에 등장시킨 하나의 민중적인 문학 갈래이다. 따라서 소설 속에는 과장되고 허망한 이야기, 또는 진솔한 민중의 상상력이 적잖이 삽입될 수 있다. 축제에서 사용되는 광대의 유희와 가면, 농담, 거인과 같은 과장적 인물을 상상해 내는 언어문화를 중시하고 사실성의 권위와 형식을 그다지 중요하지 않게 생각했던 것이다. 이는 사실주의 소설론에서 간과했던 비현실적 · 환상적 요소를 부정하지 않고 있다는 점에서 의미가 있다.

바흐친이 특별히 라블레(Rabelais)의 『가르강튀아와 팡타그뤼엘(*Gargantua Pantagruel*)』을 중심으로 작품이 갖는 기괴하고 그로테스크한 환상적 리얼리즘의 특성들을 부각시키면서 초월적 · 영웅적 인간보다 과거의 민속과 전통에 근거하여 진실한 인간형의 의미를 추출하려 한 것[4]도 결국은 19세기 리얼리즘 문학의 잣대를 다른 모든 작품들에 적용시키고자 하던 방법론이 서사작품 이해에 약점이 된다는 사실을 보여주는 것이다. 이러한 바흐친의 소설론은 과거를 재현해 내는 역사소설이 민중의 언어와 비사실주의적 기법으로 시대적 의미와 리얼리티까지 확보할 수 있다는 시각을 제공해 주고 있기 때문에 루카치 이론의 한계를 보완하고 있다고 할 수 있다.

바흐친은 문학 언어의 특징을 가장 잘 구현하고 있는 것이 소설이며, 루카치가 소설을 규범적 위치에 올려놓은 것과는 달리 소설을 규범이 없고 계속 생성 중인 문학 갈래라고 보았다.[5] 그리고 서사시를 민족적 전통에 근거하여 한 민족의 절대적 과거를 작가가 사는 시대로부터 분리시켜 만들어 낸 고정된 문학 갈래로 파악해 소설을 서사시의 부산물이 아닌 대립물로 보았다.[6] 그러나 바흐친의 이러한 서사시와 소설 대비는 아주 제한된 범위 안에서만 타당하다. 모든 문학 갈래가 그 나름대로의 규범을 갖고 있기 때문이다. 그는 통시론에 입각한 소설론에 관심을 가졌을 뿐 극문학과 같은 다른 문학 갈래와의 상관관계에 대해 별반 논의한 것이 없다. 무엇보다도 루카치와 마찬가지로 유럽문학에 국한해 논의를 폈을 뿐, 그 외 지역의 서사문학에 관해서는 고려하고 있지 않다. 바흐친의 이론 또한 세계 전반의 서사문학을 다루기에는 역시 한계가 있다.

따라서 이러한 서양의 소설론이나 역사서사 문학론을 극복하기 위해서라도 기존의 서양 중심의 추상적인 문학 갈래론의 차원이나 사실주의 이론으로부터 역사서사문학의 중요성이나 의미를 연역해 내는 방식이 아니라, 실제로 존재하는 우수한 역사서사문학 작품들의 구체적 성격을 토대로 풀어나가는 시도가 필요하다. 갈래론보다 역사서사문학 작품의 실상을 고려하여 범주론 혹은 유형론으로 접근하는 것이 그 하나의 대안이 될 수 있다. 동서양의 역사서사문학 작품들 속에 나타나는 고유하고 보편적인 특질들을 하나로 묶고 그 유형별 작품들이 갖는 특성을 밝히는 것이 하나의 방법이 될 수 있다.

사실, 시기 및 정도의 차이는 있지만 사회적 · 역사적 변화가 유럽에서만 나타난 것은 아니었다. 국내에서는 조선시대에 이미 명대의 『삼국지연의(三國志演義)』나 『수호지(水滸誌)』 등 역사적 인물과 사건을 소재로 한 중국소설들이 들어와 인기를 얻었고 역사소설이 발현할 수 있는 풍토가 마련되었다. 그리고 임진왜란과 병자호란이라는 참혹한 전란을 경험하게 되면서 민족의식과 주체성, 역사에 대한 자각은 물론 적개심과 복수심에 가득 차게 되었고 주변 국가들의 정세와 대내외 문제를 현실적으로 직시하기에 이르렀다. 양 전란은 비단 조선만의 비극이 아니라 당시 중국 대륙을 포함한 주변 국가들의 질서변화를 초래했고 귀족 및 일반 서민들의 의식에까지 커다란 충격을 던져 주었다. 그 결과 이 시기에 이르러 역사적 전란의 체험이나 자각의식을 소재로 한 역사소설이 대거 출현하게 되었다. 『임진록』을 비롯하여 『박씨전』, 『임경업전』, 『김영철전』, 『배시황전』 등 다수의 역사소설군 작품들이 그 예에 해당한다.

그러니 스콧의 역사소설이나 한국의 역사소설은 세계 여러 곳에서 중세를 벗어나 근대로 넘어가던 시기에 세상을 뒤흔들 만한 커다란 역사적 사건을 경험한 후, 달라진 세계에 대한 자각과 변화상을 담아내는 과정에서 공통적으로 나타난 현상 중 하나라 할 만하다. 물론 이러한 사회적 · 역사적 변화를 담아내고자 한 의식과 창작 기법, 사회 환경 등 그 질적 변화가 동서양에서 공히 동일하게 전개되었다고 보아 일대일 대응으로 단순 비교하기는 어려울 것이다.

국내의 경우, 문제는 루카치의 역사소설론 그 자체보다 그것을 받아들이고 적용시켜 왔던 시대적 의미와 그 편협성에 있다고 할 것이다. 국내 자생적이고 창조적인 이론이나 논의보다도 서구의 역사서사 문학론의 내용이나 관점을 개별 작품에 적용시키는 시도가 더 우세하게 진행되어 온 것이 병통이었다. 역사서사문학에 대한 논쟁과 고민이 치열하지 못했던 것이 하나의 이유가 될 수 있다. 루카치의 소설론이 서양의 역사서사문학 이론 중에서 처음으로 국내에 소개되던 과정에서 이미 그런 상황이 벌어졌다.[7] 예컨대, 김남천(金南天)이 1930년대에 국내에서 전개된 리얼리즘론에 대한 하나의 대응으로 루카치의 소설론을 다룬 것을 들 수 있다.[8] 그러나 정작 그 논문은 자신의 견해 제시가 아닌 이론 소개에 그치고 말았다.

정작 리얼리즘을 문학이해의 한 방법으로 자각하고 루카치의 소설론을 다시 심각하게 다루게 된 것은 1970년대 이후에 민중운동과 민중문학에 대한 관심이 커지면서부터였다. 백낙청의 글을 비롯한 일련의 논문들에서 국내 사회현실과 역사소설의 관계를 다룬 성과들이 나타나기 시작하였다.[9] 1980년대 중반에는 김윤식이 루카치의 역사소설론을 국내의 근·현대 역사소설 작품과 대비시켜 논한 글을 여러 편 발표함으로써 이해의 폭과 깊이가 진일보했다.[10] 더욱이 몇 편의 중요한 장편 역사소설과 서사시가 남한과 북한에서 발표되면서 국내 역사소설에 대한 관심과 연구를 가속화시키게 되었다.[11]

1990년대에 강영주는 『한국 역사소설의 재인식』(1991)에서 서양의 역사소설론에 근거하여 국내의 고전 및 현대 역사소설을 분석·평가하였다. 현대문학 작품을 주 대상으로 삼아 논의를 전개하는 과정에서 고전 서사문학 작품을 부분적으로 평한 것이 있는데, 거기서 강영주는 서구의 스콧 이전 시대에 역사를 소재로 했던 소설들이나 조선시대의 역사적 군담소설들은 근대소설 이전의 역사 로맨스(historical romance)의 단계에 머무르고 있어 역사소설의 범주에 넣는 것이 곤란하다고 보았다.[12] 근대적 역사소설과 비교할 때, 역사 로맨스에는 '과거의 객관적 묘사'가 부족하다는 논리이다. 그러나 이러한 주장 역시 사실주의 문학론의 틀을 벗어나지 못한 결과였다.

이러한 현대문학 분야에 비해 고전문학 분야에서의 역사서사문학 연구는 서양 이론의 커다란 영향 없이 자체적으로 국내 고전 역사서사문학 작품을 분석하고 비판하는 방향에서 비교적 일찍부터 활발히 전개되어 왔다고 할 수 있다. 1980년대 들어 몇몇 연구자들에 의해 영웅소설 내지 군담소설에 대한 중요한 연구 성과가 나타난 가운데,[13] 김기동[14]을 비롯한 몇몇 연구자들이 고전 역사소설을 본격적으로 다루기 시작하였다. 기존 연구 성과들은 일차적으로 설화와 소설과 전기(傳記)문학과의 관계, 역사소설의 분류 및 형성과정, 주제의식 차원에 주목한 것이 대부분이다. 그 결과 역사서사문학 작품 중에서도 『김영철전』, 『박씨전』, 『배시황전』, 『임경업전』, 『임진록』, 『최고운전』, 『최척전』, 『홍길동전』 등 다수의 역사소설군 작품들에 대한 연구 성과가 상당히 축적되었다.[15]

또한 고전소설의 고유한 특성들을 밝히려는 이론적 시도도 모색되었다. 대표적인 것으로 이상택의 논의를 들 수 있다.[16] 그는 국내의 다양한 고전소설 작품들을 세속성과 신성성의 반영 정도로써 '세속소설'과 '신성소설'로 나눠 각각의 특성을 밝혀 놓음으로써 고전소설 작품의 다양한 존재 양상을 객관적으로 바라볼 수 있게 해 주었을 뿐만 아니라 소설사의 전개 흐름까지 명확히 포착해 낼 수 있는 근거를 마련해 주었다. 소설 안의 서사적 질서에 개입하는 '환상적' 또는 '우연적' 세계가 반영된 고전소설까지 폄하하지 않고 하나의 고소설의 특징으로 평가하고 있다는 점에서 선진적 관점이 돋보인다.

조동일의 경우, 범위를 한국문학이 아닌 세계문학으로까지 확대시켜 동양과 서양의 서사문학 작품을 논의 대상으로 삼아 문자 그대로 세계 서사문학론을 전개했다는 데서 또 다른 가치가 있다. 서양이론의 영향을 받는 단계에서 벗어나 반대로 독자적인 이론을 창조해낸 성과를 높게 평가할 수 있다. 특히 최근에 나온 『소설의 사회사 비교론』(2001)[17]에서 서사문학의 하나인 소설의 정의로부터 소설 형성과정은 물론, 그동안 소설과 관련한 많은 논쟁들을 시비하면서 유럽 중심적 시각을 극복하기 위한 구체적 대안까지 제시해 주고 있다는 점에서 획기적이라 할 만하다. 다만 서양 이론을 역사적 맥락에서 구체적이고 미시적으로 비평하고 실제 문학작품을 통해 구체적으로 확인 · 예증하는 비교논의가 뒤따를 필요가 있다.[18]

최원식의 주장도 앞선 연구자들의 시각과 상통한다. "한국 소설에 드러난 로맨스적 요소를 배척해야 할 중세적 잔재로 적발하는 근대주의적 사고는 반성해야만 한다"[19]는 주장은 곧 중세적 로맨스(romance)와 근대의 노블(novel)을 단순 대립의 단계로 절단하지 않고 상호 소통적 대립의 관계로 파악할 때 서사문학의 본질을 보다 객관적으로 바라볼 수 있음을 강조한 것이라 할 수 있다. 이러한 주장들은 그동안 근대적 서구이론에 의해 폄하된, 고소설 작품에 나타난 고유한 특질들을 다시금 재평가하고 새롭게 바라볼 수 있는 근거가 된다. 본 연구가 역사서사문학을 통해 살펴보고자 하는 바도 바로 이런 시각과 부합한다.

최근에는 박일용이 『영웅소설의 소설사적 변주』(2003)[20]에서 영웅소설의 개념적 범주를 확장하여 영웅의 일생 구조를 구현하지 않더라도 집단적 이념의 실현을 위해 뛰어난 능력을 발휘한 인물의 행적을 소설화한 역사적 영웅의 소설까지 포함시키고 『최고운전』, 『홍길동전』, 『임경업전』, 『전우치전』을 '민중적 역사 영웅소설'이라고 칭한 바 있다. 그가 영웅소설을 분류 개념이 아니라 소설사 전개구도를 이해하기 위한 매개 개념으로 여기고 하위 유형 개념을 따로 설정하고 있는 점은 이 책에서 필자가 앞으로 역사서사문학을 기존의 갈래론 개념이 아닌 하위 유형 개념으로 바라보고 작품을 이해하려는 관점과 일맥상통한다 하겠다.

그렇지만 여전히 서사문학 일반 또는 역사서사문학에 관한 이론적 성과를 토대로 세계문학 범위에서 개별 작품을 가지고 본격적으로 비교 논의한 연구 성과는 그다지 많지 않다.[21] 국내의 역사서사문학 개별 작품을 중심으로 심화된 연구 결과가 많이 나타나고 있는 것과 비교한다면 세계문학 속의 한국문학의 실상을 이해하고 다른 나라의 역사서사문학 작품과의 공통점과 차이점을 밝히는 작업은 아직 초보 단계에 있다고 할 수 있다.

이에 본 연구는 국내의 기존 연구 성과를 토대로 삼되 서양의 서사문학론을 비판적으로 바라보는 시각으로 세계역사서사문학을 새롭게 이해하는 하나의 시론적(試論的) 작업을 펼쳐 보이고자 한다. 여러 나라의 개별 역사서사문학 작품을 검토하고 이들 작품들이 갖는 다양한 특성들을 아우르는 관점을 설정하여 그 관점에서 개별 작품의 공통점과 차이점을 찾아냄으로써 역사서사문학의 일반론을 마련하는 데 필요한 하나의 중간적 성과를 얻고자 한다. 비교의 방법을 통해 얻어질 수 있는 결과를 토대로 세계 역사서사문학을 좀 더 실상에 가깝게 이해할 수 있는 가능성을 타진해 보는 기회로 삼고자 하는 것이 본 연구의 일차적 목표이다.

2. 연구범위 및 방법

그렇다면 '역사영웅서사문학'을 어떻게 규정할 것인가? 먼저 그 대상과 범위를 설정하고 그 개념을 정의할 필요가 있다. 역사영웅서사문학이라 하면 무엇보다도 '역사'와 '영웅'의 두 개념어가 키워드이므로 이 두 개념어를 함께 아우르는 범주를 설정해야 할 것이다.

우선 역사서사문학에 관해 정리하고 넘어가기로 하자. 역사서사문학이라 하면 일반적으로 역사 속에 실재했던 개별적인 구체적 사건 또는 인물들을 통해 작가가 말하고자 하는 역사적 진실을 허구적 서술로써 형상화한 서사문학 작품 일반을 총칭하는 말이다.[22] 이것은 역사적 진실을 역사적 인물이나 배경, 또는 사건으로 허구화한 서사문학 일반을 의미한다.[23] 단순히 어떤 역사적 사건이나 역사적 인물을 역사적 소재로 빌려와 창작한 작품이 아니라, 서사 속에 최소한 역사의식이 구현된 작품이라야 역사서사문학의 범주에 포함될 수 있다.

그런데, 역사서사문학 일반이라 하면 그 범위가 너무 넓기 때문에 이를 좀 더 한정지을 필요가 있다. 어느 시대를 막론하고 당대의 인물들은 전대의 인물들을 떠올리며 과거를 추억하고 현재를 직시하며 미래를 소망하고자 한다. 인간 행위의 결과를 기록하는 역사나 이를 허구화하는 문학에서도 과거를 의미 있는 시간으로 반추해 내기 위해서는 그 시대를 대변할 만한 인물, 곧 그 시대의 영웅을 필요로 한다. 그러므로 역사와 밀접한 관련을 맺는 주체이자 시대적 성격을 대변할 만한 인물, 곧 '역사적 영웅'을 고려해 볼 수 있다.[24]

이런 점에서 역사적 영웅은 '일반 대중이 도달하려고 노력하는 모범과 전형이 되는 인물이자 그것을 창조하는 인물'[25]이다. 곧 집단의 우수성을 과시하고 존재의 의미를 부각시켜 주며 미래를 꿈꾸게 하는 영향력을 미칠 만한 인물을 뜻한다. 문제는 영웅의 모습이 시대에 따라 조금씩 바뀌어 왔다는 점이다.[26] 즉, 역사와 영웅 간 관계는 바로 당대의 시대 요구 또는 사회상의 투영과 무관하지 않다. 이것은 영웅이 그 시대의 소산이고 그 시대를 대변하며, 그 시대를 살았던 사람들의 세계관을 반영한 일종의 이데올로기화된 인물임을 뜻한다.

따라서 역사서사문학 중에서도 역사의 주체로서 역사영웅을 상정하여 문학적 욕구를 형상화해 낸 작품들을 특별히 '역사영웅서사문학'이라고 부를 수 있다. 다시 말해, 영웅적 인물을 한 시대의 집단적 소망을 실현할 수 있는 인물로서 창조해 낸 역사서사문학 작품을 역사영웅서사문학이라고 할 수 있다. 그렇지만 역사영웅서사문학은

'역사적 영웅에 관한 서사문학'이라는 의미가 아니라, '역사에 관한 서사문학' 또는 '영웅에 관한 서사문학'이라는 이중적 의미를 고려한 서사문학으로서의 의미를 갖는다. 그러므로 역사영웅서사문학에 등장하는 영웅은 반드시 실존했던 역사적 인물을 의미하지는 않는다. 배경과 사건이 역사적 사실에 기초한 역사서사문학 작품에 등장하는 영웅도 역사영웅서사문학의 영웅이라 말할 수 있다.

그렇다면 역사영웅서사문학에 해당하는 수많은 작품 중에서 어떤 작품을 택해 논의를 전개할 수 있는가? 작품을 선택하기 위해서는 선택 기준이 필요한데, 무엇보다도 내용 면에서 '역사와 영웅'의 성격을 잘 보여줄 수 있는 작품이어야 할 것이다. 그러나 그것만 가지고는 여전히 선택범위가 너무 넓고 막연하다. 그러므로 역사영웅서사문학의 특성을 보여주기에 적합하다고 판단되는 몇 가지 조건을 임의로 설정하고 이에 부합하는 역사영웅서사문학 작품들을 구체적으로 선별하는 방법을 택할 수 있다. 물론 임의로 설정한 조건들은 역사영웅서사문학의 속성을 드러내는 타당성을 갖춘 것들이어야 한다.

한 가지 유의해야 할 것은 뒤에서 제시하는 조건들을 충족시키는 작품들만이 역사영웅서사문학이라는 의미가 아니라는 점이다. 다양한 역사영웅서사문학 작품들 중에서 아래의 몇 가지 조건에 해당하는 역사영웅서사문학에 특별히 주목하여 그러한 조건을 가진 역사영웅서사문학의 특성을 살펴보려는 것이다. 따라서 아래에 설정한 조건들은 앞으로 다루게 될 역사영웅서사문학 작품들의 일차적 공통점이 되는 것이다.

① 자국 문학사에서 널리 인정하는 대표적 작품이다.
② 남성 영웅을 주인공으로 한다.
③ 역사적 배경 또는 역사적 사실과 관련되는 소재의 작품이다.

④ 나라와 나라 사이의 긴장된 관계를 시비하는 내용을 다룬다.

⑤ 동시에 국내의 사회적 · 정치적 갈등까지 함께 다루는 작품이다.

그렇다면 이런 구체적인 조건들이 '역사영웅서사문학'을 이해하는 데 어떤 의미가 있는가? 이는 역사영웅서사문학 작품의 범위와 성격을 일차적으로 변별 짓는 중요한 문학적 자질인 동시에 필요조건이 된다.

무엇보다도 자국 문학사에서 역사영웅서사문학으로서 널리 알려진 작품들을 대상으로 삼는 데엔 별 이의가 없을 것이다. 논의의 객관성과 타당성을 높이기 위해서는 대표작을 중심으로 다룰 필요가 있기 때문이다. 그런데 이러한 조건을 가진 역사영웅서사문학 작품들은 중세적 질서가 흔들리고 사회 · 경제 · 정치 · 문화 면에서 급격한 변화가 일어나고 역사의식에 대한 자각이 분명해지던 시기, 곧 중세에서 근대로 이행하던 시기에 다수 등장하게 된 점에 주목할 필요가 있다. 이 시기가 서양에서는 르네상스 이후부터 낭만주의 시기까지라면, 한국에서는 임 · 병 양란 이후로 실학이 융성했던 시기를 거쳐 근대적 개화를 이루기 전까지이다. 시기상 다소의 차이는 있지만 대략적으로 17세기부터 19세기 중반 이전 시기에 나타난 작품을 대상으로 삼을 수 있다.[27]

이 시기는 아직까지 사회 전반에서 남성이 중심적 위치를 차지하고 있었다. 또한 대내외적으로 국가 및 사회 변화에 대한 관심이 커지고 갈등이 심화되면서 민족의 정체성을 찾고자 하는 민족에 대한 자각과 관심이 고조되던 시기이기도 하다. 그러므로 자민족에 대한 자각과 현실인식이 대외적 측면과 밀접한 관련을 맺고 나타난 것에 주목할 필요가 있다. 특별히 중세에서 근대로 이행하는 시기에 창작된 역사영웅서사문학 작품 중에는 국가 간 대결을 소재로 한 것들이 많기 때문에 그 시기의 역사영웅서사문학의 특질을 살피는 데 중요한 단서가 될 수 있다.

이상의 몇 가지 요건들을 고려하여 논의에 부합하는 동서양 역사영웅서사문학 작품들 중 대표작 네 편을 선별해 제시하면 다음과 같다.

(가) 한 국 - 『임경업전(林慶業傳)』(경판 27장본) 역사소설
(나) 일 본 - 『고쿠센야캇센(國性爺合戰)』 人形淨瑠璃(인형극) 대본
(다) 폴란드 - 『콘라드 발렌로드(*Konrad Wallenrod*)』 율문소설(역사영웅서사시)
(라) 영 국 - 『아이반호(*Ivanhoe*)』 역사소설

그렇다면 논의를 위해 위의 네 나라의 작품이 가능한 이유가 무엇인가? 이는 우선적으로 4개국은 동양에서 두 나라, 서양에서 두 나라를 고려해 선택한 결과다. 동양의 한문 문명권과 서양의 라틴 문명권을 세계 문명권의 대표격으로 보고, 그 두 문명권 내에서도 문학사적 전통이 오래되고 중세 이후부터 근대 이전까지 다양한 문학 갈래가 공존하며 문학사적 변화의 흐름이 분명하게 포착되는 나라들 중에서 택하고자 한 것이다.

한국과 폴란드의 경우, 각기 한문 문명권과 라틴 문명권에서 중국과 이탈리아(혹은 프랑스)에 대해 중간부에 해당한다. 더 나아가 일본과 영국은 둘 다 섬나라로서 각 문명권 내에서도 주변부에 속하고 문명권의 중심으로부터 영향 받은 정도가 앞에 거론한 두 나라들보다 적은 나라들이다. 그리고 이들 국가들의 작품들은 중세 때 문명권의 중심부였던 나라들의 작품들보다 문학사적 변화의 흐름과 의식을 더 뚜렷하게 드러내 보여줄 가능성이 높다고 판단되기 때문이다.

본고에서 중국의 역사영웅서사문학 작품을 생략한 것은 서양에서

당시 중심적 위치에 해당하던 이탈리아, 프랑스의 역사영웅서사문학 작품을 뺀 것과 같은 이유에서다. 즉, 이들 문화적 중심국은 문학사적 전통이 있음에도 불구하고, 시대적 변화에 민감히 반응하면서 역사적 변화의 자각 또는 의식의 전환과정을 문학작품으로 형상화해 낸 정도가 주변국보다 미약하고 소극적이라 판단되기 때문이다.

이에 비해 영국은 자국어 문학을 소중히 여기고 사회변화에 민감하게 반응하면서 근대를 전후한 시기에 역사소설을 비롯한 여러 측면에서 문학사 전개 과정에서 중요한 전환점을 이루어 온 내력이 선명하기 때문에 동양과 서양의 작품 비교에서 서양 문학의 대표로 삼을 수 있다. 아울러 일본도 중세가 끝나고 근대로 넘어가는 시기에 중국의 영향을 비교적 덜 받는 가운데 역사적 · 사회적 변화 의식을 독자적으로 계승 · 발전시킨 문학사적 전통이 뚜렷하기 때문에 영국과 대응시켜 함께 다룰 만하다.

요컨대 네 나라는 새롭게 변화하는 시대적 흐름에 민감히 반응하면서 그것을 여러 새로운 문학양식으로 시도하고 형상화한 문학사적 전통이 비교적 뚜렷한 문명권 내 비중심국이라 할 수 있다.

그렇다면 위에서 제시한 조건에 부합하는 네 나라의 작품들로는 어떤 것을 택할 것인가? 먼저 서양에서 역사소설의 모델로 평가되는 월터 스콧(Walter Scott)의 역사소설을 가져와 직접 다른 나라의 작품들과 비교함으로써 서양의 역사소설론을 검토하는 대상으로 삼을 필요가 있다고 보았다. 이에 그의 소설 작품 중에서도 『아이반호(*Ivanhoe*)』(1819)를 택하였다. 사실 스콧의 대표적 역사소설 작품으로는 흔히 『웨이벌리(*Waverley*)』(1814)를 언급하곤 한다. 그러나 이 소설은 1745년에 일어난 재코바이트 봉기(Jacobite uprising)를 중심으로 잉글랜드와 스코틀랜드의 대립 및 조화를 주제로 삼고 있는 것에 비해, 『아이반호』는 노르만족과 색슨족, 즉 이민족 간의 대립과 갈등을 주로 다루고 있는 데다 아이반호의 영웅적 활약상이 비교적 잘 드러나 있어 본고에서 관심 갖고 있는 문제의식을 다분히 보여줄 만한 작품이라고 판단된다. 이에 『아이반호』를 논의 대상 텍스트로 삼고자 했다.[28)]

이에 대응되는 한국의 역사소설로는 『임경업전(林慶業傳)』을 들 수 있다. 이 작품은 병자호란을 배경으로 실존 인물인 임경업 장군의 일대기와 활약상을 그린 대표적 역사소설이다. 『임경업전』은 이본(異本)이 많은데, 그중에서 경판 27장본을 주 텍스트로 사용하고자

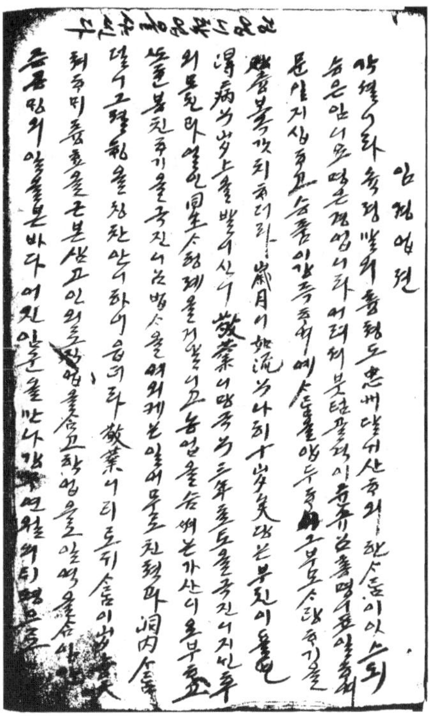

임경업전

출처: 한국학중앙연구원 장서각 소장본.

한다. 경판 27장본은 판각 연대가 미상이지만, 1887년에 만들어진 경판 21장본의 선행본일 가능성이 높아 1887년 이전에 이루어진 것으로 추정된다. 경판 27장본은 현전 이본 중에서 가장 많이 전하는 데다 이본들의 공통주제를 가장 잘 반영하고 있다고 평가된다.[29] 따라서 『임경업전』의 대표 이본으로 삼을 수 있다. 『아이반호』가 서양의 역사소설을 대표한다면, 『임경업전』은 동양의 역사소설을 대표한다고 하겠다.

한편, 논의의 타당성을 높이고 세계문학 범위에서 보편성을 확보하기 위해서는 또 다른 나라의 문학작품을 비교할 필요가 있다. 그중 한국과 문학사적 전통이 유사하고 세계문학에서 차지하는 위치가 비슷한 폴란드의 경우를 비교대상으로 삼고자 하였다. 폴란드에서 특히 낭만주의 시대의 역사서사문학 작품들은 서유럽 문인들의 영향을 받으면서도 나라 잃은 민족의 처지에서 자민족의 운명을 극복하고 독립 의지를 강하게 드러내고 있어 민족 문학적 성격이 강하다. 한국에서 임·병 양란 이후에 체험 문학적 성격이 강한 역사서사문학이 대거 나타났던 문학사적 현상과 연결시켜 생각해 볼 수 있는 특성을 지니고 있다.

그리고 이러한 폴란드의 상황이 잘 드러나 있는 작품 중에 아담 미츠키에비치(Adam Mickiewicz)의 『콘라드 발렌로드(*Konrad Wallenrod*)』를 들 수 있다. 『콘라드 발렌로드』는 아담 미츠키에비치가 민족과 국가의 운명에 대해 사명감을 갖고 쓴 작품으로 폴란드 내에서 커다란 영향을 끼친 명작이다. 폴란드-리투아니아 연합국과 독일 기사단이라는 이민족 간 대결이 분명한 데다 역사적 영웅인 발렌로드의 생애를 모티프로 한 역사영웅서사시라는 점에서 본 논의대상으로 적합하다고 판단된다.

그리고 한문 문명권 내에서 한국과 짝을 이루면서 영국에 대응될 만한 세계문학사적 위치를 점하고 있는 나라로 일본을 들 수 있다. 또한 일본문학사에서 근대 이전에 창작된 역사서사문학 작품 중 대표적이라 할 지카마쓰 몬자에몬[近松門左衛門]의 『고쿠센야캇센[國性爺合戰]』이 비교대상으로 적합하다. 명 · 청 교체기의 중국 대륙과 일본을 배경으로 하고, 명나라 부흥운동을 이끌었던 정성공이란 실존인물을 다룬 역사인형극으로 에도 시대에 상당한 인기를 끌었던 역사서사물이다. 이 작품은 인형극이라는 점에서 공연예술에 속하지만, 일정한 대본이 있어 이를 해설자가 따로 낭독하는 텍스트 문학이기도 하다. 따라서 역사영웅서사문학 작품에 포함시켜 다루는 데 문제가 없다.

이상 네 편의 작품들은 공히 자국문학사에서 역사영웅서사문학으로 널리 알려진 작품들로서 세계 문학의 일부로서 이미 국내에 소개되어 연구된 것도 있고, 폴란드의 『콘라드 발렌로드』처럼 여기서 처음으로 소개되는 것도 있다. 더욱이 이들 개별 작품들은 각기 문학 갈래가 다르다. 지금까지 역사영웅소설, 역사영웅서사시, 역사극이라는 문학 갈래로 불리고 논의되어 온 작품들이다. 이렇듯 문학 갈래상 차이는 역사영웅서사문학 내 다양성을 보여주기도 하지만, 다른 한편으로 이처럼 기존 문학 갈래 구분에 의거하고자 한다면 그동안 서양에서 주장해 온 역사서사 문학론의 한계를 넘어서기 어렵다는 단점도 지니고 있다. 앞서 언급한 대로 서양의 문학 갈래론은 서양문학을 중심으로 논의된 것이기에 세계문학 작품을 취급하면서는 보편타당성을 확보하기 어려운 부분이 있다.

따라서 본고에서는 개별 하위 문학 갈래를 일일이 거론하기보다 더 넓은 범주, 이들 작품의 갈래적 속성을 모두 포괄할 수 있는 상위 범주를 설정하는 방법으로 이들 개별 작품들을 고찰하려고 한다. 상위 범주라 함은 앞서 이미 언급한 대로 이들 하위갈래를 모두 아우를 수 있는 기존의 용어, 곧 '역사서사문학'을 의미한다. 그리고 역사서사문학 중에서도 영웅에 관한 이야기로 한정을 짓고 있기에 '역사영웅서사문학'이야말로 여기서 논하려는 대상 작품들을 지칭하기에 적합한 용어라 하겠다. 이것은 문학 갈래라기보다 하나의 범주 내지 유형을 지칭하는 개념어이다. 이렇듯 네 작품을 유형 또는 범주라는 관점에서 접근할 때, 세계 역사서사문학 작품들이 갖고 있는 특성을 보다 개방적이고 객관적인 시각으로 바라볼 수 있는 장점이 있다.

이하에서는 먼저 네 편의 작품들을 개괄적으로 소개해 보기로 한다. 자국문학사에서 각 작품을 어떻게 평가하고 있으며 작품별 서사단락 및 작품창작 과정이 어떠한지 살펴봄으로써 작품 전반에 관한 이해를 꾀하고자 한다. 그것이 Ⅱ장 1절과 2절에 해당한다. 그리고 제Ⅱ장 마지막 절에서 소개된 작품들을 어떤 관점에서 바라보고 논의할 수 있는지 이론적 검토를 시도하게 될 것이다. 특히 동양에서는 역사적 양식의 작품을 모든 서사의 진실성을 판단하는 규범적 전범으로 여겨 왔다. 따라서 동양 서사의 전통하에서 동양의 역사서사문학이 역사 글쓰기 양식과 사실적 · 환상적 문학표현이 접목된 형태로 발전해 온 특수한 사정을 이해할 필요가 있다. 마지막 절은 바로 이렇듯 사실과 허구를 엮어 나가는 서술방식에 따라 사실적 서술과 환상적 서술로 나누고 이를 근거로 역사영웅서사문학 작품들을 분류하는 내용에 해당한다.

제Ⅲ장은 제Ⅱ장에서 시도한 역사영웅서사문학의 유형별 분류를 토대로 네 작품들이 형식적 측면에서 어떠한 특성과 의미를 가지고 있는지 구체적으로 고찰해 보고자 한다. 특히 Ⅱ장 3절에서 유형 분류를 시도한 것들이 실제로 작품의 실상을 이해하는 데 타당한 것인지 확인하게 될 것이다. 이를 위해 작품의 형식적인 면 중에서도 서사기법, 등장인물의 최후 처리방식(서사구조), 그리고 구비문학적 요소들의 삽입이란 측면에서 심도 있게 다루게 될 것이다. 역사영웅서사문학 작품들의 형식적 측면에 대한 검토는 서사구조 속에 담긴 미적 특질을 찾아내는 한 방법이 될 수 있기 때문이다.

제Ⅳ장은 역사영웅서사문학의 내용적 측면에서 네 작품의 공통점을 추출해 내기 위한 장으로서 서사적 갈등 양상과 그 의미에 초점을 맞추고자 한다. 대내외적 갈등 속에서 발견되는 영웅적 면모가 국가적 영웅과 범인화한 영웅의 모습을 동시에 보여주고 있는 역사영웅서사문학의 내적 특질이 곧 중세에서 근대로 이행하던 시기에 나타난 과도기적 성격에 해당하며, 이것이 세계 역사영웅서사문학에서 나타나는 공통적인 특징임을 살펴보고자 한다.

제Ⅴ장에서는 앞선 장에서 네 편의 작품이 지닌 형식적 · 내용적 공통점과 차이점에 대해 살핀 내용을 중심으로, 중세에서 근대로 넘어가는 과도기에 창작된 역사영웅서사문학이 갖는 시대적 의미를 이데올로기와 세계관 측면에서 살펴보고자 한다. 중세에서 근대로 이행하는 시기에 나타난 작품들이 역사영웅서사문학의 과도기적 성격을 가장 잘 반영하고 있는지 확인하게 될 것이다.

마지막으로 제Ⅵ장에서는 이렇듯 동양과 서양에서 각기 따로 형성된 역사영웅서사문학이 우열의 문제를 떠나 공통된 속성과 요소를 지니고 있음을 확인하고, 민족문학사뿐만 아니라 세계 문학사 전개과정에서 역사영웅서사문학이 어떤 보편적 특성을 갖고 있는지 거시적 관점에서 조망하고, 그 문학사적 의미를 살피게 될 것이다. 아울러 사실적 역사영웅서사문학과 환상적 역사영웅서사문학이 서사문학사에서 각각 어떤 의미를 가지고 있는지에 대해서도 언급하게 될 것이다.

미주

1) 게오르그 루카치, 이영욱 옮김, 『역사소설론』(서울: 거름출판사, 1987), 13면.

2) 『역사소설론(*Der historische Roman*)』은 루카치가 망명지인 모스크바에서 1937년에 『문학비평』지에 연재한 것으로서 독일에서 1955년에 출판되었다.

3) 전수용, 「월터 스콧(Walter Scott)」, 근대영미소설학회, 『19세기 영국소설 강의』(서울: 민음사, 1998), 69면.

4) 미하일 바흐친, 전승희 · 서경희 · 박유미 옮김, 「소설 속의 시간과 크로노토프의 형식」, 『장편소설과 민중언어』(서울: 창작과비평사, 1988), 350-449면.

5) 위의 책, 「서사시와 장편소설」, 29-38면.

6) 프라바카라 자(Prabhakara Jha), 이홍상 옮김, 『바흐친과 문학이론』(서울: 문학과지성사, 1997), 286면.

7) 서인식(徐寅植)이 루카치의 『역사소설론』 중의 첫 장인 「역사소설의 고전적 형식」을 「께오리 · 루카츠, 역사문학론 해설」이라는 제목으로 『인문평론』(1939. 11.)에 6면에 걸쳐 요약 · 소개한 것이 그 시초라 할 수 있다.

8) 김남천이 「소설의 운명」이라는 제목으로 『인문평론』(1940. 11.)에 기고한 글에서 루카치 이론을 분석한 것을 의미한다. 루카치 소설론이 국내에 소개된 과정과 수용양상에 관해서는 김윤식, 「루카치 소설론의 受容樣相」,『韓國近代文學思想史』(서울: 한길사, 1984)에서 자세히 다루었다.

9) 백낙청, 「역사소설과 역사의식」, 임영택 · 최원식 공편, 『한국 근대문학사론』(서울: 한길사, 1982).

10) 김윤식, 「루카치 소설론의 수용양상」, 『한국근대문학사상사』(서울: 한길사, 1984); 「역사소설의 네 가지 형식」, 『한국근대소설사 연구』(서울: 을유문화사, 1986) 등이 대표적이다.

11) 국내의 대표적 역사소설로는 일제 강점기에 발표된 홍명희의 『임꺽정』(1928-40)을 비롯하여 황석영의 『장길산』(1974-84), 박경리의 『토지』(1969-94), 조정래의 『태백산맥』(1983-89) 등을 들 수 있다. 북한에서는 최명익의 『서산대사』(1956)나 박태원의 『갑오농민전쟁』(1977-86)을 거론할 만하다. 한편 민중의 역사나 민족사에 대한 역사적 통찰을 서사를 통해 노래한 시들도 창작되었다. 김동환의 『국경의 밤』(1925)을 필두로 신동엽의 『금강』(1960년대 말), 신경림의

『남한강』(1987), 김지하의 일련의 담시(譚詩), 고은의 『만인보』(1986, 88, 89) 등을 주목할 만하다.

12) 강영주, 『한국 역사소설의 재인식』(서울: 창작과비평사, 1991).
이 책에서 저자는 서구의 역사 로맨스나 조선시대의 군담소설이 스콧 이후의 역사소설과 다른 이유를 작중 인물과 행동이 갖는 특수성이 작중세계의 역사적 특수성으로부터 필연적으로 도출되지 못하는 한계(17면) 때문이라고 보았다. "과거의 시대를 얼마나 역사적으로 충실히 반영했는지의 여부가 역사소설에 대한 가치평가의 중요한 준거가 된다"(20면)고 주장하고 있는 것이 그러하다. 저자는 현실 도피적이거나 비유를 통한 교훈을 내세우거나 신비적인 세계에 탐닉하고 이념을 강조하고자 하는 역사소설에서는 역사적 진실성이 결여되어 있다고 보고 이를 "낭만주의적 성향을 띤 역사소설"이라고 규정하였다. 반면에 과거의 역사를 현재의 전사로서 진실하게 묘사하려는 역사소설이야말로 역사적 진실성을 무엇보다도 중시하는 "사실주의적 역사소설"이라고 구분함으로써 사실주의적 역사소설만을 역사소설의 본령으로 보았다.

13) 조동일, 「영웅의 일생, 그 문학사적 전개」, 『민중영웅 이야기』(서울: 문예출판사, 1992).
______, 『한국소설의 이론』(서울: 지식산업사, 1977).
서대석, 『군담소설의 구조와 배경』(서울: 이화여자대학교 출판부, 1985) 외 다수.

14) 김기동은 『한국고전소설연구』(서울: 교학사, 1983)에서 국내 '역사소설'을 현대의 역사소설과는 달리 "단순히 역사적인 사실에서 취재하였다는 점만을 가지고 개념을 정의한" 소설로 단정 지은 후, "1819년에 영국인 스코트(Scott)가 쓴 『아이반호(*Ivanhoe*)』가 예술적인 의식을 가지고 쓴 세계 최초의 역사소설"이라고 소개하고 있다. 대표적 역사소설로 『홍길동전』·『최고운전』·『최척전』·『전우치전』·『임진록』·『박씨전』·『임경업전』·『배시황전』·『한씨보응록』 등을 제시하고 『임경업전』이나 『배시황전』을 정사적(正史的) 입장에서 쓴 역사소설로, 그리고 그 외 대부분의 작품들은 야사적(野史的) 입장에서 쓴 역사소설로 나누었다.

15) 임·병 양란과 관련된 설화·소설 및 몽유록 등에 관해서 이미 많은 연구가 이루어진바, 이를 여기서 모두 소개하기란 매우 어려운 일이다. 따라서 대표적인 논문 몇 편만을 들면 다음과 같다.
권혁래, 『조선후기 역사소설의 성격』(서울: 박이정, 2000).
김미란, 「박씨전 연구」, 우리문학연구회 편, 『한국문하론』(서울: 일월서각, 1981).

김용덕, 『한국전기문학론』(서울: 민족문화사, 1987).

김장동, 『조선조역사소설연구』(서울: 이우출판사, 1986).

박일용, 「장르론적 관점에서 본 최척전의 특질과 소설사적 위상」, 『고전문학연구』 제5집(서울: 한국 고전문학연구회, 1990).

박희병, 「17세기 동아시아의 전란과 민중의 삶」, 『벽사 이우성 교수 정년퇴직 기념논총: 민족사의 전개와 그 문화(상)』(서울: 창작과비평사, 1990).

서대석, 「임경업전 연구」, 『하성 이선근박사 고희기념 논문집』(서울: 형설출판사, 1974).

성현경, 「최고운전 연구」, 『한국소설의 구조와 실상』(경산: 영남대학교 출판부, 1981).

소재영, 「임진록 연구」, 『임병양란과 문학의식』, 『숭실어문』 제2집(서울: 숭실어문학회, 1985).

윤재근, 『전우치전』(서울: 시인사, 1983).

이윤석, 『임경업전 연구』(서울: 정음사, 1985).

이복규, 『임경업전 연구』(서울: 집문당, 1993).

임철호, 『설화와 민중의 역사의식』(서울: 집문당, 1989).

장효현, 「17세기 몽유록의 역사적 성격」, 『호서대학교 논문집』 제10집(호서대, 1991).

조광국, 「역사영웅소설 연구: 구활자본 고전소설을 중심으로」, 서울대 석사학위논문, 1988.

조동일, 「임진록에 나타난 김덕령」, 『상산 이재수박사 환력기념논문집』(서울: 형설출판사, 1972).

차용주, 「달천몽유록에 반영된 임란의 전후의식에 대한 비교 고찰」, 『다곡 이수봉선생 회갑기념 고소설 연구논총』(간행위원회, 1988).

황패강 · 정진형, 『홍길동전』(서울: 시인사, 1984) 외 다수.

16) 이상택, 「고대소설의 세속화과정 시론」, 이상택 · 성현경 공편, 『한국고전소설연구』(서울: 새문사, 1983); 「고전소설의 세속화 과정」, 『한국고전소설의 이론』 Ⅰ(서울: 새문사, 2003) 재수록; 「고전소설의 사회와 인간」, 『한국고전소설의 이론』 Ⅰ(서울: 새문사, 2003).

17) 조동일, 『소설의 사회사 비교론』 1 · 2 · 3(서울: 지식산업사, 2001).

18) 루카치나 바흐친의 소설론에 대한 해석상의 편향성도 극복되어야 할 부분이다. 예컨대, 루카치가 서사시를 소설의 선험적 고향이라고 한 것을 조동일은 서사

시 양식에서 소설 양식이 출현한 것으로 해석했으나, 이는 서로 다른 시대적 조건이 만들어 낸 서사시와 소설의 대립적 성격을 말하고자 한 것이지 서사시와 소설의 관계가 전승적이었음을 말하고자 한 것은 아니었다. 그런가 하면 조동일은 바흐친이 고급문학인 서사시와 저급문화인 소설이 공존해 왔다는 주장에 대해 비판을 가하고 있는데, 정작 바흐친은 서사시와 소설의 공존 현상에 주목한 것이 아니라 오히려 그 거리를 분명히 인식하되 고급문학 외부에서 비공식적 삶을 영위하는 개방적이며 진행 중인 장르를 소설로 파악했던 것이다. 이런 몇 가지 지적에 대해서는 이미 일부 연구자들이 문제를 제기한 바 있다. 전홍철, 「동아시아 고소설과 서사시」, 『인문과학연구』 제5호(가톨릭대학교 인문과학연구소, 2000) 참고.

19) 최원식, 「서구 근대소설 對 동아시아 서사」, 『대동문화연구』 제40집(서울: 성균관대학교 출판부, 2002), 137-140면.

20) 박일용, 『영웅소설의 소설사적 변주』(서울: 월인, 2003).

21) 최근 근대 역사소설의 장르적 문제를 서구 이론가들의 논의를 가져와 검토하고, 그것을 토대로 역사소설을 범주화(유형화)해 '기록적/가장적/창안적/환상적' 역사소설로 분류해 역사소설이 지닌 사실성과 환상성의 복합적 관계를 이론화하려 한 논의도 시사하는 바가 적지 않다.[공임순, 「역사소설의 개념과 장르적 유형론」, 대중서사학회 편, 『역사소설이란 무엇인가』(예림기획, 2003), 7-41면 참조] 그러나 역사소설 논의는 근대 이후의 작품을 대상으로 한 것이 주를 이루고 있다.

22) '서사'라는 용어 자체는 많은 의미를 내포하고 있어서 명확한 규정을 내리기가 어렵지만, 본고에서는 주네트가 설명한 대로 "하나의 사건이나 일련의 사건들을 말하되 글로 쓰였거나 말로 된 담론, 즉 서술적인 진술"[제라르 주네트, 권택영 옮김, 『서사담론』(서울: 교보문고, 1992) 15면]을 지칭하는 개념어로서 사용하고자 한다.

23) 여기서 '역사적 진실'이란, '역사 자체가 갖는 허구적 성격을 고려하되 작가의 역사의식 또는 시대정신을 통해 과거의 역사를 현재적 의미로 구현해 낸 인간의 삶과 이를 둘러싼 세계의 총체적 모습'을 뜻하는 말로 사용하기로 한다.

24) 시대적 변화나 문화적 차이, 혹은 문학 갈래의 변천과 상관없이, 상상을 통해 끊임없이 인류가 공통적으로 창조해 온 주인공 중 하나가 바로 '영웅'이다. 영웅을 상상해 내는 세계 자체가 바로 세계문학사의 한 단면을 장식하고 있는 셈이다.

25) 토마스 칼라일(Thomas Carlyle), 박상익 옮김, 『영웅의 역사(*On Heroes, Hero-Worship, and the Heroic in History*)』(서울: 소나무, 1998).

26) 신화시대에는 신들이 영웅이었다. 그러다가 신의 대리인이 영웅이 되었다. 예수 그리스도가 영웅이었고, 마호메트나 석가모니가 영웅이었다. 그 후 종교가 모든 것을 지배하던 중세시대에는 성직자가 영웅이 되었다. 근대 이전에는 제왕이나 정치가, 혹은 장군들이 영웅이 되었다. 오늘날에는 다양한 분야에서 자신의 개성과 능력을 십분 발휘한 범인들이 영웅으로 떠받들어지는 것이 보편화되었다.

27) 조동일, 『세계문학사의 전개』(서울: 지식산업사, 2002), 371-378면.
본고는 세계문학사의 시대구분과 관련하여 조동일의 견해를 따르고자 한다. 조동일은 근대문학의 성립의 근거로 다섯 가지 특성(문학담당층, 유통방식, 사고형태, 언어사용, 문학 갈래)을 들고, 사회의 근대화와 의식의 근대화가 문학을 통해 구현된 변화가 지역마다 시기적 차이를 두고 조금씩 다른 양상으로 나타났다고 보았다. 서유럽(프랑스)의 경우에는 사회의 근대화가 선행하였지만 1848년의 시민혁명을 겪은 이후에 온전한 의미의 근대문학이 이루어졌으며, 유럽의 주변지역은 19세기 말에 근대문학이 먼저 일어난 후 20세기 초에 비로소 사회의 근대화로 들어섰다고 보았다. 이에 근거하여 본고는 서유럽의 근대문학 성립을 19세기 중반 이후로 보고 그 이전 시대를 중세에서 근대로의 이행기로 보는 관점에서 논의를 전개하기로 한다.

28) 이 밖에 국내에 소개된 스콧의 작품 중 인지도가 높은 작품으로는 단연 『웨이벌리』가 아닌 『아이반호』이다. 영화로도 만들어져 국내에 소개된 작품이기에 이런 요소 또한 작품 선택 시 고려하고자 했다.

29) 이복규 편, 『임경업전』(서울: 시인사, 1998), 13면.

Ⅱ. 작품개관

1. 작품별 문학사적 평가 및 기존논의 검토

국내에서 민족수난과 전쟁의 역사적 사건을 기반으로 하여 당대 의식을 담아 낸 대표적 역사소설로 임진왜란을 다룬 『임진록』과 병자호란을 다룬 『박씨전』, 그리고 『임경업전』을 들 수 있다.[1] 특히 병자호란은 임진왜란의 비극에 연이은 전란으로서 그 충격은 조선 후기 영웅소설에 풍부한 소재를 제공하였으며, 아울러 종전의 영웅상과는 달리 고난을 당하는 영웅상을 보다 더 사실적이고 현실적으로 제시하게 되었다. 그 결과 영웅소설에서 영웅의 일대기 중 고난과 시련을 겪는 이야기가 대거 나타나게 되었고, 특히 영웅인 주인공의 비극성이 극에 달하는 현실반영의 작품들도 등장하게 되었다. 이러한 영웅상을 보여주는 대표적 작품 중 하나가 바로 『임경업전』이다.

『임경업전』은 인조대의 명장인 임경업(1594-1646)의 일대기와 무용 및 활약상을 그린 대표적 역사영웅소설이다. 특출하지 않은 가문과 환경을 극복하고 뛰어난 공을 세우지만, 간신의 모함과 질시에 의해 죽임을 당하는 영웅의 이야기이다. 주인공의 안타까운 죽음으로 말미암아 민중들로부터 더 많은 동정과 사랑을 받고, 인기를 누렸던 작품이다. 병자호란을 체험한 민중들의 현실자각 의식과 영웅의 죽음을 안타까워하는 심리가 비교적 사실적으로 잘 드러나 있는 역사영웅소설이라 할 것이다.

『임경업전』에 관해서는 김태준이 『조선소설사』(1939)에서 처음으로 언급한 이래로 지금까지 상당한 양의 연구성과가 축적되어 있다.[2] 작품 전반에서 존명배청(尊明排淸) 사상이 근간을 이루어 사대성과 자주성의 면모를 동시에 보여주는 한편, 병란 당시 민중적 영웅의 모습과 시대의식을 담아 낸 대표작으로 흔히 평가되어 왔다.[3]

한편, 『고쿠센야캇센』은 역사적으로 실존했던 명나라의 유신(遺臣) 정지룡(鄭芝龍)과 일본인 아내 사이에서 태어난 영웅 정성공(鄭成功)(1624-1662)의 활약상을 그린 작품이다. 당대 일본 최고의 극작가였던 지카마쓰 몬자에몬[近松門左衛門, 1653-1725]이 창작한 닌교 죠루리[人形 淨瑠璃(じょうるり)]라는 인형극의 대본이다. 『일본문학사서설(序說)』에서는 『고쿠센야캇센』이야말로 "무사층의 가치관을 그대로 이어받으면서 전투 장면과 같은 대규모의 볼거리를 많이 설정함으로써 지카마쓰[近松]가 창작한 인형 죠루리 대본 중에서도 흥행에서 가장 성공한 전형적 작품"[4]이라고 평가하고 있다.[5]

하층 무사 집안 출신인 지카마쓰는 『고쿠센야캇센』을 통해 자신이 속한 무사들의 가치관은 물론, 당시 일본 사회의 새로운 시민계급을 형성하게 된 조닌[町人]층의 가치관 또는 기호까지 제대로 충족시킬 수 있었다. 특별히 역사상의 사건이나 인물을 소재로 한 지다이모노[時代物]에서는 이들 무사나 조닌 계급이 갖고 있던 민족주의 의식이나 역사의식이 비교적 잘 나타나 있다.[6] 더구나 『고쿠센야캇센』은 일본 연극사뿐만 아니라 세계 연극사에서도 범인영웅에 관해 쓴 세계 최초의 희비극 작품이라는 평가를 받기도 한다.[7]

탓탄국의 침입으로 명나라가 위기에 처하자 일본 어촌에 살던 고

지카마쓰 몬자에몬의 초상

출처: Monzaëmon Tjikâmats, *Dramatische Verhalen*, Santpoort ; Uitgeverij C.A. Mees, 1927, 속지 삽입 그림. (네덜란드어판)

쿠센야가 부모와 함께 명나라를 구하기 위해 중국으로 건너가 5년간 크고 작은 전투를 벌여 마침내 탓탄국을 물리치고 세계의 평화를 지키게 된다는 내용이다. 실제 일어났던 명나라와 청나라 간의 남경 전투가 주 배경이 된다.

『콘라드 발렌로드(*Konrad Wallenrod*)』(1828)는 낭만주의 시대의 폴란드 최고의 민족시인으로 숭앙받는 아담 미츠키에비치(Adam Mickiewicz: 1798-1855)가 쓴 장편 역사영웅서사시(또는 율문소설)이다. "리투아니아와 프러시아 사이에 일어난 사건을 다룬 역사 소설(*Powieść historyczna z dziejów litewskich i pruskich*)"이라는 부제가 붙어 있는 『콘라드 발렌로드』는 작가가 국가와 민족의 문제를 심각하게 다룬 첫 작품이다. 작가가 러시아에서 겪은 개인적 체험 곧, 감옥살이와 재판, 그리고 망명 생활을 바탕으로 러시아에서 창작되었다. 1830년 폴란드에서 일어난 11월 봉기의 직접적인 도화선이 될 만큼 폴란드 국민들에게 지대한 영향을 끼친 민족문학의 하나로 평가된다.[8] 이 작품으로 인해 미츠키에비치는 민족 시인이란 명성을 얻게 되었고, 폴란드 국민들은 그를 정신적 지도자로 인정하기 시작했다.

폴란드 학계에서는 미츠키에비치가 동시대의 영국작가였던 월터 스콧(Walter Scott, 1771-1832)의 소설기법과 작시법의 직접적 영향을 받아 『콘라드 발렌로드』를 창작했다고 본다.[9] 미츠키에비치 스스로

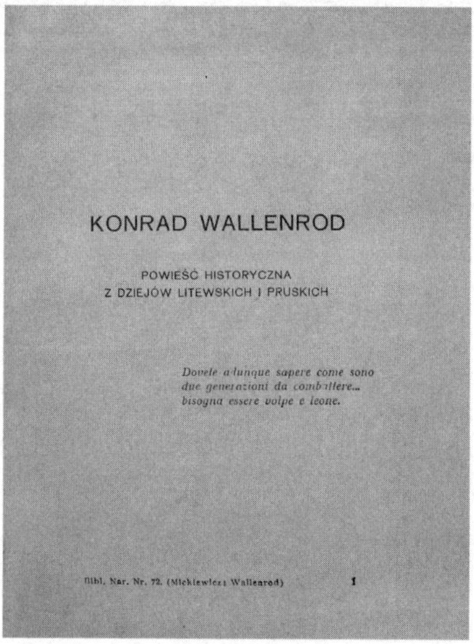

1926년판 콘라드 발렌로드 속표지

출처: Adam Mickiewicz, *Konrad Wallenrod,* Ed. by Józef Ujejski, Biblioteka Narodowa Nr.72., Kraków: Krakowska Spółka Wydawnictwa, 1926, 49면.

도 같은 낭만주의 작가로서 자신보다 조금 앞서 활동했던 월터 스콧과 바이런(Byron)으로부터 암시를 얻어 『콘라드 발렌로드』를 창작하였다고 밝힌 바 있다. 그러나 애국심에 호소하는 독특한 언어세계를 보여줌으로써 이 작품이야말로 낭만주의 언어와 문학의 대표적인 공식이 되었다고 평가되기까지 한다. 더욱이 다른 나라의 낭만주의 작가들, 곧 영국의 스콧이나 러시아의 푸슈킨(Pushkin)과 동격에 놓을 만한 위대한 작가로 평가되곤 한다.[10)]

이 작품은 14세기 말 폴란드-리투아니아 연합군이 당시 막강한 군사력을 자랑하던 독일의 십자군 기사단(zakon krzyżowy)을 물리친 전투를 배경으로 하고 있다. 어린 나이에 독일 기사단에 붙잡혀 가 독일인처럼 자라난 주인공 콘라드 발렌로드가 리투아니아 민족의 운명을 책임질 인물이라는 계시를 듣게 되고, 결국 독일 기사단 총사령관이 된 후 조국 리투아니아를 위해 독일 기사단을 죽음으로 내몬 후, 자신도 죽음을 택하게 된다는 이야기가 주가 된다.

한편, 『아이반호』(1819)는 월터 스콧이 쓴 열 번째 소설이다. 아홉 번째 소설까지만 해도 스콧은 모두 스코틀랜드를 배경으로 삼았으며 창작 시기로부터 그다지 멀지 않은 역사적 사건을 중심 소재로 다루었다. 그러나 『아이반호』에 이르러 처음으로 스코틀랜드가 아닌 잉글랜드를 배경으로 하고, 그것도 수백 년을 거슬러 올라가 12세기의 일을 이야기하기 시작했다는 점에서 이전 작품과는 다르다. 더군다나 그의 소설 『웨이벌리(*Waverley*)』(1814)나 『아이반호』는 소위 '역사소설'이라는 새로운 문학 갈래의 효시로서, 유럽에서 '낭만적 민족주의'라는 의식을 형성하는 데 커다란 영감을 주었을 뿐만 아니라, 스콧의 고향인 스코틀랜드에서 스코틀랜드의 새로운 낭만적 민족 정체성을 자극시킨 작품으로 평가되었다.

『아이반호』는 리처드 왕(Richard Ⅰ세)이 잉글랜드를 통치하던 12

세기를 배경으로 하여 색슨(Saxon) 족과 노르만(Norman) 족의 반목과 대립, 기사 계급과 평민 및 유대인 계급 간의 갈등, 그리고 남녀 간 사랑과 갈등을 그리고 있다. 십자군 원정길을 떠난 리처드 왕을 대신하여 동생 존 왕자가 노르만 귀족 및 기사들과 결탁하여 폭정을 일삼자, 아이반호를 비롯한 색슨족 귀족과 평민이 일어나 이러한 불의 세력에 대항하여 승리를 쟁취한다는 내용이다.

스콧의 역사소설은 그동안 주로 여성 독자들이 소일거리로 읽던 낭만적 연애담 정도로 여겨지던 기존 소설에다가 역사라는 권위 있고 남성적인 영역을 도입함으로써 소설의 자격을 한 단계 높여 주었다는 평을 받았다. 그러나 그의 작품에는 도덕적 무게나 지적 심각성이 결여되어 있다는 평가와 함께 19세기 말부터 20세기에 걸쳐 본격문학의 영역에서 제외되기도 했다. 심지어 낭만적 아동용 모험소설 또는 기사소설에 불과하다는 평가를 받기까지 했다.

그런데 서론에서 이미 언급한 대로, 스콧의 역사소설 작품들이 루카치나 데이비드 데이쉬즈(David Daiches) 등의 유물론적 사실주의 문학이론가들에 의해 역사소설의 전형으로 재평가되면서 다시금 소설사적 위치가 격상되었다. 그러나 루카치 류의 재평가 후에 스콧의 역사소설은 전통주의적 남성주의 인상이 짙다는 이유로 또 다시 후기 구조주의자들이나 페미니스트들로부터 환영을 받지 못해 왔다. 작품에서 여성주인공의 주체적 행동과 사고방식을 부각시키는 듯하면서 결국 남성주인공에 의해 여성의 운명이 좌우될 수밖에 없는 남녀 관계를 제시함으로써 남성성과 여성성의 경계에 다소 모호하게 걸쳐있다는 비탄을 받았다. 다시 말해 비평가들의 판단에 따라 남성성의 영역으로 또는 남성성에 대한 여성성의 잠식의 산물로 분류될 수 있다는 것이 그 주된 비판거리였던 것이다.

또한 루카치가 『아이반호』를 비롯한 스콧의 여럿 작품들이 로맨스와 노블의 분리를 보여주는 예라고 주장했던 것에 대한 반론 또한 적지 않다. 즉, 반론자들은 스콧의 작품에 로맨스적 요소와 노블적 요소가 공존하고 있다는 사실을 지적하고 있다. 서사시가 끝난 뒤에 소설이 나타났다고 본 루카치의 견해와는 달리, 『아이반호』만 놓고 보더라도 민요와 전설과 같은 민중 문학적 요소를 삽입시키고 거기에다 연애담을 덧붙여 중세의 로맨스적 분위기를 만들어 내고 있기

한 · 폴 · 일 · 영 역사영웅서사문학 작품 비교표

작품 항목	『임경업전』	『고쿠센야캇센』	『콘라드 발렌로드』	『아이반호』
작가	미상	지카마쓰몬자에몬 (1653-1725)	아담 미츠키에비치 (1798-1855)	월터 스콧 (1771-1832)
창작 시기	17-18세기(추정)	1715	1828	1819
주요 내용	임경업의 대외적 활약 및 임경업과 간신 김자점의 갈등, 임경업과 호왕의 갈등, 임경업의 비극적 최후와 신원에 관한 이야기	일본의 영웅 고쿠센야 일행이 중국에 건너가 중국에 쳐들어온 탓탄국과 간신을 물리치고 중국 대륙의 질서를 회복한다는 이야기	리투아니아 출신 독일 기사단 총사령관인 주인공의 영웅적 활약과 배반, 비극적 죽음, 아내 알도나와의 사랑 이야기	존 왕자의 통치에 대항하는 색슨족의 기사 아이반호의 활약과 부패한 노르만 귀족에 대항한 민중봉기, 레베카와 로웨나 공주와의 사랑 이야기
시공간 배경	17세기/조선 · 중국	17세기/일본 · 중국	14세기/폴란드 · 리투아니아	12세기/잉글랜드 · 유럽 대륙
주인공 일생	일내기형	삽화형	일대기형	삽화형
역사적 사건	병자호란 · 남경 전투	남경 전투	독일 기사단 대 폴 · 리투아니아 연합군과의 전투	(민중 봉기)
실존 인물	林慶業, 金自點, 李時白, 仁祖, 龍骨大 등	鄭成功, 鄭芝龍, 李自成, 吳三桂 등	콘라드(Conrad), 비톨드(Witold) 왕자	리처드(Richard) 왕, 존(John) 왕자

때문에 순수한 노블이라고 보기 어렵다는 것이다. 스콧의 작품이 로맨스를 넘어서서 근대의 순수한 노블에 해당한다고 본 시각이 문제가 있음을 지적하고 있는 것이다.[11)]

이상 위에서 언급한 내용을 토대로 각 작품별 특징을 간략히 정리해 보면 앞의 표와 같다.

2. 서사단락 및 형성과정

역사적 화소가 역사소설을 비롯한 기타 역사서사문학으로 전환하는 과정에는 두 가지 방식이 가능하다. 문헌에 기록된 역사적 내용을 토대로 비교적 충실하게 재생해 내는 것이 그 하나라면, 역사적 위인 또는 사건에 관련하여 구비 전승되던 전설이나 노래를 빌려와 서사적으로 구성하는 것이 또 다른 하나라 할 수 있다. 또는 이 두 과정이 적절히 혼용된 형태로 창작되는 경우도 있다.

전자의 경우, 문헌기록은 원래 사실에 충실하려는 경향이 강하므로 변화의 폭이 적다. 더욱이 역사적 문헌기록을 구체적으로 참고하여 창작된 작품이라면, 작가의 사관과 비판의식이 상당부분 투영된 결과라 할 것이다. 이에 반해 구비 전승되던 이야기는 사실을 전하려고 한다 할지라도 전승자의 의식에 따라 사실을 이탈하여 사실을 바꾸어 놓는 작용을 한다. 그리고 전승 과정에서 다수의 집단의식 내지 시각이 반영될 수도 있기 때문에 역사와는 다른 방향에서 독자적인 의미를 지닐 수 있다.

현대 역사소설은 역사적 사실을 문헌기록 자료를 참고해 비교적 사실적으로 재창조하려는 경향이 강하다. 그러나 중세에서 근대로 넘어가는 시기에 창작된 역사서사문학에서는 작가의 창작의식이나 의도 외에도 구비 전승물이 삽입될 여지가 많다. 구비 전승되던 이야기나 노래 등은 상하층이 함께 공유할 수 있는 문화이지만, 문헌기록을 쉽게 접하기 어려웠던 일반 민중 사이에서 더 활발히 향유될 수 있었다. 그렇기 때문에 역사서사문학 작품에서 묘사의 실재성, 또는 역사적 사실성 외에 낭만성과 환상성이 함께 담겨질 개연성이 충분히 존재한다. 더군다나 작가 개인의 창작물일 경우, 그 작품에 담겨진 환상적 요소는 작가가 역사를 바라보는 의식과 이를 형상화하려 한 상상의 체계와 관련시켜 파악할 수 있는 근거가 될 수 있다.

역사서사문학의 서술이나 관점은 단순히 과거 현실을 그대로 모방하거나 재현해 내는 수단으로만 머무를 수 없다. 내적 리얼리티를 보여주고 역사적 진실을 이해하는 하나의 양식이 되는 동시에 작자 내지 집단의 주관적 · 허구적 상상의 구조를 만드는 추동력이 될 수 있기 때문이다. 허구적 서사의 인과적인 질서 속에 과거의 역사적 사건이나 인물이 통합될 때 비로소 의미를 갖게 된다. 원래 역사란 사건의 필연성을 증명하는 것이 아니라 사건이나 행위 간의 시대적 의미를 담보하여 독자들에게 이야기하기 위한 '술이작(述而作)'이 아니던가?[12] 따라서 역사를 본격적으로 허구화하고 시대와 집단의 담론을 담아낸 서사적 구성물이 역사서사문학이라는 입장에 설 필요가 있다.

여기서 역사영웅서사문학의 소재 및 형성과정을 살펴보려는 것도 단순히 역사적 인물과 사건이 사실적으로 얼마나 일치하고 있는가를 확인하는 데 있지 않다. 그것보다는 역사성과 서사성, 텍스트성의 관계를 고려하되, 과거를 서사적 텍스트 형식으로 형상화한 작가의식과 시대적 담론, 혹은 문학 양식이 무엇인지를 고민하는 가운데 작품별 공통점을 찾아보고자 하는 것이다. 작가가 밝혀져 있고 창작과정을 알 수 있는 역사서사문학 작품의 경우를 살펴봄으로써 그렇지 못한 역사서사문학 작품의 경우, 어떻게 반면교사(反面教師)로 삼을 수 있을지에 대해 조심스럽게 접근해 보고자 하는 것이다.

우선 각 작품의 서사단락을 제시한 후, 이야기 속 사건과 실제 역사적 사건 간의 일치 여부를 간단히 살펴보고, 역사서사문학에서 사실과 허구와의 관계가 어떤 내적 원리에서 구성될 수 있는지 고민해 보기로 하자. 네 작품의 서사단락은 다음과 같다.

1) 『임경업전』[13)]

① 대명(大明) 숭정(崇禎) 말, 임경업은 충청도 단월에서 태어났다. 일찍이 부친을 여의고 모친을 부양하며 자라났다. 전쟁놀이를 좋아하고 스스로 대장이 되어 호령했다.

② 18세에 무과에 장원 급제하여 백마강 만호 · 천마산성 중군의 소임을 잘 수행하여 민심과 왕의 신임을 얻는다.

③ 동지사 이시백의 무관이 되어 중국에 간다. 명나라 천자의 명으로 가달국(可達國)의 침입을 받은 호국의 구원대장이 되어 출정한다.

④ 가달군을 격파하여 호국을 구해준 후 중원에 이름을 날리고 귀국한다.

⑤ 김자점이 역모를 꾀하나 임경업을 두려워해 이루지 못한다. 세력을 키운 호국이 마음이 교만해져 조선을 공격하나 의주 부윤인 임경업에게 수차 패한다.

⑥ 호국은 임경업을 피해 몰래 바다로 우회하여 한양을 급습하고 인조의 항복을 받는다.

⑦ 세자와 대군을 볼모로 잡아 돌아가던 적장 용골대(龍骨大)를 의주에서 공격하나, 인조의 칙서를 받고 임경업은 부득불 항복하고, 세자 일행을 언제라도 돌아오게 할 것을 맹세한다.

임경업 장군 영정

출처: 왕실도서관 장서각 디지털 아카이브 제공 사진.

⑧ 호국이 명국을 치고자 조선에 청병하자, 김자점의 술수로 임경업이 다시 중국으로 간다. 피섬의 명나라 장군 황자명(皇子明)과 서로 모의하여 후일을 기약하고 거짓 항복을 받은 후, 다시 조선으로 귀국한다.

⑨ 이를 알아차린 호왕이 다시 임경업을 잡아들이려고 중국으로 불러들인다. 임경업은 잡혀가다가 도망하여 속리산에 들어가 중이 된다.

⑩ 마포에서 배를 타고 독부 등과 함께 명나라에 들어가 황자명 장군과 명나라 황제를 만난 후 호국을 치는 대원수(大元帥)가 된다.

⑪ 독부에게 배신당한 임경업이 호국에 잡혀간다.

⑫ 호왕은 임경업 회유에 실패한다. 그러나 임경업의 충성에 감동하여 소원을 물어 세자와 대군을 돌려보낸다.

⑬ 김자점이 임금께 임경업을 모해하나 임금이 들어주지 않자, 돌아오는 경업을 의주에서 잡아 옥에 가둔다.

⑭ 김자점의 계책을 알아차린 임경업이 옥을 빠져나와 임금을 직접 만나 그간의 사정을 말한다. 임금이 김자점을 금부에 가두라고 한다. 그러나 김자점의 부하들이 궁궐에서 나오는 임경업을 죽이고 자결한 것으로 보고한다.

⑮ 임경업이 임금의 꿈에 나타나 억울함을 호소하자, 임금이 사건 전말을 알고 김자점을 문초하여 사형시킨다.

⑯ 임경업이 다시 임금에게 현몽하여 치사(致謝)한다. 임경업 처가 남편을 따라 자결하자 임금이 정문(旌門)을 하사한다. 자손들은 벼슬에 뜻을 두지 않고 농사를 지으며 세상을 잊고 산다.

2) 『고쿠센야캇센』[14)]

① 숭정(崇禎) 17년(1644년) 탓탄국[韃靼國]의 사절단으로 명나라에 온 왕자 바이로쿠[梅勒]가 국력이 약해진 명나라 황제의 애첩 가세이[華淸夫人]를 탓탄국 왕에게 바치라고 요구한다.

② 야만국에 황후를 줄 수 없다는 충신 고 산케이[吳三桂]와 명나라 가뭄 시 탓탄국의 곡식 원조에 대한 보답과 신흥강국 탓탄국과의 혈맹관계 유지를 주장하는 간신 리 도우텐[李蹈天]의 주장이 서로 맞선다. 리 도우텐이 칼로 자신의 왼쪽 눈을 도려내어 의리의 증표로서 바이로쿠에게 바친다.

③ 리 도우텐의 거짓 충성에 감복한 황제는 결국 가세이를 보내기로 하고, 여동생 센단 공주[栴檀皇女]마저 리 도우텐에게 시집보내려

한다.

④ 후궁들과 방탕한 놀이로 세월을 보내던 황제는 탓탄국의 침입을 받아 황후와 함께 죽임을 당한다. 고 산케이는 황후가 죽기 전 낳은 황태자를 구하는 대신, 얼마 전 자기 아내가 낳은 자신의 아이를 대신 죽여 황후의 자궁 안에 놓아 황태자가 죽은 것으로 꾸며놓는다. 센단 공주는 고 산케이 아내의 도움으로 해안가로 가 배를 타고 도망친다.

⑤ 일본 어촌에 살던 와토나이[和藤內](國性爺의 아명)와 그의 아내 고무쓰[小睦]는 폭풍우로 떠내려온 센단 공주의 배를 발견한다. 공주로부터 중국의 위태로운 상황을 들은 와토나이는 부친 이칸[一官]과 일본인 어머니와 함께 중국 왕조를 회복시키고자 중국으로 떠난다.

⑥ 중국 도착 후 와토나이의 이복누이인 긴쇼조[錦祥女]가 간키[甘輝] 장군의 아내가 된 사실을 안 일행은 도움을 구하러 간키 장군의 성으로 가던 도중 산에서 호랑이를 만나지만 신토[神道]의 보호로 이를 물리친다.

⑦ 간키 장군은 와토나이 모친을 제외하고 나머지의 출입을 불허한다. 긴쇼조는 남편 간키를 설득해 보지만 실패한다. 이에 자책감과 의리 의식을 느껴 자해한다. 모친 또한 긴쇼조의 죽음에 책임을 지고 와토나이의 명예를 위해 자결한다.

⑧ 아내와 모친의 죽음에 감동한 간키 장군은 결국 출입을 허락하고 와토나이의 동지가 된다. 간키는 와토나이를 연평군(延平君)에 봉하고, '고쿠센야[國性爺]'로 개명케 한다.

⑨ 일본에 남아 있던 고무쓰는 무술을 연마한 후 센단 공주와 함께 중국으로 향한다. 항해 도중 바다에 표류하게 되나 소년사공으로 화한 항해 안전신[住吉]의 도움으로 순식간에 중국 해안에 가 닿

는다.

⑩ 한편, 고 산케이는 고아가 된 황태자를 품에 안고 규센산[九仙山]을 헤매다가 바둑 두는 두 노인을 만나 바둑을 통해 우주와 세계를 다스리는 이치를 배우게 된다. 바둑판을 들여다보는 동안 황태자가 이미 일곱 살의 소년으로 성장한다. 또한 바둑판을 통해 일본에서 온 영웅 '고쿠센야'가 중국을 구하기 위한 전쟁을 5년 동안 치르고 있음을 보게 된다.

⑪ 고 산케이는 옛 동료였던 이칸을 만나고, 동시에 중국에 막 도착한 고무쓰와 센단 공주까지 만난다. 탓탄군이 그들을 발견하여 죽이려 하나 이번에도 전쟁신의 도움으로 위험을 모면하고 탓탄군을 물리친다.

⑫ 고쿠센야 일행이 수도 남경을 되찾기 위한 마지막 전투를 준비하던 중, 이칸이 충성심 하나로 홀로 적진에 뛰어들었다가 붙잡힌다. 이칸의 목숨을 놓고 흥정하는 탓탄국 왕과 리 도우텐 앞에서 고쿠센야는 효와 충 사이에서 갈등한다.

⑬ 간키와 고 산케이가 탓탄국 왕에게 거짓 항복을 하고 충성을 맹세하고 탓탄국 신하가 된다. 기회를 엿보다가 탓탄군이 방심한 틈을 타 탓탄국 왕과 리 도우텐을 사로잡는다.

⑭ 리 도우텐은 목이 베이고, 탓탄국 왕은 죽을 지경이 되도록 태형을 당한 후 본국으로 쫓겨난다. 어린 황태자가 에이랴쿠[永曆] 황제로 등극하고, 세상은 일본국의 영화와 덕이 두루 미치게 된다.

3) 『콘라드 발렌로드』[15]

① 14세기 말, 리투아니아를 쳐들어온 독일 기사단에 의해 납치된 어린 발렌로드는 독일군 장교의 아들로 입양되어 기독교식으로

세례를 받고 발터 알프(Walter Alf)로 불린다. 리투아니아 출신 음유시인 할반(Halban)은 그 아이가 리투아니아의 영웅이 될 것이라며 그의 곁에서 그의 정체성을 일깨워 준다.

② 건장한 독일의 젊은이로 자라난 발렌로드는 독일 원정대의 일원으로 참가한다. 그러나 원정길에서 할반과 함께 도망쳐 리투아니아 왕에게 간다. 발렌로드의 용맹성에 감탄하여 리투아니아 왕 키에이스투트(Kiejstut)가 그들을 받아들인다.

③ 키에이스투트의 딸 알도나(Aldona)가 발렌로드와 사랑에 빠진다. 발렌로드는 그녀를 기독교인으로 개종시키고, 왕의 동의하에 결혼한다.

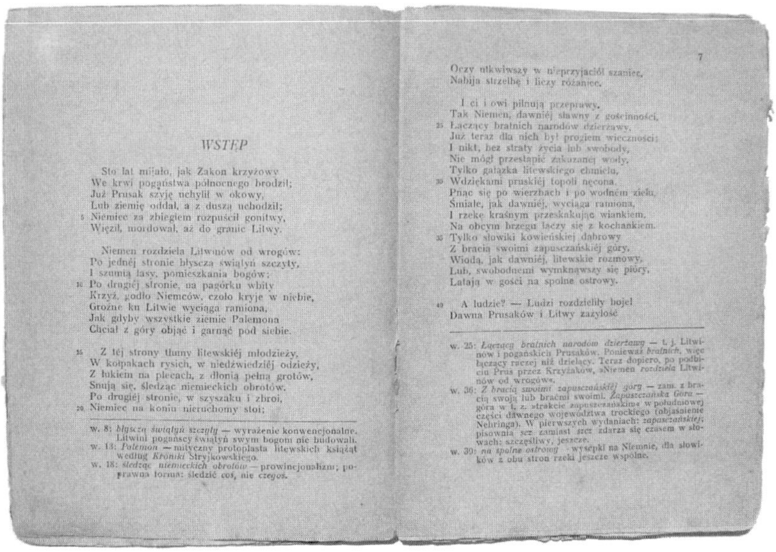

WSTĘP

Sto lat mijało, jak Zakon krzyżowy
We krwi pogaństwa północnego brodził;
Już Prusak szyję uchylił w okowy,
Lub ziemię oddał, a z duszą uchodził;
Niemiec za zbiegiem rozpuścił gonitwy,
Więził, mordował, aż do granic Litwy.

Niemen rozdziela Litwinów od wrogów:
Po jednéj stronie błyszcza świątyń szczyty,
I szumią lasy, pomieszkania bogów;
Po drugiéj stronie, na pagórku wbity
Krzyż, godło Niemców, czoło kryje w niebie,
Groźne ku Litwie wyciąga ramiona,
Jak gdyby wszystkie ziemie Palemona
Chciał z góry objąć i garnąć pod siebie.

Z téj strony tłumy litewskiéj młodzieży,
W kołpakach rysich, w niedźwiedziéj odzieży,
Z łukiem na plecach, z dłonią pełną grotów,
Snują się, śledząc niemieckich obrotów.
Po drugiéj stronie, w szyszaku i zbroi,
Niemiec na koniu nieruchomy stoi;

w. 8: *błyszczą świątyń szczyty* — wyrażenie konwencjonalne. Litwini pogańscy świątyń swym bogom nie budowali.
w. 13: *Palemon* — mityczny protoplasta litewskich książąt według *Kroniki* Stryjkowskiego.
w. 18: *śledząc niemieckich obrotów* — prowincjonalizm; poprawna forma: śledzić *coś*, nie *czegoś*.

7

Oczy utkwiwszy w nieprzyjaciół szaniec,
Nabija strzelbę i liczy różaniec.

I ci i owi pilnują przeprawy.
Tak Niemen, dawniéj sławny z gościnności,
Łączący bratnich narodów dzierżawy,
Już teraz dla nich był progiem wieczności;
I nikt, bez straty życia lub swobody,
Nie mógł przestąpić zakazanej wody.
Tylko gałązka litewskiego chmielu,
Wdziękami pruskiéj topoli nęcona,
Pnąc się po wierzbach i po wodném zielu,
Śmiałe, jak dawniéj, wyciąga ramiona,
I rzekę kraśnym przeskakując wiankiem,
Na obcym brzegu łączy się z kochankiem.
Tylko słowiki kowieńskiej dąbrowy
Z bracią swoimi zapuszczańskiéj góry,
Wiodą, jak dawniéj, litewskie rozmowy,
Lub, swobodnemi wymknąwszy się pióry,
Latają w gości na spólne ostrowy.

A ludzie? — Ludzi rozdzieliły boje!
Dawna Prusaków i Litwy zażyłość

w. 25: *Łączący bratnich narodów dzierżawy* — t. j. Litwinów i pogańskich Prusaków. Ponieważ *bratnich*, więc łączący raczej niż dzielący. Teraz dopiero, po podbiciu Prus przez Krzyżaków, »Niemen *rozdziela* Litwinów od wrogów«.
w. 36: *Z bracią swoimi zapuszczańskiéj góry* — zam. z bracią swoją lub braćmi swoimi. *Zapuszczańska Góra* — góra w t. z. »trakcie zapuszczańskim« w południowej części dawnego województwa trockiego (objaśnienie Nehringa). W pierwszych wydaniach: *zapuszczańskiej*; pisownia *szcz* zamiast *szcz* zdarza się czasem w słowach: szczęśliwy, jeszcze.
w. 39: *na spólne ostrowy* — wysepki na Niemnie, dla słowików z obu stron rzeki jeszcze wspólne.

콘라드 발렌로드 서문

출처: Adam Mickiewicz, *Konrad Wallenrod*, Ed. by Józef Ujejski, Biblioteka Narodowa Nr.72., Kraków: Krakowska Spółka Wydawnictwa, 1926, 50-51면.

④ 독일군의 침략이 날로 심해지자, 발렌로드는 할반이 자신에게 알려준 그의 운명(독일을 배신하고 조국 리투아니아를 위해 죽게 됨)을 따르기 위해 알도나에게 자초지종을 말하고 그녀를 떠나간다.

⑤ 때로는 십자군 전쟁에 참가하기도 하고, 스페인에서 무어 족과 싸워 혁혁한 공을 세우기도 한 발렌로드는 수년간의 방랑생활을 마치고 세상이 다 아는 영웅이 되어 할반과 함께 프러시아(Prussia)에 나타난다.

⑥ 프러시아의 수도 마리엔부르크(Marienburg) 성탑에 알도나가 여예언자 노릇을 하며 살고 있었는데, 오랜만에 재회한 두 사람은 탑에서 밤새도록 이야기를 나눈다.

⑦ 그날 밤 독일 기사단 장로들이 새로운 사령관을 뽑지 못한 채 새벽녘에 성탑 근처를 지나다가, 발렌로드와 이야기를 나누던 알도나가 '콘라드'의 이름을 부르는 소리를 듣고는 성탑에 사는 여예언자의 음성이 곧 하늘의 계시라고 믿고 발렌로드를 새로운 총사령관으로 선출한다.

⑧ 총사령관이 된 발렌로드는 고집스럽고 게으른 폭군 행세를 하며 리투아니아 인들이 기사단 소유의 땅을 점령하고 마리엔부르크 근처의 마을까지 쳐들어오는 것을 방치한다. 기사들이 발렌로드가 매일 밤 성탑 방에서 여예언자와 만난다는 사실을 알아챈다.

⑨ 어느 날 발렌로드가 연회를 베푼다. 그 자리에 리투아니아의 왕자 비톨드(Witold)가 조국을 배신하고 와 있는 것을 안 발렌로드는 우울해하고, 할반은 비톨드를 매국노라고 욕하며 리투아니아 노래를 부른다. 비톨드는 참회의 눈물을 흘리고 기사들은 할반에게 야유를 퍼붓는다. 발렌로드는 할반이 부르던 '바이델로타 노래(Pieśni Wajdeloty)'를 끝까지 부르게 한다. 자신도 '알푸하라(Alpuhara)' 노래를 부르면서 스페인 전투의 무용담을 들려준다.

⑩ 발렌로드가 기사단을 이끌고 리투아니아로 진격한다. 저 멀리 수평선 위에서 불길이 치솟아 오르고, 전투는 더 멀리 동쪽으로 옮겨갔다. 오랜 시일이 지나도록 그와 독일 기사단은 아무런 소식이 없다.

⑪ 겨울 어느 날, 발렌로드와 기사단 일부 병사들만 눈 폭풍을 헤치고 돌아온다. 기사단은 원정 도중 발렌로드와 비톨드가 은밀한 만남을 가졌으며 리투아니아에 돌아간 비톨드 군대에게 패배하게 된 사실을 알아낸다.

⑫ 12명의 판사로 구성된 비밀회의에서 만장일치로 발렌로드에게 유죄를 선언한다. 이를 알게 된 발렌로드는 알도나에게 리투아니아로 함께 도망칠 것을 제안한다. 그러나 알도나는 그의 운명을

성벽에서 알도나와 이야기를 나누는 발렌로드

출처: Jacek Łukasiewicz, *Mickiewicz*, Wrocław: Wydawnictwo Dolnośląskie, 1999, 69면의 삽입 그림.

슬퍼하며 그것을 거절한다.

⑬ 할반과 함께 방에 있던 발렌로드는 자신을 잡으러 온 기사단 병사들의 문 두드리는 소리를 듣고 독약을 마신다. 그는 구약성경의 삼손(Samson)이 된 듯한 기분을 느끼며 알도나와 약속한 대로 창가에 있던 램프를 떨어뜨리고 최후를 맞이한다.

⑭ 이 순간 성탑 꼭대기에서 슬프고 긴 외마디 소리가 들려온다. 알도나 역시 발렌로드가 죽던 그 순간에 성탑에서 뛰어내려 죽은 것이다. 할반은 발렌로드의 죽음을 슬퍼하며 다시 리투아니아로 돌아가 후손들에게 발렌로드가 누구였으며 어떤 삶을 살았는지 노래하며 살겠노라고 외친다.

4) 『아이반호』[16)]

① 12세기, 노르망디 공국 지배하에 있던 잉글랜드는 사자왕 리처드 1세(Richard Ⅰ)가 통치하고 있다. 리처드 왕이 십자군 원정길을 떠나 있는 동안, 리처드 왕과 반목하던 동생 존(John) 왕자가 잉글랜드를 임시로 통치한다.

② 성격이 방탕하고 탐욕스런 존 왕자는 프랑스 왕 필립과 동맹을 맺고 국내의 리처드 왕을 싫어하는 노르만 귀족들과 손잡고 각종 부정과 폭정을 일삼아 백성들의 원성을 산다.

③ 이 무렵, 리처드 왕을 도와 십자군 원정을 떠났던 아이반호(Ivanhoe)가 자기 신분을 감춘 채 잉글랜드로 돌아온다.

④ 아이반호는 존 왕자가 개최한 마상대회에서 왕자의 오른팔 격인 성당기사 브리앙 드 부아 기르베르(Brian de Bois-Guilbert)와 힘든 결투를 벌이다가 흑기사의 도움으로 간신히 승리한다.

⑤ 승자가 최고의 미인을 선택하는 자리에서 아이반호는 색슨 왕족

의 후손인 로웨나(Rowena) 공주를 택한다. 그러나 아이반호는 시합 중 입은 부상으로 정신을 잃게 되고, 남몰래 유대인 여자 레베카의 간호를 받게 된다.

⑥ 마상시합 후 리처드 왕이 돌아온다는 소식을 들은 존 왕자는 두려움에 떨고 기사들은 자기 이익을 챙기려는 음모를 세운다. 몰래 아이반호를 후송하던 레베카 일행이 길에서 세드릭(Cedric) 일행을 만나 도움을 청할 때 성당기사 기르베르와 드 브라시, 그리고 프롱 드 부우프 일행이 이들을 붙잡아 부우프의 성으로 데려간다.

⑦ 다행히 붙잡히지 않은 왐바(Wamba)가 숲속의 우두머리인 록슬리를 만나 도움을 청하고 부우프 성에 갇힌 색슨인들을 구하기 위한 전쟁을 선포한다. 여기에 흑기사도 가세한다.

⑧ 성 안에서 성당기사 기르베르는 레베카의 미모와 돈에 탐을 내 아내로 삼으려 하고 드 브라시도 로웨나 공주에게 청혼한다. 성 안에 갇혀 있던 아이반호를 찾아낸 레베카는 함께 전투 상황을 목격한다.

⑨ 흑기사와 록슬리를 중심으로 세드릭의 하인인 왐바, 돼지치기 거스(Gurth), 보수적 색슨 귀족이자 아이반호의 부친인 세드릭과 색슨 왕족의 후예인 아델스테인(Athelstane)까지 합세하여 성을 공격한다.

⑩ 부우프가 흑기사와 싸워 죽임을 당하고, 드 브라시는 흑기사의 관용으로 목숨을 건진다. 이때 성 안의 마녀 울리카(Ulica)가 불을 질러 성이 화염에 휩싸이고 전투는 색슨족의 승리로 끝난다. 성 안에 갇혀 있던 아이반호, 로웨나 공주, 왐바 등은 모두 구출되나, 레베카는 기르베르에게 붙잡혀 사원[Temple]으로 끌려간다.

⑪ 사원에 온 레베카는 미리암의 의료비법을 배운 마녀라는 죄명으

로 재판을 받는다. 레베카의 마음을 돌이킬 수 없다고 판단한 기르베르는 재판에서 그녀가 마녀로 낙인찍혀 화형에 처하게 되는 것을 방관한다.

⑫ 레베카를 위해 성당기사와 싸워 이겨야 레베카의 목숨을 구할 수 있는 상황에서, 아이반호가 자신을 정성껏 보살펴 준 레베카를 구하기 위해 목숨을 건 최후의 마상 결투를 벌인다. 결투에서 아이반호가 기르베르를 이기고 레베카를 구한다.

⑬ 흑기사로 변장했던 리처드 왕이 입성하고, 존 왕자의 폭정은 종언을 고한다.

⑭ 아이반호가 로웨나 공주와 결혼한다. 레베카는 사랑하는 아이반호를 마음에서 놓아 주고 아버지 아이작과 함께 유대인 차별이 심한 잉글랜드 땅을 떠나간다.

위 네 작품 중에서 작가와 창작시기를 알 수 없는 것은 『임경업전』뿐이다. 그러므로 실제로 전이나 설화 중에서 구체적으로 어떤 것을 참고하여 창작했으며 영향을 받았는지 그 선후 영향관계를 따지기란 쉽지 않은 일이다. 다만 18세기 말에 대마도 역관이었던 오다 이쿠고로[小田幾五郎]의 조선 견문기인 『상서기문(象胥記聞)』(1794)에, 당시 조선인들이 즐겨 읽던 소설 중에 『장풍운전』, 『소대성전』, 『숙향전』, 『최충전』 등과 함께 『임장군전』(=『임경업전』)이 언급되고 있는 것으로 보아 『임경업전』이 18세기 말 이전에 이미 향유되고 있었음을 추측해 볼 수 있다. 또한 현재까지 가장 많이 남아있는 방각본 '47장본 임경업전'이 1780년 경기지방에서 찍어낸 것이라는 것[17)]을 고려해 볼 때, 창작연대는 18세기 말 이전일 것으로 추정 가능하다.

그런데 『임경업전』은 국내의 창작군담소설이나 영웅소설 작품들과 여러 면에서 차이가 있다. 평범한 가문에서 출생한 인물로 그려질 뿐만 아니라, 선관이나 용자(龍子)의 적강 모티프도 없으며, 영웅적인 면모를 보이기 위해 설정되는 도술사용 장면도 드물다. 그리고 대단원에서 그가 세운 공로를 보상받는 것이 아니라, 오히려 간신의 모함에 빠져 비극적인 종말을 맞게 된다. 이러한 기본 모티프나 이야기 구성단위 등은 다른 영웅소설의 그것과는 사뭇 이질적이라 하지 않을 수 없다.

이미 국내 학계에서는 『임경업전』의 형성과정과 관련하여 상당한 논의가 진행되어 왔다. 그러나 『임경업전』의 작자[18]를 알 수 없어 형성과정과 관련한 확정된 연구결과를 기대하기가 어렵다. 조선후기에 등장한 다른 역사소설들도 사정은 마찬가지다. 그렇지만 본고에서는 『임경업전』을 제외한 다른 세 작품이 모두 작가가 분명하고 창작동인이나 창작방식이 비교적 상세히 알려져 있기 때문에, 앞서 말한 대로, 그것들을 참고하여 『임경업전』의 경우를 추측해 보고자 한다.

『고쿠센야캇센』의 작가 지카마쓰는 낮은 무사 계층의 집안에서 태어났다. 사회적으로 높은 신분의 지위를 갖지 못했지만 문학작품을 써서 새롭게 문학담당층으로 부상한 조닌 계급과 무사 계급들로부터 많은 지지와 관심을 끌어 모으고자 했다. 그러므로 『고쿠센야캇센』에서 작가는 고쿠센야와 일본이 얼마나 밀접하게 연결될 수 있느냐 하는 문제에 주목하고자 했다. 그런데 중국 역사서에서 일본인 고쿠센야에 관한 자료를 지카마쓰가 충분히 찾아내는 일이 쉽지 않았을 것이다.[19] 그래서 그는 역사서 외에 1661년(寬文 元年)에 간행된 우카이 노부유키[鵜飼信之]의 통속 군담소설인 『민신토키[明清闘記]』에서 일부 흥미로운 모티프를 빌려 왔다.[20] 『고쿠센야캇센』에 등장하는 '때까치와 대합조개의 싸움' 장면이나 '세 노인의 바둑 두기', '규센산에서의 예언'과 같은 삽화 등이 이에 해당한다.[21] 『민신토키』는 군담소설임에도 불구하고, 역사적 사실에 근거하여 충실하게 쓰인 작품이다.

지카마쓰가 『민신토키』에서 『고쿠센야캇센』의 모티프를 얻은 사실은 여러 연구자에 의해 이미 지적된 바 있다.[22] 지카마쓰는 이런 전대의 자료를 충실히 활용해 『고쿠센야캇센』의 서사적 골격을 마련할 수 있었다. 그렇기 때문에 작가와 동시대를 살았던 사람들이나 그 후대 사람들은 한동안 『고쿠센야캇센』의 이야기가 모두 역사적 사실인 양 믿었을 정도였다.

여기서 『고쿠센야캇센』과 『민신토키』와의 관계에 대해 좀 더 구체적으로 보도록 하자. 『고쿠센야캇센』에서 제3장은 가장 극적인 요소로 충만한 장이라 할 것이다. 고쿠센야의 모친과 이복누이인 긴쇼

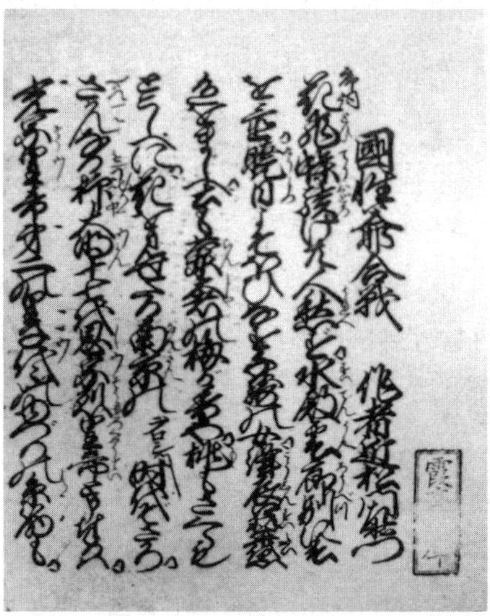

『고쿠센야캇센』 원본 첫장

출처: 守隨憲治 · 大久保忠國, 『近松淨瑠璃集(下)』, 岩波書店, 1959, 속지 삽입 그림.

조가 연이어 자결하는 일이 발생하기 때문이다. 그런데 이들 여성등장인물의 자해 모티프는 『민신토키』의 제2, 3권에서도 고스란히 등장하고 있다. 이때 『민신토키』에 등장하는 모쿄조[孟姜女]란 여성이 『고쿠센야캇센』에서는 긴쇼조[錦祥女]로 바뀌져 있을 뿐이다.[23] 게다가 이칸[一官]과 와토나이[和藤內]가 역사적 인물인 정지룡과 정성공에 연결되는 것과 달리, 두 작품에서 유사한 역할을 맡은 모쿄조와 긴쇼조는 둘 다 작가가 창작해 낸 비역사적 인물들이다. 동일한 역할을 감당하는 허구적 여성등장인물이 각각 『고쿠센야캇센』과 『민신토키』에서 공통적으로 등장하고 있다는 것은 나중에 창작된 『고쿠센야캇센』이 소설 『민신토키』의 사건과 서사를 차용했음을 보여주는 하나의 좋은 사례가 된다.

이처럼 모쿄조가 허구적 인물이라는 사실을 알고서도 작가가 『고쿠센야캇센』에서 재인용한 것은 그만큼 모쿄조와 같은 여성 등장인물이 문학적 형상화에 부합한다고 보았기 때문이다. 지카마쓰가 긴쇼조가 죽음을 택할 수밖에 없는 상황을 제시함으로써 서사적 갈등을 고조시키고 작가가 중요하게 여기는 '의리'의 개념까지 구체적으로 드러내 보일 수 있었던 것이다. 『고쿠센야캇센』은 정사(正史)뿐만 아니라 소설 『민신토키』에서 역사적 사건이나 허구적 모티프까지 끌어온바, 역사서사문학이 갖는 본질적 속성, 곧 허구성과 사실성 사이에서 새롭게 창출되는 서사구조상의 미학적 묘미를 충분히 고려한 결과라 하겠다.

『고쿠센야캇센』에서는 명말(明末) 부흥운동의 중심인물이었던 '정성공'을 주인공 '고쿠센야[國性爺]'로 바꾸고, 정성공의 친부(親父)인 '정지룡(鄭芝龍)'을 고쿠센야의 부(父) '이칸[一官]'으로 설정하였다. 또한 역사에서 정성공은 일본에서 태어나 어린 나이에 중국으로 건너가 수학한 후 명나라 회복운동에 참여한 것으로 기록되어 있는 데 반해, 『고쿠센야캇센』에서는 야만족 탓탄국의 침입으로 중국이 위험에 처하게 된 사실을 알고 장성한 고쿠센야가 중국을 구하러 가는 이야기로 바꿔 놓았다.[24)] 이처럼 『고쿠센야캇센』은 역사적 사실을 토대로 재창작한 역사극임에 틀림없다. 그리고 『민신토키』와 같은 선행 소설 작품까지 참고하면서 필요에 의해 역사적 사실까지 적절히 왜곡하거나 변용시켜 가면서 새롭게 창작해 낸 작품이라 하겠다.

그런데 정성공 이야기는 역사서나 소설 등의 문헌에서뿐만 아니라 민간 설화로서 전승되기도 했다. 중국인들은 정성공을 대만을 개창한 인물로서 숭앙하고 있다. 그리고 가뭄이나 홍수 때에 양국 사람들은 그를 신격화하여 그에게 제사를 지내기까지 했다. 중국은 물론 일본에서도 여러 정성공 관련 전설과 이야기가 전해지고 있다. 그러므로 그의 출생과 죽음, 그의 활약과 관련된 다양한 전설은 지카마쓰가 『고쿠센야캇센』을 쓰는 데 훌륭한 소재와 상상력의 원천이 될 수 있었다.[25)]

지카마쓰는 고쿠센야의 실제 생애와 다르다 할지라도 고쿠센야를 일본의 문화 영웅으로 만드는 데 필요하다면, 자신이 창작한 허구적 이야기를 주요한 서사장치로 적극 활용하고자 했다. 이는 역사문학 작품이 본질적으로 허구와 사실 사이에서 긴장된 줄타기를 하면서 얻어낸 산물이라는 시각에서 파악한다면 별 문제가 없어 보인다. 그러나 이런 역사문학을 창작하는 작가가 역사를 통해 이념적이거나 주관적 가치관 및 이념을 강화하려는 목적이 내재된 경우에는 문제가 발생하기 쉽다. 다시 말해, 역사서사문학이 이데올로기 경향을 띠고, 목적 문학적 수단으로 변질되기 쉽다는 데 문제가 있다. 지카마쓰가 정성공을 일본의 문화영웅으로 신격화한 것도 바로 비문학적, 비심미적 의도가 크게 작용했기 때문이다. 다시 말해, 일본에서 정성공을 신격화하게 된 단초는 바로 지카마쓰의 『고쿠센야캇센』부터라고 말해도 과언이 아니다. 독자층의 요구에 부응하면서 사회적 분위기와 사상에 충실한 가운데, 작가의 기호가 개입하여 하나의 흥미로운 이야기를 창조해 낸 예가 된다.

『콘라드 발렌로드』에서도 창작상의 의도는 『고쿠센야캇센』과 별반 다르지 않다. 아담 미츠키에비치는 『콘라드 발렌로드』를 리투아니아 연대기와 역사 기록을 토대로 창작하였다.[26] 작품 속 주인공인 콘라드 발렌로드는 1391년부터 1393년까지 독일 기사단을 이끌었던 실존인물이었다.[27] 그는 초기에 많은 이들의 후원을 받아 기사단을 이끌었으나, 1392년에 나섰던 리투아니아 원정에서 처참한 참패를 맛보았다. 이상하게도 발렌로드는 스스로 나태한 사령관임을 드러내려 하였고, 원정 도중 그의 군대를 방치해 두었다고 한다.[28] 그는 다음 해(1393년) 실성한 채로 죽음을 맞이하였고, 그의 이상한 행동들이 그를 죽음으로 내몰았다고 역사가는 적고 있다. 이와 관련해 19세기 초 폴란드의 역사학자였던 코체부에(Kotzebue)는 전쟁 도중 그가 보인 행동을 설명할 자료가 전혀 없으나 무슨 숨은 동기가 있을 것이라고 짧게 언급한 바 있다.[29] 그러면서 코체부에는 다른 연대기에 등장하는 어느 한 시골 처녀 이야기를 소개해 놓았다. 이야기 내용인즉슨, 어느 한 시골 처녀가 말보르크(마리엔부르크)에 들어와 살았는데, 벽으로 둘러싸인 독방에서 살다가 거기서 생을 마감했다는 것이다. 그런데 사후에 그녀의 무덤이 무슨 이유에서인지 일약 유명하게 되었고, 그 여자는 몬토바(montowa) 출신의 도로타(Dorota)라는 여성이었다고까지 적어 놓았다.[30] 이 여성이 작품에 등장하는 발렌로드의 연인 알도나(Aldona)의 모델인 것이다.

미츠키에비치는 바로 이렇듯 다소 의뭉스런 역사적 사건을 가져와 민족문제를 노래하고자 했다. 그래서 코체부에가 역사서[31]에다 쓴 발렌로드의 이상한 행적을 작품 속 모티프로 삼는 한편, 다른 역사책에서 읽은 독일 기사 발터 폰 스타디온(Walter Von Stadion) 이야기를 접목시켰다. 역사서에는 스타디온이 포로로 붙잡혀 리투아니아로 끌려갔으나, 거기서 당시 리투아니아 왕자 키에이스투트(Kiejstut)의 딸을 유혹했다고 적고 있다. 이것이 『콘라드 발렌로드』에서는 독일에 붙잡혀 간 발렌로드가 성장한 후 독일 기사단을 빠져나와 리투아니아로 가 공주 알도나와 사랑을 나누게 된다는 이야기로 바뀌어 있다. 이처럼 『콘라드 발렌로드』는 비록 역사에 짧게 기록된 인물들의 극적 모티프를 소재로 가져왔지만, 미츠키에비치가 민족의식을 고취시키려는 목적에서 새롭게 상당부분을 창조해 낸 작품이라는 사실을 기억할 필요가 있다.

주인공인 콘라드 발렌로드(Konrad Wallenrod)는 원래 이교도 민족인 리투아니아(Litwa) 출신이다. 역사 · 지리적으로 서로 이웃해 있던 폴란드와 리투아니아는 기독교 국가였던 폴란드가 원시무속신앙을 가지고 있던 리투아니아에 기독교를 전해 줌으로써 양국이 연합국을 형성하게 된다. 이 작품은 바로 연합국 형성 직후 곧, 14세기 말에 폴란드-리투아니아 연합군이 당시 막강한 군사력을 자랑하던 독일의 튜튼 기사단과 싸워 승리를 거둔 어느 한 전투가 배경이 된다. 이후에 폴-리 연합군은 지금까지 폴란드 인들이 가장 자랑스러워하는 전투라 할 '그룬발트 전투(1410)' 에서도 승리를 거두게 되고, 그 승리 후로 독일 기사단의 세력은 점차 약화된다. 과거의 역사 중에서도 폴란드 인에게 소중하다고 여기는 역사적 사실을 소재로 삼아 당시 폴란드 현실의 문제를 간접적으로 드러내 보이고자 했다.

이런 작가의 의도는 아담 미츠키에비치뿐만 아니라 낭만주의 시대의 다른 폴란드 작가들에게서도 동일하게 나타났다. 당시 폴란드 낭만주의 작가들은 감정에 호소하는 민족주의 문학작품을 발표하고 진정한 폴란드 민족의 원형과 본질을 드러내는 데 관심이 많았다. 사실 아담 미츠키에비치가 『콘라드 발렌로드』를 쓴 것은 러시아의 페테르부르크(St. Peterburg)에 머물고 있을 때였다. 그때 그는 러시아 민담과 전설을 엮은 책을 흥미롭게 읽었다. 당시 러시아 민담이나 전설의 서사구조는 영웅의 생애를 일대기식으로 엮는 것이었다. 그리고 러시아 설화에서 영웅의 삶을 일대기형으로 서술하게 된 원천은 이미 11-12세기에 비잔틴 성자들의 생애를 번역하게 되면서부터였다.[32] 비잔틴문화의 영향을 받은 러시아와 주변 국가들은 성자들의 생애를 범인 영웅의 생애로 발전시켜 성자전의 플롯을 영웅서사문학의 플롯으로 활용했으므로, 『콘라드 발렌로드』도 그러한 서사적 전통의 영향을 받았다고 할 수 있다. 실제로 폴란드에는 이러한 성자전이나 연대기 작품들이 많이 남아 있다. 작가가 실존인물이었던 콘

아담 미츠키에비치의 초상

출처: Jacek Łukasiewicz, *Mickiewicz*, Wrocław: Wydawnictwo Dolnośląskie, 1999, 겉표지 그림.

라드의 생애를 일대기식으로 택한 것은 문학창작의 전통을 계승한 자연스런 방법이었을 것이다. 이러한 러시아 설화문학에서 보이는 일대기적 서사구조는 서유럽에서 기사들의 로맨스를 다룬 서사문학에서도 동일하게 발견된다.[33)]

더욱이 작가들은 그 이전까지 그다지 관심 갖지 않았던 구비문학—가령, 민요나 설화 등—에 새롭게 주목하기 시작했다. 민족의 혼과 정신을 유지시키고 민족적 감정과 독립 의지를 북돋기 위해서는 민중들의 삶 속에 녹아 있던 각종 관습과 제의, 그리고 전통적 민요(ballada), 설화, 심지어 역사까지 복원할 필요가 있었던 것이다. 역사적 과거와 민족 고유의 전통은 많은 작가들에게 예술적 영감은 물론 민족문학을 발흥시키는 가장 중요한 소재가 되지 않을 수 없었다. 아담 미츠키에비치가 역사적 기록뿐만 아니라 여러 관련 설화를 가져와 창작하게 된 배경에는 폴란드의 민족혼을 자극하고 그 정체성을 드러내고자 한 당시의 문학적 유행과 무관하지 않다. 미츠키에비치의 또 다른 작품인 『그라지나(*Grażyna*)』에서도 작가는 독일 기사단과의 전투를 모티프로 하는 한편, 역시 리투아니아의 전설을 바탕에 깔고 있다.

세계문학사에서 폴란드는 역사영웅에 관한 장편의 구비서사시의 전승이 거의 단절된 지역에 속한다. 그것은 일찍부터 기독교 문화가 수용되면서 무속적 요소가 배척되어 구비물의 전승이 거의 불가능하게 된 것과 관련이 있다. 그렇지만 민간에서는 장편 구비서사시 형태는 아니더라도 서사민요나 전설담 등의 형식으로 파편화되어 일부 전해지고 있었다.[34)] 그런데 바로 『콘라드 발렌로드』야말로 기존에 단형으로 전해 오던 구비 전승의 노래들을 적절히 삽입시켜 새롭게 장편 영웅서사시의 형식으로 만들어 낸 작품에 속한다. 작품에 삽입된 '알푸하라(Alpuhara)'나 '바이델로타 노래(Pieśni Wajdeloty)' 등이 바로 그러하다.[35] 『콘라드 발렌로드』는 폴란드 내 장편 구비 영웅 서사시의 부재를 보완하는 한편, 새롭게 장편 영웅서사시의 형식으로 폴란드 민족의 감정을 담아 낸 작품이라는 점에서 중요한 의미를 지닌다.

한편, 스콧이 살던 시대에 영국에서는 인쇄 · 출판문화가 발달하면서 새로운 민족문화 창출을 위한 노력이 활발히 전개되었다.[36] 진보를 믿는 계몽주의적 발상, 현실에 입각한 사회구조 이해 노력, 상층문화에 대한 비판, 미신과 편견에 대한 비판, 그리고 문화 · 정치 · 경제의 근대화에 대한 다양한 관심과 가치관이 자국의 역사와 사회에 대한 폭넓은 이해와 맞물리면서 당시 영국의 미래와 방향을 결정지으려는 구체적 작업이 지식인들 사이에서 모색되었다. 지식인들 중에서도 문인들은 이러한 고민을 소설에서 찾고자 했다. 이때 역사와 과거를 가지고 그 해결의 한 예를 제시한 것이 스콧의 역사소설이라 할 수 있다.

그는 자신이 살던 시대에 주된 관심거리였던 사회문제나 정치에 깊은 관심이 있었던 데다가 역사와 구비문학에 대한 지식 또한 풍부했기 때문에 당대의 문제를 전통 속에서 찾으려 한 그의 노력이 역사소설을 통해 구현될 수 있었다. 그리고 그는 또한 독자층, 특별히 남성들을 고려하여 전문적이고 지적이며 정치적인 삶의 모습을 보여주고자 했다. 그래서 그의 작품에는 민중과 시민, 또는 소귀족(gentry)이 주로 등장하지만 흔히 평민이 아닌 귀족, 그리고 가부장적 제도를 근거로 한 남녀 관계를 당연한 것으로 설정해 놓았다.

『아이반호』의 경우에는 12세기의 사회상 및 시대상을 포착해 내기 위해 여러 역사적 문헌을 활용하고 있다. 등장인물 중에는 전대 문학작품에 나오는 인물이 모델이 되기도 했다. 주인공 아이반호는 역사적 인물이 아니기 때문에 정작 그의 이름이 정사(正史)에는 없다.[37] 아이반호는 본래 영지 이름이기 때문에 '아이반호의 영주 윌프레드'가 이 작품에서 주인공을 지칭하는 올바른 이름이 된다. 오히려 보조적 주인공으로 등장하는 리처드 왕이나 존 왕자, 로빈 후드 등이 역사적 기록에서 발견되는 인물들이며, 설정된 배경이나 사건—노르만족과 색슨족의 갈등과 싸움, 신분차별의 현실—등이 사실적이라 할 수 있다. 그러므로 『아이반호』가 역사영웅서사문학이 될 수 있는 이유는 영웅 주인공이 실존했던 역사적 인물이기 때문이 아니라 인물과 사회적 환경에 대한 묘사의 사실성 때문이라 할 수 있다. 그 창작 사례를 들어보도록 하자.

사실적 요소가 풍부하게 구현되고 있는 『아이반호』가 다른 세 작품들과 창작과정에서 차이가 나는 것은 아니다. 앞선 시대의 작품에서 모티프를 차용하거나 민간에 전해 오던 서사민요나 설화, 그리고 기사담을 적절히 빌려 오는 방식을 사용한 것이 다른 세 작품의 경우와 동일하다. 스콧이 여러 구비 전승물을 토대로 『아이반호』를 허구화하고 있는 사례는 여러 곳에서 찾아볼 수 있다.

스콧은 설화조 노래라 할 수 있는 민요의 원천을 찾아 나서서 옛 노래들이 여전히 불리고 있던 잉글랜드와 스코틀랜드 접경 지방에서 사람들이 구술한 내용을 직접 받아 적기까지 했다.[38] 서술자 논평식으로 서술되어 있는 다음 인용 부분은 스콧이 민간에 구전되어 내려오던 '로빈 후드' 이야기에 등장하는 한 인물을 빌려와 독자들에게 따로 설명을 해주는 대목이다. 이는 역사적 인물이지만 전설로 더 많이 전해지는 로빈 후드에 대한 이야기를 의도적으로 차용했음을 보여주는 한 예가 된다.

> "아아! 제 이 더러운 주먹으로 국왕의 귀를 때리다니!" 하며 은자는 어쩔 줄 몰라한다. 이 은자는 진기(珍奇)를 좋아하는 사람들에게는 로

빈 후드에 관한 싸구려 이야기에서 승려 턱크(Tuck)라는 이름으로 잘 알려진 사람이다.[39)]

서술자가 로빈 후드 전설에 나오는 인물의 이름을 거론하며 『아이반호』에 등장하는 등장인물을 소개 하고 있는 장면이다. 쥬디스 윌트(Judith Wilt)도 '로빈 후드 이야기'가 당시 영국인들에게는 민족적 신화로 인식되고 있었으며, 『아이반호』에 의도적으로 삽입되었다고 주장하고 있다.[40] 스콧이 영국인들의 입을 통해 구전되던 '로빈 후드 이야기'를 역사소설 『아이반호』를 창작하는 한 방편으로 삼았던 사실을 엿볼 수 있다.

이처럼 『아이반호』에서도 민요나 설화와 같은 구비문학적 편린들을 대거 삽입시켜 역사의 진실을 보여주고 있다. 역사소설을 형성함에 있어 낭만적 무용담과 사건을 역사적 사실들로 보완하고, 객관적 현실로 재현해 내고 있는 것이다. 스콧은 서사민요나 구전문학을 중세 때 시인들에 의해 읊어지거나 낭송되던 로맨스의 단편으로 보았다. 그리하여 구전문학에 담겨 있는 역사적 편린들을 재생해 내는 데 관심을 가졌다. 구전되던 짧고 강렬한 삽화적 모티프를 그의 역사소설에 일부 삽입시켜 놓음으로써 단순하고 압축적이었던 서사구조를 보다 세련되고 복잡한 서사구조로 확장시키고자 했던 것이다. 예를 들어, 왐바가 색슨족의 민요를 불렀을 때, 그 민요는 다른 사람들에게 색슨 민족에 대한 자부심을 느끼고 자기 임무를 깨달아 행동으로 옮길 수 있도록 만드는 역할을 하고 있는 것이다.

그렇다면, 『임경업전』의 경우는 어떠한가? 작품의 형성과정과 관련하여 서대석은 『임경업전』(경판본)을 『임충민공실기(林忠愍公實記)』[41)]에 수록된 실제 전기와 대비한 결과 실전과는 내용이 대부분 다르다고 보고, 실전이 아닌 구전설화에 의거하되 작자의 상상력의 소산으로 창작되었다고 주장한 바 있다.[42] 이 견해대로라면 『임경업전』의 기본적 서사구조는 작자가 갖고 있던 역사적 지식을 토대로 만들어졌고 그 위에다 민간에서 구전되던 설화를 덧입히고자 했던 것으로, 실전의 직접적 참고와는 무관하다는 입장으로 이해할 수 있다.

소재영의 경우에도 실전(實傳)이 전하고 있지만 임경업의 영웅적 성격 형성은 구전설화에 크게 의존하고 있다고 보았다.[43] 북한의 김춘택도 구전설화에 의해 『임경업전』이 형성된 것으로 주장하고 있다. 그는 외적의 침략을 물리치고 나라를 지키는 데 공을 세운 임경업의 투쟁과 애국정신은 이미 오래 전부터 민중 속에서 전설화되어 전해져 왔기 때문에 "소설 작가는 이미 굳어져 버린 인물전기의 형식으로써가 아니라 구전설화를 바탕으로 하여 임경업의 슬기와 용맹을 보다 생동하게 보여줌으로써 중편소설의 양식에 알맞은 이야기를 마련할 수 있었다"[44]고 밝히고 있다.

이상의 연구자들의 주장을 종합한다면, 『임경업전』이 사실에 입각해 쓰인 실전을 참고하여 창작됐다기보다 민중의 의식이 대거 반영된 구전설화의 결과물로서 사실성(역사성)보다 허구성(문학성)에 더 큰 비중을 두고 창작된 것으로 파악하고 있음을 알 수 있다. 그러나 기존의 연구자들 중에서 구전설화의 어떤 것이 『임경업전』의 어느 부분에 삽입되었으며 활용되었는지를 구체적으로 예증해 보인 이가 없다. 소재영도 구비 전승되는 일부 설화가 임경업의 '영웅화 과정'을 엿볼 수 있게 해 준다고 했을 뿐, 그 구체적 증거는 제시하지 않고 있다. 이처럼 『임경업전』의 창작과 관련한 기존 연구에서는 구전설화에 근거한 창작 가능성만을 추측하고 있을 뿐 구체적 증거자료가 불충분하다.

이와 관련하여 필자는 앞선 세 작품의 창작방식을 고려해 볼 때 『임경업전』이 어느 한 개인에 의해 창작된 역사소설이라는 점을 추정해 볼 수 있다고 본다. 만약 『임경업전』이 실기가 아닌 구비 전승 설화를 근간으로 한 작자의 상상력의 결과라면, 『임경업전』의 플롯은 개별적인 여러 구비 전승 설화들이 삽입되어 있거나 『임경업전』의 전체적 서사구조와 유사한 설화가 따로 있을 때에 설득력을 갖기 쉽다. 그런데 지금까지 전해지는 임경업 관련 설화들 중 소설 『임경업전』의 서사내용과 직접적으로 연결될 만한, 구체적이고 유사한 것이 없다.

『임경업전』에는 『임진록』에 등장하는 김덕령, 사명대사, 곽재우 등의 역사적 인물들이 보여주는 환상적이며 신이한 능력 발휘의 장면이 절제되어 있다. 이것은 『임경업전』이 구전설화나 민중의 의식을 그대로 받아들였다기보다는 어느 한 작가의 윤색과 창작의 결과라 할 수 있다. 어느 특정 설화의 일부 또는 전체가 『임경업전』에 고스란히 삽입된 것이 없으며 민중적 상상력이 돋보이는 비현실적 요소가 적다는 것은 이 작품이 구비 전승물의 단순한 종합이 아니라 어느 한 개인, 그것도 상당한 역사적 지식을 가진 이가 의도적으로 창작한 것일 가능성이 높음을 의미한다.

따라서 『임경업전』은 어느 한 작자가 역사를 허구화하는 방식으로 실제 역사기록(실전)을 참고하되 그 작가의 상상력에 전폭 의존하여 창작해 낸 결과일 수 있다. 또는 전승되던 역사적 이야기를 토대로 서사구조를 짜 놓고, 그 중간에 삽화적 성격을 지닌 또 다른 구비 전승적 설화나 민담 등을 섞어 만들어 냈다고 추론해 볼 수도 있다. 이런 추론은 앞서 살펴본 세 작품이 모두 개인 작가가 역사를 허구화하는 과정에서 역사적 소재(기록)와 설화, 민요 등을 적절히 배합하여 만들어 낸 결과임을 토대로 한 것이다. 즉, 사실적 기록과 구비 전승물이 적절히 결합되어 역사서사문학 작품이 만들어졌다고 할 것이다. 이러한 창작방식은 일찍이 이규보가 쓴 영웅서사시 「동명왕

편(東明王篇)」의 서문에서도 찾아볼 수 있다. 이규보는 "동명왕의 일은 변화의 신이(神異)한 것으로서 여러 사람의 눈을 현혹한 것이 아니고, 실로 나라를 창시한 신기한 사적[神迹]인즉, 이것을 기술하지 않으면 후에 무엇을 보여 줄 수 있겠는가? 이에 시로 지어 그것을 기록하여 무릇 천하로 하여금 우리나라는 원래 성인(聖人)의 도(都)임을 알게 하겠다."[45]고 주장했다.

여기서 이규보가 역사를 바라보는 기본 관점은, 김부식의 『삼국사기(三國史記)』에서 신화가 빠져 있는 것을 신랄하게 비판하는 의식과 맞닿아 있다. 즉, 이규보는 동명왕이라는 역사적 인물과 그의 사적을 「동명왕편」이라는 역사서사시로 창작하는 과정에서 변화신이(變化神異)한 환상적 내용 자체를 부정하지 않으면서, 그 환상적 내용을 통해 말하고자 하는 역사의식이 더 중요하다는 사실을 깨닫고 있었던 것이다. 역사가 진실한 과거의 재현만이 아니라 과거를 이해하는 의식과 태도와도 밀접한 관계가 있음을 간접적으로 밝히고 있는 것이다. '시로 지어 그것을 기록' 하고자 했다는 것은 역사서사문학이 바로 역사적 사실을 당대인의 입장에서 재구성한 결과물임을 의미한다. 역사적 사실 여부 자체보다도 역사적 가치와 의미에 더 큰 비중을 두었던 이규보의 역사관이 역사서사문학 작품에서의 창작 원리와 맞닿아 있다.

이러한 관점은 이성계를 주인공으로 한 역사소설 『조선개국록(朝鮮開國錄)』[46]에 대한 평가에서도 확인할 수 있다. 임형택은 『조선개국록』을 "역사에 근거를 두었으나 역사상의 사실을 선택적으로 수용해서 자의적으로 재구하는 방식으로 쓴"[47] 역사소설로 보았으며, 작품 중간에 많은 삽화들이 삽입되어 있는 것을 민간에서의 구비 전승의 결과로 파악했다. 여기서 특별히 관심 갖는 것은 서사구조와 관련된다. 임형택은 『조선개국록』이 "구비 전승에 전적으로 의존한 역사소설이 아니라, 서사 구조는 원래 작자의 머리에서 안출된 것이며 작자 자신의 상상에 의해 도출되고 작자 자신에 의해 꾸며진 부분에다 유전하던 관련 설화들을 대폭 삽입해서 적절히 안배한 것"[48]으로 파악하였다. 이는 역사적 사실에 대해 작자의 철저한 고증을 거쳐 사실주의적 관점에서 재창조하는 현대 역사소설과는 달리, 기본적으로 작자가 인식하고 있던 역사적 사실 차원에서 기본 얼개를 설정한 후 구연의 기록화를 적극 활용하고자 한 것을 의미한다. 주인공인 이성계는 역사적 인물인 동시에 구비적 인물이다. 두 가지 성격을 지닌 인물을 통해 사실과 허구의 경계를 넘나들면서 역사서사문학 창작 원리를 실현하고 있는 것이다.

역사영웅서사문학 창작 과정에서 중요하게 작용하는 것은 작가의 주관적 편집이나 창조력이다. 역사영웅서사문학의 기본적 서사구조는 흔히 실전(텍스트화된 역사적 기록물)에서 마련되지만, 구비 전승되던 이야기를 삽입시켜 작품의 기본적 서사구조는 더욱 복잡해지거나 역사와는 무관하게 비사실적 방향으로 확장되어 나갈 개연성이 높다. 결국 비록 정도의 차이는 있을지 모르나, 활판본 『림경업젼』이 실전 「대명충의임공전」(백봉석 찬)을 참고하여 개작한 것과 유사한 방식으로, 경판본 『님장군젼』 역시 개인 작자가 실전을 참고하여 기본적 서사구조의 틀을 설정해 놓은 후, 여기에 민간에 전승되던 여러 이야기를 작자의 주관으로 삽입시키거나 새롭게 창작하여 임경업의 일생담이 역사적 사실에 가깝게 느껴지게끔 유기적인 구성으로 만들었을 것으로 보는 관점에 동의하는 셈이 된다.

전계 한문소설인 『김영철전』만 해도 실기 기록인 『김영철 유사(金英哲遺事)』를 바탕으로 창작된 것으로 여겨진다.[49] 홍세태가 『김영철 유사』를 읽고 자신이 느꼈던 주제의식을 가지고 만든 것이 소설 『김영철전』인 것이다. 박희병은 『김영철전』이 전이 아니라 소설이 될 수 있었던 이유가 실전인 『김영철 유사』의 힘이 컸기 때문으로 보았다. 이것은 실전의 사실을 토대로 설화나 민요 등의 구비 전승물을 첨가시키는 것이 역사서사문학이란 문학 갈래의 형성과정과 관련이 있음을 보여주는 예라 할 것이다.

이처럼 『임경업전』이나 『김영철전』, 『조선개국록』 등 일련의 역사소설은 구비 전승의 창작물을 역사적 사실에 근거한 서사문학에 적절히 접목시켜 만들어 낸 소설군으로서, 한국 소설사에서 구비 전승 설화를 소재로서 적극 활용하고자 한 판소리계 소설이나 한문단편 소설과는 창작과정이나 내용과 형식 면에서 상이한 성격을 보인다고 하겠다. 이들 모두 민중적 상상력과 민중의식을 반영한 작품들이라 하더라도 역사영웅소설이나 판소리계 소설, 또는 한문 야담 등에서 드러나고 있는 민중성은 각기 다른 감각과 의미를 지니고 있다. 역사영웅소설은 역사적 사실을 중요한 서사적 축으로 삼는다는 점에서 판소리계 소설이나 한문 야담과 그 성격과 계보가 다르다.

그러나 한편으로 『임경업전』에는 배청숭명(排清崇明)의 측면을 중시한 지배계층의 세계관과 간신에 의한 비극적 최후를 맞은 주인공을 안타까워하는 민중들의 의식이 함께 형상화되어 있다는 사실 또한 간과할 수 없다. 임경업은 『임진록』의 김덕령처럼 민족과 민중의 영웅으로 떠받들어지고 있다. 무속 신뿐만 아니라 서해안 조개잡이 신으로 받들어지고 있기도 하다. 이런 점에서 임경업이 민중 신앙의 대상이자 구비문학적 소재의 원천으로 활용될 가능성은 충분하다고 하겠다. 그러나 구체적으로 임경업 관련 전설이 『임경업전』의 소재로 활용된 경우를 찾기는 힘들다. 다만 집권층의 무능함에 대한 민중의 비판과 함께 신분 사회하에서 자기 재주를 발휘 못하는 민중의 울분을 대신하고자 했다는 정도로 언급할 수밖에 없다.

이상에서 살펴본 대로, 네 편의 작품들은 부분적으로 역사기록 또는 선행저작을 참고하되, 필요에 의해 구비 전승되던 이야기를 빌려와 창작한 사실을 확인할 수 있다. 한편으로는 역사적 사실에 주목하면서, 다른 한편으로는 구비 전승물을 적절히 섞어 창작하려 한 이유는 작자 내지 집단의 목적의식을 드러내고 극적인 관심 또는 교훈을 주기 위한 의도가 전제되어 있었기 때문으로 풀이해 볼 수 있다.

여기서 두 가지 사실을 다시금 정리할 수 있다.

첫째, 『임경업전』의 작자 문제이다. 비록 작자를 선명히 알 수는 없지만, 문헌을 통해 역사와 인물에 대한 지식을 습득할 수 있었던 식자층이면서 반청숭명의 유교적 사상을 갖고 있었으며, 다른 한편으로 민중의 의지와 요구를 감지할 수 있었던 중인 또는 하층 양반 부류에 의해 창작되었을 가능성을 추정해 볼 수 있다.

둘째, 작가와 창작과정을 알 수 있는 『아이반호』, 『고쿠센야캇센』과 『콘라드 발렌로드』의 경우를 통해 작가가 실전(또는 역사적 지식)을 근거로 역사적 사건 또는 인물, 그리고 서사구조까지 허구화시키되 거기에 구비 전승되던 삽화들을 적절히 활용하는 방법으로 역사적 진실을 보여주고자 했다는 점이다. 작가가 역사적 사실을 재구성할 수 있었던 것은 단순히 전승되던 이야기를 암기해 갖게 된 지식이라기보다, 실제 문헌을 통해 갖게 된 지식과 소양을 근간으로 마련되었을 가능성이 높다. 그다지 짧지 않은 서사구조에다 역사적 사건을 실제로 일어난 순서대로 구성해 내기 위해서는 역사 문헌을 적극 활용할 때에라야 가능하기 때문이다. 『임경업전』의 작자를 제외한 다른 세 작가의 경우, 과거 역사에 대한 지식을 문헌(역사서, 연대기, 선행 문학작품)을 통해 일차적으로 습득한 후 민요나 전설 등 전승되던 이야기를 모티프로 삼거나 자신의 독창적 상상력을 첨가시켜 창작해 낸 점을 고려할 때, 『임경업전』의 창작도 이와 비슷한 과정 내지 원리로 이루어졌을 가능성을 추측해 볼 수 있다.

3. 사실적 · 환상적 역사영웅서사문학

중세에서 근대로의 이행기에 이르러, 네 나라 모두 사회 전반에서 하층계급에 의한 하층예술이 발흥하고 신분제가 동요하는 가운데 기존체제를 거부하려는 움직임이 일어나게 되었다. 또한 주변국가의 공통분모 역할을 해 왔던 문명권 중심부의 위치가 약화되거나 주변 강대국에 대항하여 민족 자결과 독립을 찾으려는 의식이 고취되면서 대외적 의식 또한 바뀌게 되었다. 이런 국제관계 및 사회경제 제도의 변화 내지 사회 구성원들의 의식과 태도의 변화는 자연스럽게 문학작품에도 반영될 수밖에 없다. 그리고 확대된 세계관과 현실 비판적 인식태도를 담아낼 수 있는 적합한 문학적 양식이 자연스럽게 요구될 수밖에 없다.

이 시기에 요구된 문학양식은 주로 서사문학이었다. 시로써 감정을 노래하기에는 감당해야 할 세상의 현실과 의식의 변화가 너무 컸기 때문이다. 그러므로 이러한 변화된 의식을 담아내기에 적합한 서사문학으로 소설이나 극문학, 또는 서사시 등이 주로 활용되었다. 이 서사문학 중에는 역사문제와 역사인식태도를 집중적으로 드러낸 작품들도 상당수 존재한다. 이들 작품들을 소위 '역사극' 이니 '역사소설' 이라고 부를 수 있거니와, 이러한 역사서사문학은 중세문학의 틀을 깨고 근대문학으로 넘어가는 중간단계의 문학으로서 문학사에서 새로운 역할과 의미를 부여받게 되었다. 근대문학이 이성과 현실, 사실주의에 입각하여 세계를 그려내는 데 관심을 가졌다면, 이러한 관심을 근대 이전에 감당하려고 했던 서사문학 중 다양한 양식을 바로 여기서 다루는 역사영웅서사문학 작품들에서 찾아볼 수 있다.

그런데, 근대 이전 시기에는 "작가 개인의 개별적인 언술 형태가 아니라, 다층적 요소가 복합되어 있는"[50] 서사문학 작품들이 많았다.

특히 시대의식이나 집단의식이 대거 반영된 서사문학 작품이라면 비록 작가가 누군지 알고 있다 할지라도 그 서술자의 목소리는 더더욱 단순히 작가의 목소리만이 아닌 창작 당대의 목소리, 곧 현실적인 문맥의 내용으로 바뀔 가능성이 높았다. 이러한 여러 층위의 목소리를 적절히 담아내기 위한 시도는 문학 갈래의 선택과도 연결된다.

사실 모든 문학 갈래는 각기 독자적인 현실을 반영한 결과다. 서술된 '삶의 진실'과 '역사적 진실'은 별 차이가 없다. 그것보다는 오히려 다양한 문학 갈래 중 특정 문학 갈래의 선택이 그 특정 사회 및 그 문화권과 어떤 관련성이 있는가, 즉 어떤 법칙성을 이끌어 낼 수 있는가 하는 문제가 의미가 있다. 그러므로 동서양의 갈래론은 사회적 · 시대적 맥락에서 고려되어야 마땅하다. 서양의 역사소설은 합리적 이성을 바탕으로 한 시민의식의 성장이 비교적 짧은 기간에 사회 전반에 걸쳐 집중적으로 일어나면서 나타났다. 반면에 동양의 역사소설은 관념적 · 정신적 세계관을 바탕으로 중국에서 일찍부터 마련된 역사적 글쓰기 양식의 전통을 계승하면서 발전해 왔다. 질적으로 서로 다른 문학사적 전통과 토대에서 출발해 발전해 온 것이다. 서양의 이성적 사유체계와 동양의 관념적 사유체계하에서 조망할 수 있는 현실세계와 역사란 다른 모습일 수 있기 때문에, 우열논리나 시기상의 선후 관계로 평가될 성질의 것이 결코 아니다.

한국에서는 비현실적 요소가 강한 전기(傳奇)문학과 사실적 기록에 충실하려고 한 전(傳)계 소설이나 전기(傳記)소설이 공존해 왔다. 그렇지만 역사소설이니 역사서사문학이니 하는 개념으로 확립된 것은 일제 강점기 때 서구이론의 소개와 함께 나타난 것으로 여겨진다. 그런데 학계에서는 루카치 이론에 근거하여 억지로 둘 사이의 차이를 밝히려 하고 그 차이에 의해 문학 갈래적 특성을 구별하고자 했다. 그렇기 때문에 환상성과 비현실성이 서사의 기본구성요소를 이루는 우리 고전 작품들을 서양의 이성적 사유체계의 잣대를 가지고 사실주의적 표현과 의식의 존재 여부로써 작품의 수준과 우열을 판단하려고 했던 것이다.

중국에서도 역사소설은 20세기 초에 이르러서야 소설의 하위 문학 갈래 중 하나로 분류되고 인식되기 시작했다. 비록 근대에 한국의 역사소설과 중국의 역사소설은 직접적인 영향관계가 없다 하겠으나, 글쓰기 양식이나 역사와 서사에 대한 기본적 이해와 소양은 같은 전통에서 비롯되었다고 할 것이다. 전통적으로 역사를 소재로 한 소설이 많았던 중국은 역사적 영웅을 소재로 한 소설들에 대한 요구가 많았기 때문에 역사와 소설의 관계를 정립하는 일이 쉽지 않았다. 그러나 역사를 소재로 한 소설을 '역사소설'이라는 하위 문학 갈래로 귀속시킴으로써 역사와 구분되는 형식으로서 소설의 자율성을 획득할 수 있게 되었다. 그 결과 흔히 중국 이론가들은 역사소설을 "역사적인 사실을 재료로 하여 연의체(演義體)로 서술한 것"[51]으로 정의하곤 한다. 이는 중국에서도 역사소설의 역사로서의 '사실성'을 강조하는 한편, 사실성이야말로 역사소설의 소설다운 특징이라고 여기고 있음을 보여준다. 더욱이 역사소설을 '역사의 보조'라는 의미로 그 가치를 인정하고 있다.[52] 이것은 중국에서도 역사소설이 역사적 사실은 물론 연의(演義)적 허구와 흥미를 동시에 갖춘 소설로서 이해되기 시작했음을 의미하는 것이다.

한편, 역사소설은 전기(傳記)소설과 구별된다. 역사적 사건과 인물에다 허구가 가미된 것이 역사소설이라면, 실존인물에다 사건이 아닌 인물 중심으로 쓰인 것이 전기소설이다.[53] 전기소설이나 역사소설, 로맨스 등의 문학 갈래는 양식적 측면에 의한 구분이지만, 각각의 문학 갈래에서 사용하던 서사기법이나 세계를 바라보고 인식하던 사유방식과 논리는 시대가 바뀌더라도 지속적으로 고유한 의미와 가치를 지니고 있다.

그런데 앞서 서론에서도 언급했듯이, 역사서사문학은 쉽게 규정짓기 어려운 문학 갈래적 특성을 갖는다. 더욱이 유럽에서 중세의 로맨스와 근대소설을 구분 짓고, 로맨스에서 소설로 발전했다는 도식하에서 서사문학에 내재된 비현실적 요소를 전근대적인 것으로 여기고 덜 발달한 문학 갈래로 취급해 온 관습화된 사고 때문에 한국의 역사서사문학은 물론 세계 역사서사문학 작품의 실상을 파악하는 데 어려움이 있다.

이는 역사라는 사실 추구의 영역이 문학이라는 허구 지향의 영역과 만나는 지점이나 방법이 어느 하나의 것으로 귀결될 수 없음을 의미한다. 그러나 이러한 단순한 결론을 도출해 내기 위해서는 존재하는 개별적 역사영웅서사문학 작품의 실상을 있는 그대로 인정하는 가운데 다른 여러 작품과 비교하는 방법으로 진행될 필요가 있다. 이를 위해서는 몇 가지 논의 기준을 설정하고 작품별 공통점과 차이점을 찾아내야 한다.

개별 역사서사문학 작품을 바라보고자 할 때 새로운 시각이 요구되는 것은 서양의 리얼리즘 이론의 한계를 극복하기 위해서다. 가령, 루카치가 사실주의 기법과 관련하여 '과거의 객관적 묘사'를 운운했을 때, '객관적'이라는 말 자체도 실상은 과거적 현실을 그대로 모방하거나 복원시키는 것이 아니라 '사실처럼 그럴 듯하게 꾸며낸다'는 의미일 뿐이다. 역사서사문학에서 정작 중요한 것은 역사와 허구의 문제를 얼마나 진실하게 보여주느냐에 있지 어떤 방법이어야 하느냐에 있는 것은 아니다. 객관적 · 사실적 묘사가 역사서사문학을 가능케 하는 충분조건은 될지 몰라도 필요조건은 아니다. 이렇듯 서양문학에서 중심으로 삼았던 모방 이론이 일정한 한계를 갖고 있음에도 불구하고 여전히 리얼리티의 재현이라는 관점에서 역사서사문학 작품을 평가하려는 시각은 재고를 요한다.

역사서사문학의 본질이 역사적 진실성, 곧 삶의 리얼리티를 문제 삼는 데 있다면, 그 삶의 리얼리티는 삶의 일부를 그대로 재현하는 것만이 아니다. 삶의 의미를 되묻게 하고 진실을 탐색하는 과정 자체[54]에서도 획득될 수 있다. 그러므로 역사적 진실성을 어떻게 드러내 보일 것인가 하는 문제는 관습화되고 경직되어 버린 사고 틀을 깨고 현재적 삶과 과거의 역사를 둘 다 의미 있게 만드는 방법과 관련된다.

흔히 소설은 자아와 주변 세계와의 관련에서 그 총체성을 두루 표현하는 문학 갈래로 규정할 수 있다. 이에 비해 연극(극문학)은 극적 갈등을 한 사건이나 단면적 역사에 집중시켜 그 총체성을 응축한 것이라 할 수 있다. 극이 삶의 모든 현상을 커다란 갈등의 한 국면에 집중시킴으로써 사물을 단순화 · 일반화시킨다면, 소설은 사회 전체의 총체적 국면을 다각적으로 보여줄 수 있다. 달리 말하자면, 극은 사회제도의 쇠퇴나 발달의 원인을 밝히기보다는 사회제도의 변화에서 생기는 인간적 갈등에 초점을 맞추어 그 전형을 그려내기에 적합한 예술 수단이다. 이에 반해 소설은 어떤 사건의 기원과 이유를 그리기에 예술적으로 적절한 방법일 수 있다.

이와 관련하여 루카치는 역사소설 속에 어느 한 시대정신이 한 인물의 성격에 구체적으로 나타나야 하기 때문에 그 인물은 왕이나 귀족 등의 특수한 위인이 될 수 없다고 했다. 역사소설이 발달하기 시작한 19세기 초의 역사적 성격이 시민의식과 밀접한 관련을 갖고 있으므로 위인이 아닌 일반 시민의식과 역사소설의 주인공의 의식구조가 서로 닿아 있어야 한다고 본 것이다. 그래서 영웅을 주인공으로 내세우는 역사극은 이러한 시대정신을 온전히 담아낼 수 없기에 역사소설로 대체되기에 이르렀다는 것이 루카치의 기본적 시각이었다.

그렇다면 극문학은 어떤가? 극문학은 한 시대의 가장 일반적인 특징을 인물을 통해 드러내 보이기 쉽다. 물론 이것은 한 시대의 전형적 모습을 등장인물에 대거 삽입시켰을 경우에 해당하는 것으로, 작가는 인물의 독자적이고 자립적인 인격을 최대한 존중하면서 그것을 눈에 보이는 모양으로 제시할 수 있는 그러한 인물을 설정하고자 한다. 이때 이러한 인물은 역사적 중요성을 지닌 인물인 경우가 많고 범용하지 않고 탁월하다.

그렇지만 소설은 사건이나 운동의 방향만을 보일 뿐 그것의 최종적 승리까지 드러내야 할 필연적인 이유가 없다는 점에서 극문학보다 '역사적'일 수 있다. 소설이 극보다 역사적 통찰을 훨씬 깊고 포괄적으로 나타내기 쉽기 때문이다. 이에 비해 극문학에서는 상상력에 의해 필연적으로 고양된 표현(갈등)이 그 시대의 현실적 한계를 넘어 극적이고 비현실적인 방향으로 치닫는 경우가 많다. 4편의 작품만 놓고 보더라도 『아이반호』나 『임경업전』, 『콘라드 발렌로드』에 비해 『고쿠센야캇센』에서 비현실적 서술과 과장적 성향이 대거 나타나고 있는 것이 하나의 예라 할 것이다.

또한 극문학에서 추구하는 바, 비현실적이고 상상적인 표현에 의한 극적 전개는 결과적으로 더욱 효과적인 역사적 성격을 제공해 줄 수도 있다. '역사적'인 것은 구체적이고 이성적인 개념으로 다가올 수도 있지만, 감정적이고 관념적인 의식으로 형성될 수도 있기 때문이다. 그런데 역사극을 대신해 19세기 초부터 근대적 역사소설이 시작·발전되었다는 루카치식 논리를 적용시킬 경우, 중세부터 근대 이전 시기까지 일본과 폴란드에서도 공히 각종 극문학이 소설보다 융성했다고 말할 수 있을 것이다. 반면 한국에서의 역사소설은 역사극 없이 태어난 사생아로 취급될 것이다. 그러나 세계에 존재하는 역사영웅서사문학 작품의 실상이 이렇듯 동일하지 않은 것이 문제다.

역사극에서 역사소설로 발전해 나가지 않았음에도 불구하고 역사소설이 발달했던 우리의 경우까지 포함시켜 설명할 수 있어야 한다. 이 때문에 새로운 논의가 필요하다.

서사문학 중에서 소설과 서사시 또한 소설과 극문학만큼이나 밀접한 관련을 갖는다. 루카치는 소설이 "고대 서사시에의 경향"을 띤다고 보고, 서사시와 소설과의 관계에 대해 언급한 바 있다. 소설이 서사시의 경향을 띤다는 것은 서사시가 갖고 있는 비현실적이면서 집단적 의식을 담보하는 성격을 소설형식을 통해 실현할 수 있다는 의미로 해석할 수 있다. 물론 서사시의 부활을 일컫는 말은 아니지만, 소설 속에 서사시적 의식과 기법이 내재된 가운데 새로운 시대의 형식으로 존재할 수 있다는 의미로 받아들여진다. 그렇다면 스콧의 『아이반호』에서 민요나 서사시, 설화 등이 적극 삽입되어 있다거나, 『임경업전』이나 『고쿠센야캇센』, 『콘라드 발렌로드』에서 구전설화나 노래를 반영하면서 역사소설과 역사극, 서사시라는 형식을 유지하고 있는 것이 바로 '서사시에의 경향', 곧 기존 문학 갈래의 서사방식이나 표현기법이라 할 허구성과 사실성의 미분화적 세계인식과 논리적 사건전개의 성격을 네 작품에서 공통적으로 보여주는 것이라 집약하여 말할 수 있다.

그런데 조동일은 서사시에 반드시 영웅이 등장할 필요가 없다고 보았다. 서사시 중에는 범인을 통해서도 민족이란 집단에 관해 이야기하는 것이 있다고 본 것이다.[55] 이것은 범인화한 인물도 서사시의 주인공이 될 수 있다는 것으로, 『콘라드 발렌로드』가 바로 이러한 범인영웅 서사시의 한 예에 해당한다고 할 수 있다. 리투아니아의 운명을 혼자 짊어져야 하는 발렌로드는 주어진 시련이 혼자 감당하기에 너무 컸기에 남몰래 고민하고 슬퍼해야만 했던 평범한 인간에 불과했다.

『콘라드 발렌로드』가 역사영웅 '서사시'임에도 불구하고 주인공 발렌로드가 범인화한 영웅, 즉 평범한 당대의 인간적 인물에 불과하다는 사실은 서사시가 '신의 이야기'만도 아니고 소설에 의해 배척된 근대의 사생아도 아니라는 점을 보여준다.[56] 서사시의 주인공 발렌로드가 루카치가 말한 것처럼, 소위 '정상에서 돋보이는 인물'로서의 모습보다는 자신의 운명을 거역하지 못하고 심각하게 고민하는 한 나약한 인간의 모습을 심층적으로 보여주고 있는 것도 소설과 서사시가 분리되지 않고 있음을 간접적으로 의미한다.

이렇게 본다면 루카치가 역사소설을 높이 평가하면서 소설이 서사시보다 근대적이고 한 단계 격이 높은 것으로 평가했던 시각에서 탈피해 둘 다 독자적 특성을 지닌 문학 갈래일 뿐만 아니라 근대에 이르러서도 서사시나 소설이 함께 공존한 사실을 아울러 인정할 수 있다. 역사소설은 물론이려니와 극문학이나 서사시 등의 다른 문학 갈래들도 전대의 서사 문학 갈래와 세계관의 틀과 논리를 적극 계승하고 적용하고자 했던 역사서사문학의 일원으로 파악할 수 있다. 그리고 특히 역사극이나 역사소설, 역사서사시와 같이 하위문학 갈래로 세분화시키는 것과는 상반되는 입장, 곧 하위문학 갈래를 합한 '역사서사문학'이라는 상위 범주하에서 그 문학 갈래로서 갖는 고유한 특성을 밝히는 작업이 요구된다. 이때 이러한 상위 범주를 별도로 설정하기 위해서는 기존의 문학 갈래적 구분, 곧 소설이나 서사시, 민요, 극 등이 갖는 고유한 문학 갈래적 지표와 특성을 무시하고 이를 통합적으로 다룰 수 있는 새로운 준거가 필요하다.

이에 본고에서 새로운 준거로서 고려하는 것은 주제나 소재 측면보다 형식적 측면, 곧 서사기법이다. 서사기법 자체는 문학 갈래 자체를 구별짓는 지표가 되지 않을뿐더러 작가의 의도와 작품의 주세를 담아내는 중요한 수단이 되기 때문에 역사서사문학 작품의 실상을 고찰하기 위한 좋은 매개물이 될 수 있다.

이처럼 한 시대의 역사의식이 적극 반영된 '역사영웅서사문학'을 상위 문학 갈래로 놓고 그 범주 안에서 공통된 특성을 찾고자 하는 시각은 하위의 개별 문학 갈래의 차이를 밝히는 데 치우치고 문학 갈래 간 우열을 따지고자 했던 근대인의 기존 시각과는 다른 관점에서 작품을 바라볼 수 있도록 도와준다. 역사서사문학이라는 범위에 포함될 수 있는 작품들 간의 동질성과 이질성을 비교함으로써 국가 간, 민족 간 역사서사문학의 특성과 원리를 살펴볼 수도 있다.

따라서 여기서 다루게 될 네 작품들은 각각 역사서사시 · 소설 · 연극이라는 문학 갈래별 차이에 주목하기보다 그 상위 갈래인 '역사영웅서사문학'이란 범주 안에서 찾아낼 수 있는 작품들의 의미와 특성을 밝히는 데 초점을 맞추고자 한다. 자국 문학사에서 각각 『임경업전』과 『아이반호』가 역사소설로, 『고쿠센야캇센』이 닌교 죠루리(浄瑠璃, じょうるり)의 대본으로, 『콘라드 발렌로드』가 범인영웅서사시 또는 율문소설로 분류되고 그 문학 갈래적 특성을 밝히고자 했던 기존의 장르론적 문제의식에서 탈피해 네 작품을 공히 '역사영웅서사문학'이란 범주 안에서 논의하는 관점을 시론(試論)적으로 마련해 보기로 한다.57)

이런 관점에서 본다면, 결국 작가에 따라 구체적이고 특정한 어느 한 문학 갈래를 택하게 된 필연적 인과관계를 일일이 밝히는 작업은 그다지 중요하지 않다. 그보다는 각 나라의 문학사적 전통이나 구성원들의 고유한 세계관 내지 가치관에 의해 특수하게 구체화된 주제의식이나 서술방식의 특성을 살피는 것이 더욱 중요한 의미를 지니게 된다. 역사영웅서사문학 중 어떤 하위 문학 갈래의 작품이 창작되었는가 하는 문제는 작가의 개성과 당대의 현실적 이념, 그리고 향유층의 욕구 충족 등 여러 종합적 요인에 의해 기인된 것으로 볼 수 있다. 이것은 동양과 서양의 문학적 전통 또는 환경과 무관하지 않으면서 세계관의 선택과 직결된다. 여기에는 우열의 가치판단이 필요 없다. 역사와 현실에 대한 세계 인식구조가 독자적 전통의 성격을 띠고 구현되고 있는 것이다. 따라서 세계 역사영웅서사문학의 일반론을 이해하는 것은 자국문학사의 개별성과 자국 내 역사영웅서사문학의 세계적 동질성까지 동시에 고려하는 것이 될 것이다.

그렇다면 구체적으로 다양한 양식으로 존재하는 역사서사문학 작품들을 어떻게 바라볼 수 있는가?

이와 관련해 박일용이 영웅소설을 분류 개념이 아니라 소설사의 전개구도를 파악하기 위한 매개 개념으로 바라보고자 한 것에 주목할 필요가 있다. 비록 영웅소설에 한정된 것이기는 하지만, 영웅소설의 개념적 범주를 확장하여 그동안 영웅소설을 가늠하는 주된 요소로 파악해 왔던, 소위 '영웅의 일생구조'를 전형적으로 구현하지 않았다 할지라도 "집단적 이념의 실현을 위해 뛰어난 능력을 발휘한 인물의 행적을 소설화한 작품 및 영웅의 일생구조를 구현하는 작품들을 통틀어 영웅소설의 범주로 파악"[58]하고자 한 것은 참신하다고 할 것이다. 이것은 기존에 영웅소설을 '영웅의 일생구조'라는 구현 여부로 구분하려 했던 단일한 관점에서 탈피해 다양한 방식으로 형상화된 영웅소설 작품들을 하위 유형으로 나눔으로써 개별 작품들이 보여주는 이념 지향성과 미학적 특징을 좀 더 구체적으로 이해할 수 있는 방법을 모색하고 있다는 점에서 의미가 있다. 그러면서 그는 영웅소설을 '민중적 역사 영웅소설'과 '통속적 창작 영웅소설'로 유형화시켜 구분해 놓았다. 그리고 각각을 하위 유형으로 더 세분화시켜 그 유형에 속하는 작품들의 미학적 특징을 살펴보고자 했다.[59] 이처럼 영웅소설을 상위의 매개 개념으로 놓고 그 범위를 확장시킨 후 실제로 영웅소설에 해당하는 작품들을 '민중적', '통속적' 등과 같은 범주 내지 유형적 구분을 시도하여 그 하위 유형에 속하는 작품들의 제반 특성을 고찰하고자 한 방법론은 본 연구의 기본 시각과도 상통한다.

그런가 하면 캐스린 흄(Kathryn Hume)이 내세우는 견해 또한 귀 기울일 필요가 있다. 왜냐하면 영웅 서사문학 작품을 새롭게 구분하고 바라보고자 함에 있어 좀 더 본질적인 단서를 제공해 주고 있다고 여겨지기 때문이다. 흄은 모방과 창조가 인간의 본질적 충동이라고 말한다.[60] 이것은 모방과 창조가 공통적으로 인간의 감정과 사상을 드러내는 근원적 동인(動因)이라는 것을 의미한다. 흄은 그동안 세계 서사문학사가 모방 위주의 편향된 관점에서 서술되어 왔음을 분명히 비판한다.[61] 그리고 리얼리즘적 금기와 관습에서 탈피하여, 모방 외에 인간의 본질적 충동인 '창조' 충동을 새롭게 평가할 필요가 있음을 간접적으로 강조하고 있다. 여기서 흄이 말하는 창조 충동의 본질적 발현이 바로 '환상'을 의미하는 것임은 두말할 필요가 없다.[62]

그러므로 환상이란 주변적이고 특별한 충동이 아니라 오히려 인간의 본질적 충동의 하나로서 새롭게 평가되어야 할 대상이다. 모방적 충동을 주로 하는 사실주의 문학과 창조적 충동이 주가 되는 환상문학이 함께 대등하게 다루어질 때 서사문학을 보다 객관적으로 바라볼 수 있게 된다. 이것은 사실성과 환상성이 인간의 본질적 충동의 두 양상이므로 이 두 가지가 작품 속에 자연스럽게 표출될 수 있어야지 시대에 따라 어느 한쪽이 무시되거나 폄하되어서는 안 된다는 논리가 내포되어 있는 것이다.

그렇다면 과연 환상성이란 무엇인가? 이에 대해 정의를 내리는 일은 간단하지 않다. 그러나 다만 무엇이 현실을 구성하는가를 생각해 볼 때, 환상성을 현실을 구현해 내는 하나의 방법으로 볼 수 있다. 이때 현실이란 역사적 삶의 진실을 담고 있는 세계를 의미한다. 환상성은 이러한 세계를 구체화시키고 형상화하는 기법과 관련된다. 이렇게 볼 때, 사실성과 환상성이라는 기법상의 차이는 현실을 바라보는 미학적 특질과 의미를 독특하게 만들어 주는 것이기도 하다.

환상성은 한 작품에서 인물의 행위 또는 사건 전개가 '비사실적이며, 초월적이며, 불가해하며, 비논리적인 서사적 기법'으로 형상화된 것을 일컫는 개념어로 사용될 수 있다.[64] 반면, 사실성은 그와 대립적 속성을 보여주는 것이 된다. 일상적 경험을 통해 이성적으로 받아들일 수 있는 현실적 세계에서 일어날 법한 갈등 상황을 설정하고 인간 구원자의 능력과 조력이 돋보이도록 사실적으로 묘사하는 기법이 두드러진 경우가 사실성이 풍부하다고 말할 수 있는 것이다. 따라서 환상성의 대응 항으로서 사실성의 관계를 대비시켰을 때 나타나는 두 개념 간의 특질을 아래의 표와 같이 정리해 볼 수 있다.

서사양식의 구성 원리 중에서 가장 중요한 요소로 작용하는 경험적 요소와 허구적 요소의 상호작용이 어느 쪽의 서사기법으로 우세하게 전개되느냐 하는 문제는 곧 서술방식과도 관련된다. 그리하여 인간의 본질적 충동을 형상화해 내는 서술방식으로 사실적 서술과 환상적 서술로 간략히 대별하는 것이 가능하다. 그리고 이 두 서술방식에 의해 형상화시킨 담론 세계 역시 두 가지 세계로 나눠질 수 있다. 인간의 합리성의 논리에 지배되는 일상적 사실들로 이루어지면

환상성과 사실성의 특질

환상성	사실성
- 대상의 상상적 표현 - 초월적, 관념적 세계 - 비논리적 사건 전개 ; 불가해(不可解)한 논리 전개 - 신적 구원자의 조력 - 로맨스적 모험	- 대상의 사실적 모방 - 유한적, 현실적 세계 - 논리적 사건 전개 ; 이성적, 합리적 논리 전개 - 인간 구원자의 조력 - 일상적 경험

서 역사 담론에 의해 친숙하게 되는 모방적 세계가 그 하나라면, 전자의 세계의 논리적 통일성을 깨뜨리면서 때때로 초자연적이고 일상적이지 않은 낯선 모습의 창조적 세계가 다른 하나이다. 역사서사문학은 이러한 두 가지 담론 세계, 곧 기본적으로 공식 역사가의 수사학과 소재를 사용하면서도 근본적으로 비역사적이고 비합리적인 세계를 재현하려는 속성을 동시에 갖고 있음을 기억할 필요가 있다. 이야기 내부의 긴장은 역사적이고 실제처럼 사실적 재현의 양식을 취하고 있다 하더라도 동시에 비역사적이고 초월적인 현실 재현을 나란히 시도하기도 하는 이중성이 발생할 수도 있는 것이 역사서사문학인 것이다.

환상성은 사실성과 대별되는 하나의 서사기법으로 당당히 자리매김할 수 있다. 이때 그러한 환상성의 의미를 적극적으로 평가하고, 이를 활용한 서사기법이 주가 되어 허구적 세계를 구성해 낸 작품을 '환상적 서사문학' 이라고 부를 수 있다. 반면, 사실적 서사기법이 주가 되어 형상화해 낸 허구적 문학을 '사실적 서사문학' 으로 나눌 수 있다. 물론 이를 좀 더 확대 적용시킨다면, 환상성과 사실성이 각각 두드러진 역사영웅서사문학 작품들을 각각 환상적 역사영웅 서사물과 사실적 역사영웅 서사물로 귀속시킬 수 있음 또한 자명하다. 여기에다 환상성과 사실성이 한 작품 내에 섞여 있어 중간적 지점에 놓을 수 있는 작품들을 또 하나의 역사영웅서사물로 묶을 수 있을 것이다.[65)]

사실성 ← (사실적 요소 + 환상적 요소) → 환상성

사실적 서술	←——→	환상적 서술
사실적 역사서사문학	←——→	환상적 역사서사문학
사실적 역사영웅서사문학	←——→	환상적 역사영웅서사문학

그렇다면, 사실적 역사서사문학이나 환상적 역사서사문학 모두 근본적으로 허구성을 전제로 하는데 여기에 굳이 환상성을 허구성과 구별하여 사실성에 대별시키는 이유는 무엇인가?[66] 사실적 역사서사문학이 허구성과 사실성의 조합이라면 환상적 역사서사문학은 허구성과 환상성의 조합을 의미한다. 여기서 허구성이 공통분모라면 사실성과 환상성은 분자에 해당하는 것이다. 허구성의 기초 위에 사실성과 환상성이 독자적 가치를 지니게 되는 것이다.

역사서사문학에서 허구성이란, 비유컨대 문학작품이라는 집을 지을 때 그 모습을 지탱하게 해 주는 철근 또는 기둥에 해당한다. 그리고 사실성은 실재하는 집처럼 꾸미기 위해 필요한 각종 재료 또는 장식이라 할 수 있다. 이에 반해 환상성은 집을 리모델링하거나 개조시켜 현실 속의 집이 아닌 다른 차원의 집 모습처럼 변형을 가하는 재료 또는 장식이라 할 수 있다. 물론 현실 속의 집을 짓기 위해서는 허구성과 사실성만 가지고도 충분할 수 있다. 그렇지만 환상성은 안정되고 익숙해진 현실의 집 구조를 문제 삼고 새로운 구조와 모습의 집을 지으려고 할 때 필요로 하는 것이라 할 수 있다.

이와 마찬가지로 역사영웅서사문학에서 사용되는 환상성은 기존의 현실적 · 사실적 세계를 다른 각도에서 바라보고 사실과 다른 역사의식, 또는 새로운 세계관을 갖게끔 해 주는 기제가 된다. 한 예로, 『고쿠센야캇센』에서 고쿠센야 일행이 여러 번의 위기 상황을 모면하고 탓탄국과 싸워 승리를 하기까지의 과정은 역사적 사실과 많이 다르다. 이때 작품 속에서 위기 극복 상황을 연출하고 패배를 승리로 바꾸기 위해 환상적 서술과 묘사가 적극 활용되고 있다. 환상적 서술에 기반을 두고 이루어지지 못한 과거의 역사를 가능한 것으로 바꿔 놓고, 현실세계에서 일본이 약소국이 아니라 중국을 도와주는 강대국이라는 세계관을 구현하고 있는 것이다.

이처럼 현실적 · 상식적 차원에서 상정할 수 있는 인과관계를 뛰어넘어 역사를 이야기할 수 있는 것은 사회적으로 그 의미를 생산해낼 수 있는 기반이 마련되어 있기 때문이다. 불가해한 힘이 인간의 운명과 역사에 개입한다는 사고방식도 그 사회가 충분히 이해하고 용납할 수 있는 논리체계를 갖추고 있기 때문에 가능하다. 또한 역사가 기록하지 못하는 사실을 보충한다는 의미에서 환상적인 경험세계까지 진술하는 일 또한 가능할 수 있다. 환상성은 기존의 관습적 요소, 곧 사실성과 허구성의 울타리를 벗어나 시적 상상력의 영역을 극대화시킴으로써 사실성이 갖는 한계를 보완하고 역사서사문학의 존재가치를 새롭게 만드는 내적 동인이 된다.

환상성은 당대의 문학 향유층의 상상력의 지평을 보여주는 동시에, 역사와 삶의 문제를 탐구하는 서사적 유형의 한 방법이 될 수 있다.[67] 한국 고전영웅소설(『홍길동전』이나 『전우치전』 등)에서 종종 발견되는 환상적인 도술 같은 것도 단순한 신비화 차원의 것이 아니라 서민들의 이상과 염원을 실현시키는 한 방편으로 적극 활용되고 있음에 주목해야 한다. 이는 환상이 정의의 실천과 결부되는 것으로서 현재적 삶의 가치, 곧 현존 세계의 리얼리티를 실현하고자 하는 하나의 욕구 분출의 결과임을 보여준다. 역사영웅서사문학에서 사용된 환상적 요소는 또 다른 측면의 리얼리티를 재현하는 한 양식인 것이다.

그러므로 근대 이전에 창작된 역사영웅서사문학 작품들을 단순히 서양 이론의 잣대나 용어, 예컨대 서양에서의 사실주의(realism)나 낭만주의(romanticism) 등과 동일한 내용과 성격의 것으로 이해해 사용해서는 안 된다. 그것들은 18-19세기 당시의 작가들이 공통적으로 의식하고 있던 창작방법론 내지 세계관의 표출 방식인 것이었지, 시대와 나라를 초월해 적용될 수 있는 전범은 아닌 것이다. 또한 비록 사실주의적 창작 기법을 전반적으로 보여주는 작품일지라도 환상적인, 혹은 비현실적인 요소를 부분적으로 함유할 수 있다는 사실을 간과해서는 안 된다. '일상의 현실적 모습을 얼마나 사실적으로 그려내느냐? 그렇지 못하느냐?'가 중요한 것이 아니라, '현실을 어떤 태도와 거리를 두고 바라보려 하느냐?'에 초점을 맞춰 서사문학 작품의 실상을 변별해 낼 필요가 있는 것이다. 비록 역사영웅서사문학을 구분하는 기준이 서사기법만 있는 것은 아니지만, 서사기법상의 특성이 곧 주제의식과 세계관의 차이를 보여줄 수 있다는 점에서 역사영웅서사문학 작품들을 나누는 하나의 준거로서 활용할 수 있다고 판단된다.

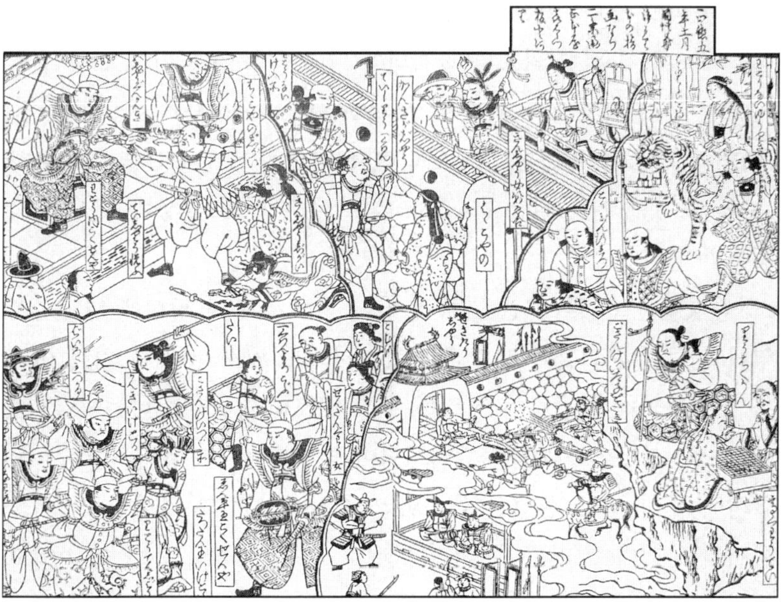

『고쿠센야캇센』 줄거리를 요약해 놓은 1715년판 삽화

출처: Donald Keene, *The Battles of Coxinga*, London: Taylor's Foreign Press, 1951, 100면.

본고에서 다루는 네 편의 역사영웅서사문학 작품들도 이 잣대에 적용시킬 수 있다. 『아이반호』는 사실성을 풍부하게 구현시킨 작품이다. 이에 반해, 『고쿠센야캇센』에는 환상성이 대거 활용되고 있다. 『임경업전』과 『콘라드 발렌로드』는 사실성과 환상성이 극명하게 한쪽으로 치우쳐 나타나지 않는다. 그보다는 사실성이 주가 되고 환상성이 부수적으로 가미되거나 혹은 그 반대의 경우를 상정할 수 있는 중간적 성격의 작품이라 할 수 있다. 여기서 『임경업전』과 『콘라드 발렌로드』는 전자에 속하는 중간적 성격의 역사서사문학 작품이라 할 수 있다.

『고쿠센야캇센』에서 환상성은 사건전개를 가능케 하는 추동력으로 사용되고 있다. 또한 현실세계의 의미를 강조하며 일본인의 우월성을 과시하기 위한 의도와 관계되어 나타난다. 이에 비해 스콧의 역사소설은, 엘리자베스 웨슬링(Elisabeth Wesselling)의 말을 빌리면, '과거의 역사적 사실을 최대화하면서 허구적인 상상력을 최소화하는 외적 리얼리즘(external realism)을 보여준',[68] 사실성에 충실한 작품이라 할 수 있다.

『임경업전』은 『아이반호』처럼 역사 서사 글쓰기 양식에 입각하여 역사적 사건과 인물이 사실적으로 묘사되고 있지만, 점을 쳐서 미래를 예측하거나 현몽하여 신원하는 등의 모티프가 나타나는 것을 볼 때 환상적인 요소가 완전히 배제되어 있다고 할 수 없다. 따라서 사실성이 주가 되고 환상성이 가미된 중간적 성격의 역사영웅서사문학이라 하겠다. 그리고 『콘라드 발렌로드』는 전체적으로 사실적이고 객관적인 묘사에 충실하지만, 서술 자체가 운문적으로 처리되고 있는데다 인간의 운명이 예언에 따라 실현된다는 설정이나 주인공과 주변 인물들의 정체, 전투 장면, 사건 진행과정 등이 암시적 수법으로 그려지고 있어 환상적인 분위기를 자아낸다. 따라서 『임경업전』

이나 『콘라드 발렌로드』는 '사실성 〉 환상성' 인 중간적 성격의 역사영웅서사작품으로 분류될 수 있다.

1. 사실적 역사영웅서사문학 - 『아이반호』
2. 사실성이 주가 되는 중간적 성격의 역사영웅서사문학 - 『임경업전』, 『콘라드 발렌로드』
3. 환상적 역사영웅서사문학 - 『고쿠센야캇센』

이렇듯 역사영웅서사문학 작품을 서사기법상 사실성과 환상성의 개입 정도에 따라 두 가지로 나누고 그 중간적 성격의 작품을 인정할 경우, 다른 역사영웅서사문학 작품들도 이 범주 안에 모두 포함시켜 다룰 수 있다.[69] 중세에서 근대로 이행하던 시기에 창작된 역사영웅서사문학 작품들은 민중적, 설화적, 전기(傳奇)적 이야기를 토대로 한 환상적 역사영웅서사문학 작품들을 한쪽 축으로 하고 사실적 묘사와 실재의 모방을 통해 경험적 세계를 현실적 논리로 표현해 내고자 한 사실적 역사영웅서사문학 작품들을 또 다른 축으로 하고 있다. 그리고 그 사이에 사실성과 환상성이 각기 정도를 달리하여 구현된 중간적 성격의 역사영웅서사문학 작품들이 채워져 있다고 할 것이다. 이 세 유형적 분류는 다양한 기법과 양식하에 창작된 역사영웅서사문학 작품들의 독자적 성격을 보다 특색 있게 담아내는 동시에 근대의 역사영웅서사문학으로 나아가는 예비적 성격을 보여주고 있다고 할 수 있다.[70]

미주

1) 국내에서 임진왜란이나 병자호란과 같은 역사적 사건을 배경으로 한 서사물들은 「壬辰錄」, 「朴氏傳」, 「林慶業傳」, 「李翰林傳」, 「南允傳」, 「崔陟傳」 같은 소설 작품을 비롯하여 「達川夢遊錄」, 「江都夢遊錄」, 「皮生冥夢錄」, 「龍門夢遊錄」 등의 몽유록계 작품, 그리고 「山城日記」, 유성룡의 「懲毖錄」, 이순신의 「亂中日記」, 오희문의 「瑣尾錄」, 그 외 「三學士傳」, 「江都日記」, 「瀋陽日記」 등의 실록(實錄), 실기(實記)에 이르기까지 다양하게 나타나 있다.

2) 그동안 『임경업전』에 대한 국내 연구는 주로 ① 이본 연구, ② 형성과정 연구, ③ 주제 연구, ④ 구성과 표현 연구, ⑤ 다른 작품 또는 전(傳)과의 관계 등을 중심으로 이루어져 왔다. 『임경업전』에 대한 기존 연구 성과 검토로는 최근에 작품에 대한 종합적 고찰을 시도한 이복규의 『임경업전 연구』(서울: 집문당, 1993)와 『임경업전』(서울: 시인사, 1998)에서 비교적 자세히 정리되어 소개된 바 있기 때문에 그것으로 대신하고자 한다.

3) 조동일, 『한국문학통사 3』 제3판(서울: 지식산업사, 1994), 46면.

4) 加藤周一, 김태준 · 노영희 옮김, 『일본문학사 서설 2』(서울: 시사일본어사, 1996), 100면.

5) 일본에서 『고쿠센야캇센』과 관련한 연구 성과는 상당하다.(인터넷 검색 논문 수만 해도 800여 편에 이른다.) 국내에서는 여러 종의 『일본문학사』에 간략하게 언급된 것 이외에 일부 연구자에 의해 작품의 일부분이 논문으로 발표된 바 있다.[김덕준, 「近松門左衛門の淨瑠璃に關する考察」, 『외국어연구』 제2집(부산: 성심외국어전문대학 외국어 교육연구소, 1992); 명진숙, 「近松戱曲의 硏究: 『國性爺合戰』에 나타난 '孝'의 形象」, 『일본연구』 제8집(서울: 중앙대학교 일본연구소, 1993); 하윤희, 「『國性爺合戰』에서 보는 女性像」, 『日語日文學硏究』 제20집(서울: 박이정, 1992) 등]

6) 죠루리를 흔히 시대물(時代物=歷史物)과 세화물(世化物)로 나누는데, 『고쿠센야캇센』은 역사적 소재를 가지고 만든 가장 대표적인 시대물 죠루리에 해당한다. 지카마쓰가 쓴 100여 편의 죠루리 중 80여 편이 시대물이었으며, 시대물이 당시 세화물(24편)보다 큰 인기를 누렸다.[小西甚一, 김분숙 옮김, 『일본문학사』(서울: 고려원, 1995), 170-179면]

7) Donald Keene, *Anthology of Japanese Literature: From the Earliest Era to the Mid-Nineteenth Century*(日本文學選集)(Tokyo: Charles E. Tuttle Company, 1972), 386면.

8) Julian Krzyżanowski, *Literatura Polska*(tom 1)(Warszawa: Państwowe Wydawnictwo Naukowe, 1984), 468-469면.

9) Alicja Stępniewska, *Mickiewicz w Kręgu Homera*(Lublin: Redakcja Wydawnictw Katolickiego Uniwersytetu Lubelskiego, 1998), 62면. "Tak właśnie postępuje Scott w *Pani Jeziora* lub potem w Ivanhoe, tak Cooper w *Szpiegu* i tak też postępuje Mickiewicz w *Wallenrodzie*(i potem w *Panu Tadeuszu*)."
이 외에도 스콧(W. Scott)과 미츠키에비치(A. Mickiewicz)의 영향관계에 대한 다수의 논문 중 대표적인 몇 편만을 제시하면 다음과 같다. Por. K. Wojciechowski, *Motywy z "Waverleya" W. Scotta w "Grażynie" i "Konradzie Wallenrodzie"*, "Pamiętnik Literacki", 16-18(1918-1920), 289-301면; J. Kleiner, *Wallenrod Polski i Wallenrod Amerykański*(Uniwersytet Poznański, Poznań, 1920); J. Ujejski, *Byronizm i Scottyzm w "Konradzie Wallenrodzie"*(Kraków, 1923); Adam Mickiewicz, *Grażyna*(Warszawa: Kama, 1994), 3면.

10) Donald Davie, "Pushikin, Walter Scott, and Mickiewicz", *Essays on Russian and Polish Literature*(Chicago: The University of Chicago Press, 1990)에서는 영국의 스콧과 러시아의 푸슈킨, 그리고 폴란드의 아담 미츠키에비치의 대표작을 중심으로 작품의 서사기법 및 위치, 작가의 창작경향 등에 대해 자세히 비교하여 다루고 있다.

11) Francis R. Hart, "The Historical Picturesque and the Survivals of Chivalry", *Scott's Novels: The Plotting of Historic Survival*(The Univ. Press of Virginia, 1966); Donald Davie, "Waverley", *Walter Scott*(London: Macmillan & Co Ltd, 1968); Joseph E. Duncan, "The Anti-Romantic in Ivanhoe", *Walter Scott*(London: Macmillan & Co Ltd, 1968); Harry E. Shaw, "The Historical Novel", in Martin Coyle(ed.), *Encyclopedia of Literature and Criticism*(London: Routledge, 1991) 등 다수의 논저에서 이 사실을 확인할 수 있다.

12) 필자가 기본적으로 역사를 이해하는 시각은 '述而不作(사실을 기록하되 지어내서 쓰지 않는다)'이 아니라 '述而作(기록하되 제 생각대로 쓰는 것)'에 입각해 있다. 따라서 역사와 문학의 거리는 그다지 멀지 않다는 기본 입장이 본 연구의 바탕에 깔려 있다.

13) 『님쟝군젼』, 국립도서관 소장 경판 27장본(국문본) · 이복규 편, 『임경업』(서울: 시인사, 1998)

14) 近松門左衛門, 守隨憲治 · 大久保忠國 校注, 「國性爺合戰」, 『近松淨瑠璃集』 下(東京: 岩波書店, 1959).

15) Adam Mickiewicz, *Konrad Wallenrod*(Kraków: Krakowska spółka Wydawn, 1926).

16) Walter Scott, *Ivanhoe*(Berkshire: Cox & Wyman, 1994).

17) 성현경, 「독자론 및 유통론」, 『韓國옛小說論』(서울: 새문사, 1995), 71면.

18) '작가(作家)' 와 '작자(作者)' 는 둘 다 일반적으로 문학작품을 비롯한 예술품을 창작한 사람 또는 지은이(writer, author)를 뜻하는 말로 사용 가능하다. 그런데 전자는 창작자가 누구인지 알고 있어 구체적으로 특정인을 염두에 두고 지칭하는 의미어로, 후자는 창작자가 누구인지 모르는 상태에서 창작자 일반 또는 실명(失名) 작가를 지칭하는 의미어로 구분하여 이하에서 사용하고자 한다.

19) 지카마쓰의 작품 이전에 쓰인 고쿠센야 관련 중국작품의 목록은 Hsieh Kuo-chen, *Wan-ming Shih-chi K'ao*(chuan 13, 1-6면)를 참고할 것.

20) 『明淸鬪記』와 『國性爺合戰』의 관계에 대해서는 명진숙, 「近松戲曲의 硏究: 『國性爺合戰』에 나타난 '孝' 의 形象」, 『일본연구』 제8집(중앙대학교 일본연구소, 1993); 김성은, 「『고쿠센야갓센(國性爺合戰)』에 나타난 대외의식」, 『일본문화학보』 제14집(한국일본문화학회, 2002)에서 다룬 바 있다.

21) 이 중 『고쿠센야캇센』의 제2장에 나오는 '때까치와 대합조개' 이야기는 원래 '휼방지쟁(鷸蚌之爭)' 고사로서 『戰國策』 · 「燕策」편에서 유래한다. '황새' 가 조개의 살을 쪼고 '조개' 는 껍질을 닫아 황새의 부리를 꼭 물어 서로 지지 않으려고 버티고 있자, 지나가던 어부가 둘 다 잡아 버렸다는 이야기다. 이는 조(趙)나라와 연(燕)나라가 장기간 서로 싸우다가 도리어 강국인 진(秦)나라에게 당하고 말 것을 염려하여 소대(蘇大)가 조나라 혜왕(惠王)에게 충고한 내용이다. 지카마쓰는 이 고사가 명나라와 이자성(李自成) 반란군이 서로 싸우고 있는 동안 아무런 피해 없이 만주족이 북경을 점령할 수 있었던 것과 비슷하다고 보고 이를 작품 속에 차용한 것이다. 즉, 명나라와 탓탄국과의 싸움을 때까치와 대합조개의 싸움으로, 그 와중에 이익을 얻는 이로 와토나이를 설정해 놓은 것이다.

22) 『고쿠센야캇센』이 『明淸鬪記』를 참고한 결과라는 점을 처음으로 지적한 것은 西澤一風의 『國性爺御前合戰』에서였다. 그리고 작중 인물의 모델이 되는 역사

적 인물에 대한 상세한 지적까지 한 것은 野間光辰의 「『國性御前軍談』と『國性爺合戰』について」와 「『明淸鬪記』と近松の國性爺物」(『國語·國文』, 京都帝國大學國文學會, 1940. 3., 64-65면)에 나타나 있다. 이 외에도 向井芳樹, 『近松の方法』(櫻楓社, 1976, 104-105면)과 鳥居フミ子, 「國性爺合戰」, 『國文學: 近松語りの世界劇場』(1985, 123면)에서 『고쿠센야캇센』 이전에 창작된 『明淸鬪記』 또는 『國仙野手柄日記』과의 영향관계에 대해 언급한 것을 참고할 만하다.

23) 『明淸鬪記』 권2의 〈9 탓탄국 태자가 천자의 지위에 오른 일 및 탓탄 고찰, 그리고 장성(長城)에서의 사건(九 韃靼太子踐祚事付韃靼考幷長城事)〉 부분에 긴쇼조의 모델 격에 해당하는 모쿄조에 관한 이야기가 나온다.

24) 『고쿠센야캇센』에 나타난 역사적 사실과 허구적 요소와의 관계에 관해서는 Ⅲ.1. 사실적-환상적 서술방식' 에서 다시금 구체적으로 언급하게 될 것이다.

25) 『古語大辭典』 第五卷(東京: 角川書店, 1999), 550면.

"明の遺臣は王族を擁して 南方に抵抗を 續け, 國性爺鄭成功の 活躍がわが國に 伝えられると, 軍談·淨瑠璃の素材となってたたえられた。"

26) Czesław Miłosz, *The History of Polish Literature*(Berkeley: University of California Press, 1983), 220면.

"Konrad Wallenrod is a tale in verse with a subject presumably taken from old Lithuanian chronicles."

27) '콘라드 발렌로드(?-1393)' 의 실제 삶에 관해 역사적으로 알려진 바는 거의 없다. 1391년부터 독일 기사단을 이끌었으며, 리투아니아와 폴란드 간의 관계를 인정하지 않으려 했다. 폴란드-리투아니아 연합국의 왕인 야기에오(Jagieło)를 배반한 리투아니아 왕자 비톨드(Witold)의 후원을 얻어 리투아니아 원정대를 조직하여 1392년에 공격을 했다고 전해진다. 그의 최후 또한 분명하지 않다. 역사적 인물로서의 발렌로드에 관해서는 *Nowa Encyklopedia Powszechna PWN*(tom. 6), Warszawa: Wydawnictwo Naukowe PWN, 640면 참조.

28) Wiktor Weintraub, *The Poetry of Adam Mickiewicz*(Boston: Mouton & Co, 1954), 제9장 참조.

29) Józef Ujejski, *Konrad Wallenrod*(Kraków: Krakowska spóka Wydawn, 1926), 71면.

"Fakt, że wielki mistrz opuścił nagle wojsko z wielkim wysiłkiem zebrane, jest dla Kotzebuego niczem nie wytłumaczony i pisze on o tem z oburzeniem. Mickiewiczowi zaś stwierdzona w ten sposób przez niemieckiego historyka zagadkowość postępowania w. mistrza posłużyła do stworzenia całej fikcji patrjotyzmu litewskiego i "wallenrodyzmu" Konrada Wallenroda."

30) Adam Mickiewicz, Działa, tom. Ⅱ., Warszawa; Spółdzielnia Wydawnicza "Czytelnik", 1998, 140면 주(註) a.

31) Kotzebue, *Preussens ältere Geschichte*, 1809.

32) Gary Cox, "Fairy-Tale Plots and Contemporary Heroes in Early Russia Prose Fiction", *Slavic Review*, vol. 39, 1980, 91면.

"These themes first appeared in Russian literature in translated Byzantine saint' s lives of the eleventh and twelfth centuries."

33) 위의 책, 90-91면.

"This plot is neither new to Russian tales of this period nor unique to them. It underlies both the Russian fairy tale and the European chivalric romance. It is well attested in popular literature of all periods throughout the world....The use of a plot structure which seemed simultaneously rooted in both Russian folklore and West European literature undoubtedly contributed to the impact of the tales on the contemporary Russian reader."

34) 폴란드를 비롯한 체코, 슬로바키아의 서슬라브 국가에서는 동슬라브 국가(러시아, 우크라이나)나 남슬라브 국가(크로아티아, 불가리아, 세르비아)와는 달리 민족 서사시(ludowa epika)라는 것이 거의 남아 있지 않다. 그 대신에 민간의 제례의식, 관습, 그리고 사랑을 주제로 한 민요가 주를 이루고 있다. 오히려 역사 민요와 같은 것은 문학작품을 통해 새롭게 창작되고 널리 퍼지기도 했다. 폴란드에서 민족 서사시가 부재한 이유는 아마도 일찍부터 서유럽의 문화, 곧 기독교문화와 라틴어에 의한 기록문화에 접함으로써 구비성이 약화되었기 때문으로 풀이할 수 있다. 기독교문화는 민간의 제례나 의식요 등을 말살시켰으며, 농민들은 계속해서 정치에 참여하지 않았기 때문에 역사 관련 노래를 창조할 기회를 갖지 못했던 것이다.

Rydzard Wojciechowski, "Ludowość" w Słowniku Literatury Polskiej Ⅹ Ⅸ Wieku, Wrocław · Warszawa · Kraków: Zakład Narodowy imienia Ossolińskich Wydaw, 1991, 522면 참고.

35) Henryk Szyper, *Adam Mickiewicz: poeta i czlowiek czynu*, Warszawa: Czytelnik, 1947, 99면.

36) 이하에서 스콧의 소설 창작배경 및 방법에 관한 사항은 Gary Kelly, "History

and Romance: Sir Walter Scott", *English Fiction of the Romantic Period 1789-1830*(London & New York: Longman, 1989)를 참조.

37) 스콧 자신이 이 작품의 서문에서 그 출처를 밝힌 것을 보면 다음과 같다.
"'아이반호' 라는 명칭은 고가(古歌)에서 암시를 받고 붙인 것이다. 소설가란 모두가 어디서 좋은 이름을 얻고 싶다고 생각하는 경우가 어쩌다가 있다. 나도 그러했을 때에 얼핏 머리에 떠오른 것이, 저 유명한 함덴의 조상이 테니스시합 때 라켓으로 검은 몸차림의 왕을 때렸기 때문에 몰수당한 영지의 이름 셋이었다. 함덴은 때린 죄과로, '트링, 윙, 그리고 아이반호를 잃었노라.' 라고 했다. 그런데 이상 셋 중에서 마지막의 아이반호가 고대영어의 리듬을 지니고 있고, 또 이야기의 바탕이 제명(題名)으로 인해 드러날 걱정이 조금도 없었기 때문에 그것을 선택하게 되었다."[Judith Wilt, "Coming Home: Waverley and Ivanhoe", *Secret Leaves - The Novels of Walter Scott*(Chicago and London: The University of Chicago Press, 1985), 19-21면]

38) 전수용, 앞의 글, 61면.

39) Walter Scott, 앞의 책, 466면.
"Answered the hermit, well known to the curious in penny histories of Robin Hood by the name of Friar Tuck, "... Alas! that my sacrilegious fist should ever have been applied to the ear of the Lord' s anointed!""

40) Judith Wilt, "Coming Home: Waverley and Ivanhoe", *Secret Leaves: The Novels of Walter Scott*(Chicago and London: The University of Chicago Press, 1985), 19면.
"The "author of Waverley",... took a second anxious and cunning step out of cover, and deeper into it, to produce in *Ivanhoe* the definitive treatment of the definitive national myth of Robin Hood, welding it to, seeing it through, the Scottish experience of "Britain"."

41) 『林忠愍公實記』는 정조 15년(1791)에 왕명으로 간행되어 그의 정확한 연보를 알 수 있다. 조선광문회, 『林忠愍公實記』(서울: 경성신문관, 1913).

42) 서대석, 「〈임경업전〉과 병자호란」, 『군담소설의 구조와 배경』(서울: 이화여자대학교 출판부, 1985), 177-187면. 임경업이 병자호란 때 의주부윤으로 있으면서 본격적인 싸움을 하지 못한 점, 청의 원병으로 명을 치러 가서 명과 내통한 점, 이 사실로 인해 청의 강요로 다시 청으로 잡혀가게 된 점, 도중에 탈주하여 명으로 망명한 점, 청의 포로가 된 후 다시 반환되어 고국에 돌아왔으나 김자점

의 모함에 의해 억울하게 살해된 점 등은 비록 사실에 부합하지만, 구체적 활동의 양상이나 사건의 성격은 사실과 전혀 다르거나 과장된 면이 많다고 주장했다. 그러나 활판본 『림경업전』의 경우, 경판본 『님장군전』의 틀을 계승하면서 부분적으로 實傳 「大明忠義林公傳」(백봉석 撰)을 참고하여 개작한 것으로 보았다.

43) 소재영, 「〈朴氏傳〉과 〈林慶業傳〉」, 『임 · 병 양란과 문학의식』(서울: 한국연구원, 1980), 312면, 318-321면.

44) 김춘택, 『우리나라 조선소설사』(서울: 한길사, 1993), 95면.

45) 李奎報, 「東明王篇 幷序」, 『東國李相國全集』(卷第三); 『동국이상국집』 I, 고전국역총서 166(서울: 민족문화추진회, 1984), 33면.
"東明之事, 非以變化神異眩惑衆目, 乃實創國之神迹, 則此而不迹, 後將何觀. 是用作詩以記之, 欲使夫天下, 知我國本聖人之都耳."

46) 『조선개국록(朝鮮開國錄)』은 이성계의 조선 건국에 관한 소설로서 일명 『아태조전(我太祖傳)』이라고도 한다. 임형택은 『조선개국록』이 19세기 말경 어느 무명씨에 의해 지어진 것으로 보았다. 이 작품은 성격상 『임진록』이나 『박씨전』 등과 같이 민간적 상상과 민중적 의식이 대거 표출된 역사소설의 문학 범주에 포함시킬 수 있다. 『조선개국록』에 관한 보다 구체적인 이해는 임형택, 「조선개국록」, 『민족문학사연구』 제5호(민족문학사연구소, 1994)를 참고할 것.

47) 임형택, 「조선개국록」, 『민족문학사연구』 제5호(서울: 민족문학사연구소, 1994), 377면.

48) 위의 책, 386면.

49) 박희병, 「17세기 동아시아의 전란과 민중의 삶」, 김학성 외, 『한국근대문학사의 쟁점』(서울: 창작과비평사, 1990), 46면.

50) 박일용, 『조선시대의 애정소설: 사실과 낭만의 소설사적 전개양상』(서울: 집문당, 1993), 22면.

51) 陳平原 · 夏曉虹 編, 「中國唯一之文學報『新小說』」, 『二十世紀中國小說理論資料』 第1卷(北京大學出版社, 1989), 42면.
"專以歷史上事實爲材料, 而用演義體敍述之."

52) 方正輝, 홍상훈 옮김, 『中國小說批評史略』(서울: 을유문화사, 1994), 530-531면.
"명 · 청대의 비평가들이 소설의 사회적 작용과 의의를 긍정할 때에는 '정식 역사에서 갖추지 못한 바를 보충한다'는 것과 '도리를 전달한다'는 의미에서 그러했던 것이지만, 만청의 비평가들은 이 두 가지 사항을 모두 역사 소설에 귀속시키려 했다."

53) 김용덕, 『韓國傳記文學論』(서울: 민족문화사, 1987), 119면.

여기서 저자는 역사소설이 전기(傳記)소설에서 비롯되었다고 주장하고 있다. 역사소설은 역사적 사실을 소재로 하면서 허구적 인물을 주인공으로 세울 수 있는데 비해, 전기소설은 주인공이 어디까지나 실존인물이어야 하며, 역사소설이 사건 위주로도 전개할 수 있음에 비하여 전기소설은 인물중심으로 전개해야 한다는 문학 갈래 내적 구별요건을 갖추고 있다고 구별 짓고 있다. 따라서 역사소설의 범주에는 전기소설인 작품도 있고 그렇지 못한 작품도 있다고 할 때, 『임경업전』은 역사소설이면서 전기소설인 반면, 『박씨전』이나 『임진록』은 역사소설이지 전기소설은 아니라고 할 수 있다.

54) 김문희, 「애정 전기서사의 환상적 표지와 세계인식」, 서강여성문학연구회, 『한국문학과 환상성』(서울: 예림기획, 2001), 157면.

55) 조동일은 우리나라 서사시의 전통을 구전서사시와 기록서사시로 나누고 전자에 속하는 것으로 서사무가, 판소리, 서사민요를 들었다. 이 중에서 서사무가는 영웅서사시로, 판소리는 범인서사시로 보았는데 특히 판소리는 서사시에서 영웅이 사라지면서 개조된 것으로 보고 이를 서사시의 중요한 변천과정의 하나로 여겼다. 또 판소리의 전문적인 창자를 서양의 전통 서사시의 바드(Bard) 개념과 연결시켜 이해하고자 했다. 여기서 주목할 것은 판소리를 범인서사시로 파악하고 있다는 점이다. 특정한 영웅적 인물이 등장하지는 않지만 민족의 보편적 정서와 진리를 드러내는 이야기가 극적 구성을 통해 구현되므로, 서사시에는 반드시 영웅이 등장해야만 하는 것은 아니라는 것이다. 그러므로 이러한 조동일의 견해를 따른다면 서사시는 범인과 영웅 모두 등장 가능하며, 서양에서 서사시가 영웅을 대상으로 한 문학 갈래라고 주장한 논의에서 자유로울 수 있음을 의미한다.[조동일, 『한국문학과 세계문학』(서울: 지식산업사, 1992) 참조]

56) 비록 『콘라드 발렌로드』는 창작되고 기록된 영웅 서사시이지만, 구비영웅 서사시가 소설과 공존한 사실이 유고슬라비아에서 확인된다. 유고슬라비아에서는 1930년대까지만 해도 고대의 영웅 서사시의 전통을 이은 구비 서사시들이 많이 향유되고 있었다. 술집이나 여인숙 등에서 축제기간에 2현 악기를 타며 반직업적인 음유시인들에 의해 구비 서사시를 밤새워 듣는 관습이 있었다고 한 것이 그 좋은 예이다. Albert Lord, *The Singer of Tales*(New York: Atheeneum), 14-15면; 손태도, 「조선 후기 '영웅소설'을 위하여」, 『고전문학과 교육』 제3집(중앙교육진흥연구소, 2001), 154면에서 재인용.

57) 루카치는 "영웅서사시가 자취를 감춘 뒤에 소설이 나타났다"고 보고, 헤겔과 함께 '서사시와 소설의 공존 불가'를 주장했다. 이에 대해 조동일은 "구비서사시가 활발하게 구전되고 있는 곳에서는 범인서사시로 바뀐 서사시는 그 자체로 율문소설일 수 있고, 기록되면 산문소설이 될 수 있다"(『소설의 사회사 비교론』 권1(지식산업사, 2001), 53면)고 반박하고 있다. 여기서 필자는 조동일이 "범인서사시가 곧 율문소설일 수 있다"라고 주장한 것에 대해서는 동의하지만, "구비서사시가 활발하게 구전되고 있는 곳"이라고 단서를 단 부분에 대해서는 견해를 달리한다. 『콘라드 발렌로드』는 범인영웅서사시이면서 율문소설이지만, 폴란드가 구비서사시가 활발하게 구전되고 있는 지역이 아닌 것이 그 한 이유가 된다. 구비서사시의 일부가 파편화되어 창작 기록된 서사시에 습합되거나 율문소설로 존재 가능하다고 본다.

58) 박일용, 「영웅소설 하위 유형의 이념 지향과 미학적 특징」, 『영웅소설의 소설사적 변주』(서울: 월인, 2003), 17면.

59) 박일용은 역사적으로 실재했던 인물 중 민중적, 민족적 이념의 실현을 위해 투쟁하면서 비극적인 삶을 산 인물들을 형상화한 『최고운전』, 『홍길동전』, 『임경업전』, 『전우치전』을 '민중적 역사 영웅소설'로, 영웅의 일생구조를 구현하고 국가에 대한 충의를 매개로 주인공 개인의 욕망 실현 과정을 그리는 작품들을 '통속적 창작 영웅소설'로 나누었다. 그리고 '통속적 창작 영웅소설'을 시대 및 작가층에 따라 각각 '형성기 창작 영웅소설', '전성기 창작 영웅소설', '19세기 장편 창작 영웅소설'로 세분화시켜 놓고 있다.

60) 캐스린 흄, 한창엽 옮김, 『환상과 미메시스』(서울: 푸른나무, 2000), 6면.

61) 위의 책, 55-66면.

62) 물론 '환상(성)'이란 용어와 '비현실(성)', '환상(성)', '낭만(성)', '허구(성)' 등의 용어들은 그 의미 범위가 넓고 다층적이어서 그것을 정의내리는 것이 모호할 때가 적지 않다.

63) '사실성'은 '현실성' 내지 '실재성' 등과 연결시킬 수 있으며, '경험적 현실을 사실적으로 재현해 낸다' 정도의 의미를 지니고 있다고 할 수 있다. 이때 사실성과 대응되는 개념어는 '환상성'이 아니라 '비사실성'이며, '사실성'과 '환상성'은 또 다른 의미로 대응되는 것이다.

64) '환상(성)'을 어떤 측면에서 바라보느냐에 따라 그 개념이 달라질 수 있다. 즉, 구조 원리로서의 환상, 문학 갈래로서의 환상, 모티프로서의 환상, 본질로서의 환상 등을 구분하고 알맞은 개념어로 사용할 필요가 있다. 이에 본고에서는 환

상을 '서사기법으로서의 환상'을 지칭하는 용어로 한정하여 사용하고자 하는 것이다.

65) 이런 구분은 고소설을 신성성과 세속성이라는 개념을 근거로 신성소설과 세속소설, 그리고 중간계열의 소설로 나눈 방식과도 관련이 된다.[이상택, 「고대소설의 세속화과정 시론」, 이상택 · 성현경 공편, 『한국고전소설 연구』(서울: 새문사, 1983); 『한국 고전소설의 이론』 I (서울: 새문사, 2003)에 재수록]

66) 이와 관련하여서는 공임순, 「'환상적' 역사소설 연구」, 서강여성문학연구회, 『한국문학과 환상성』(서울: 예림기획, 2001), 369면을 참고할 만하다.

67) 김문희, 「애정 전기서사의 환상적 표지와 세계인식」, 서강여성문학연구회, 『한국문학과 환상성』(서울: 예림기획, 2001), 133면.

68) Elisabeth Wesselling, *Writing History As a Prophet: Postmodernist Innovations of the Historical Novel*(John Benjamin Pub., 1991).

69) 네 작품에 사실성과 환상성이 개입하고 있는 양상과 서사 기법상 특성에 대한 구체적 예증은 다음 장에서 다시 거론하기로 한다.

70) 한 가지 문제는 이러한 유형적 분류 방법이 단순한 범주화에 매몰될 우려가 있다는 점이다. 작품별 장르적 속성과 특질을 간파하기 어렵기 때문에 실상을 간과하기 쉽다. 그러나 동양과 서양의 역사영웅서사문학 작품을 거시적 틀에서 바라보려는 본 연구의 목적을 고려한다면, 개별 작품의 장르적 특성과 자질을 일일이 살피는 장르론적 접근보다 유형론적 접근 방식이 더 적합한 방법론이라 본다.

Ⅲ. 서사 기법상의 특성

사실과 허구가 얽히는 양상, 곧 양자가 어떤 방식으로 서술되고 있으며 양자 간 거리의 의미가 무엇인지를 문제 삼는 것은 역사영웅서사문학에서 역사적 진실성을 이야기하는 것과 관련을 맺는다. 역사의 과거를 사실적으로 재현해 내느냐, 아니면 사실을 변형시켜 환상적으로 또는 우의적으로 보여주느냐 하는 서사기법상의 문제가 궁극적으로 작가와 당대의 사회구성원들이 역사와 현실을 어떻게 이해하고 있었는지를 보여주는 것과 관련되기 때문이다. 이에 본 장에서는 네 나라의 작품에서 공통적으로 발견되는 서사기법상의 특성을 추출, 비교해 봄으로써 역사영웅서사문학의 형식적 특성에 대해 생각해 보고자 한다.

1. 사실적 · 환상적 서술방식

역사영웅서사문학 작품마다 역사적 재료를 가지고 허구적 서사로 결합시키는 방식이 조금씩 다르다는 것은 주지의 사실이다. 사실일 것 같은 대상을 보여주려는 수단으로 역사적 재료 및 소재를 빌려온다 하더라도 그것 자체로 작품의 객관성과 사실성이 확보되지는 않는다. 동일한 역사적 사건이나 소재를 가지고도 그것을 서술해 내는 방식상의 차이로써 리얼리티가 다르게 구현될 수 있기 때문이다. 이런 서사 기법상의 차이를 알기 위해서 먼저 역사적 사실과 작품 내용의 일치 여부를 확인한 후, 그 변용 방식과 의미를 살펴볼 필요가 있다.

먼저 『임경업전』에 나타난 사건과 역사적 사실 사이의 일치 여부를 확인해 보도록 하자. 임경업은 병자호란 때 가장 적극적으로 호군 격파에 나선 장군이었다. 전쟁 이전부터 임경업은 주요 산성을 수축하고 방어하는 데 힘쓰는 가운데, 의주부윤으로 백마산성을 지키고 있었다. 1636년에 임경업은 호병의 침공 사실을 알았지만 군사의 열세 때문에 정면으로 대결하지 못하고 백마산성을 굳게 지키면서 진격을 늦추고자 했다. 그렇지만 호군은 백마산성을 치지 않고 남한산성으로 진격하여 결국 인조의 항복을 받기에 이르렀다. 이러한 사실이 『임경업전』에서는 호군이 임경업을 두려워한 나머지 육로로 공격해 오지 못하고 서해로 돌아 바로 도성으로 진격해 들어간 것으로 되어 있다.

병자호란 이후에도 임경업은 명나라와 우호 관계를 유지하는 한편, 1643년에는 명나라에서 4만의 군사를 이끌고 호군에 대항하고자 했지만, 1644년 북경을 함락시킨 청나라 군대에게 결국 붙잡히고 만다. 그런데 임경업의 처리 문제로 고심하던 청나라는 1646년에 사은사 이경석이 귀국하는 길에 18개월 동안 옥에 가둬 두었던 임경업을 돌려보내 조선에서 임경업을 처리해 주길 바랐다.

조선에서는 청나라의 기대대로 김자점 등의 간신들이 적극 나서서 임경업이 심기원(沈器遠)의 역모에 가담했다는 죄목을 뒤집어씌워 문초를 가하고 임경업은 결국 고문 끝에 옥사하고 만다. 작품에서는 이런 구체적 사실이 생략된 채 임경업이 그를 싫어하던 김자점의 계략으로 억울하게 뭇매를 맞고 감옥에 갇혔다가 죽게 되는 것으로 처리해 놓았다. 죽음의 결정적 원인이 김자점 개인에게 있다는 점을 분명히 밝혀 놓고 있는 것이다. 그 후 죽은 임경업은 인조의 꿈에 나타나 사실을 아뢰고 신원을 호소함으로써 비로소 진실이 밝혀지고 김자점이 심판을 받는 것으로 그려진다. 이것은 임경업이 죽은 지 51년이 지난 숙종 23년(1697)에 왕명으로 신원 받고 역사적으로 그에 대한 재평가가 이루어진 것을 허구적으로 처리해 놓은 것이라 할 수 있다.

그렇다면 역사적 사실과의 일치 여부를 차치하더라도 서사 담론 그 자체는 사실적 서술에 기반하고 있음을 알 수 있다. 여타 영웅소설 또는 군담소설과 달리 사실적 사건 전개가 두드러진 셈이다. 한 예로, 호국이 조선을 침략하여 조선 땅을 유린하는 부분에서는 역사적 장면을 그대로 전달하고 보고하는 것처럼 외침으로 인한 피폐와 참상, 국치의 모습, 관리들의 부패와 안일 등이 현장감 있게 묘사되고 있다.

> 철갑 입은 오랑ᄏᆡ 동ᄃᆡ문으로 물미듯 드러와 ᄇᆡᆨ셩을 살히ᄒᆞ고, 셩즁을 노략ᄒᆞ니 도셩 만민이 믈쓸틋 곡셩이 진동ᄒᆞ며, 부ᄌᆞ형제 부부노쇠 셔로 실신ᄒᆞ여 살기를 도모ᄒᆞ니 그 형상이 참혹ᄒᆞ더라. 이런 망극ᄒᆞᆫ ᄯᆡ를 당ᄒᆞ여 죠졍에 막을 ᄉᆞ람이 업고 종ᄉᆞ의 위ᄐᆡᄒᆞ미 경ᄀᆞᆨ ᄉᆞ이에 잇ᄂᆞᆫ지라. 샹이 망조ᄒᆞᄉᆞ 시위조신 뉵칠인을 다리시고 남한산셩으로 피란ᄒᆞ실ᄉᆡ, 급히 동가ᄒᆞᄉᆞ 강변에 이르ᄉᆞ ᄇᆡ를 타시ᄆᆡ, ᄇᆡᆨ셩 등이 ᄇᆡᆺ젼을 잡고 통곡ᄒᆞ며, 물에 ᄲᅡ져 죽ᄂᆞᆫ ᄌᆡ 무슈ᄒᆞ니 그 형상을 ᄎᆞᆷ아 보지 못ᄒᆞᆯ너라.[1)]

전쟁의 비극과 참상이 어떠한지, 이를 바라보는 서술자의 현실인식이 비교적 선명하게 드러나 있다. 현재에 일어난 사건이 어떠한 상황인지 서술해 놓았을 때 현실적 공감 또는 동정을 얻기 쉬울 만큼 현실적 시각을 견지하고 있다. 현실을 객관적 서술 대상으로 파악하여 이를 세세히 묘사하는 서술 경향이 두드러지고 있는 것이다.[2]

현실에 대한 사실적 반영은 사건 서술뿐만 아니라 인물 제시에서도 잘 드러난다. 임경업 개인의 됨됨이를 보여주는 부분에서 주인공의 인간적인 면모가 사실적으로 독자에게 전달되고 있다. 신적이며 초월적인 능력을 지닌 영웅의 관념적 · 전형적 모습 대신 백성들과 함께 동고동락하며, 시련을 감내하다가 때로는 좌절하기도 하는 유한한 인물의 모습이 사실적으로 드러나고 있다.

> 1 "나ᄂᆞᆫ 여등의 힘을 비러 나라 은혜를 갑고져 ᄒᆞ노라."
> ᄒᆞ고, 칩고 더우며 괴롭고 깃부믈 극진이 념녀ᄒᆞ니, 모든 군졸이 불승감격ᄒᆞ여 졔 일갓치 진심ᄒᆞᄂᆞᆫ지라. 일일은 즁군이 친히 돌를 지고 군ᄉᆞ 즁에 셧겨올ᄉᆡ[3]

> 2 경업이 ᄃᆡ로ᄒᆞ여 용력을 다ᄒᆞ여 ᄃᆡ적코져 ᄒᆞ나 망망ᄃᆡᄒᆡ에 다만 단검으로 무슈ᄒᆞᆫ 호병을 엇지 ᄃᆡ적ᄒᆞ리오? 젼션에 쒸여 올나 좌우 충돌ᄒᆞ여 호병을 무슈히 죽이고 피모져 ᄒᆞ더니 긔력이 점점 ᄉᆡ진ᄒᆞᆫ지라. 아모리 용ᄆᆡᆼᄒᆞᆫ들 쳔슈를 엇지 도망ᄒᆞ리오?[4]

1에는 군졸들을 정성으로 보살피던 임경업이 친히 백성들과 함께 돌을 지어 나르면서 성역에 동참하는 덕장(德將)의 모습이 간접적으로 나타나 있다. 또한 2처럼 적군과의 싸움 도중 수적 열세에 놓이자, 비록 이전에 커다란 공을 세워 영웅 칭송을 받던 임경업일지라도 별 수 없이 적군에 붙잡히고 마는 것으로 그려진다. 이것은 결국 지극히 인간적인 주인공의 면모를 사실적으로 보여주고자 한 서술자의 시각이 크게 작용한 결과다. 역사적 사건이나 주인공 임경업을 이야기하는 서술자의 기본 태도가 현실에서 일어날 법한 상황과 조건을 실제 역사에서처럼 보여주려는 데 있음을 알 수 있다.

『임경업전』의 작자는 주인공이 초월적이며 비범한 능력 대신 나라와 임금에 대한 확고한 의지와 충성심을 가진 인물로서 조선과 중국을 여러 번 넘나들면서까지 유교적 충절과 기본 덕목을 지켜 낼 수 있었다는 점을 간접적으로 부각시키고 있다. 임경업의 능력 자체보다 굳은 신념과 사명감이 남들보다 뛰어났다는 점에서 그가 영웅적 인물로서 평가받을 수 있다고 본 것이다. 사실 여러 대외 전쟁을 승리로 이끌고, 마침내 볼모로 잡혀 간 세자와 대군까지 데려오는 임경업의 활약상은 평범한 인물이 해낼 수 있는 일은 아닐 것이다. 그렇지만 그러한 활약이 현실에서 아예 일어날 수 없는 불가능한 일도 아니다. 역사상 위대한 인물들도 불가능해 보이는 극한 상황을 극복하고 그 목표한 바를 성취한 인물들이라 할 수 있기 때문이다. 작자는 임경업이 역사적 인물이면서 영웅으로 추앙받을 수 있는 이유를 현실적인 요인에서 찾고자 했으며, 이를 위해 사건과 인물에 대한 사실적 서술과 묘사의 방법을 동원하여 역사적 진실을 밝히고자 했던 것이다.

그러나 『임경업전』이 전적으로 사실적 서술과 묘사로만 이루어져 있는 것은 아니다. 일부 환상적인 요소가 담긴 비사실적인 서술 또는 묘사도 활용되고 있다.

> [3] 독뷔 쳔금을 밧고 쐬르 ᄂᆡ여 ᄒᆞᆫ 군ᄉᆞ를 ᄉᆞ괴여 금을 주고 ᄌᆞ명의 편지를 위조ᄒᆞ여... 경업이 의혹ᄒᆞ여 졈복ᄒᆞ여 본즉 ᄌᆞ명이 무ᄉᆞᄒᆞ고 승젼할 쎠여ᄂᆞᆯ, 그 군ᄉᆞ 놈을 잡아드려 쟝문ᄒᆞ니...[5])

> [4] 이ᄂᆞᆯ 밤의 일몽을 어드시니 경업이 나와 쥬왈, "흉젹 ᄌᆞ졈이 쇼

신을 박살ᄒᆞ고 찬역ᄒᆞᆯ 꾀를 품어 거의 일이 되어 가오니 밧비 죽이쇼셔." ᄒᆞ고 울며 가거ᄂᆞᆯ[6]

3은 천금을 받고 임경업을 배신하려는 독부가 위조 편지를 쓴 사실을 임경업이 점을 쳐서 알아내는 부분이다. 그리고 4는 임경업이 사후에 자신의 억울한 죽음과 김자점의 음모 사실을 임금에게 알리고자 임금의 꿈에 나타나 일의 자초지종을 말하는 대목이다. 이것은 임경업이 점복을 통해 사건의 진위를 가려낼 줄 아는 신통력을 갖고 있었으며, 사후에도 인조의 꿈에 현몽하여 문제를 해결하고자 한 사실을 보여준다. 이러한 서사적 장치는 사건의 중요한 순간에 문제해결의 단서로서 사용되는 서사가 합리적이고 사실적인 방법에 의한 것이 아니라 전기(傳奇)적이고 환상적인 방법에 의한 것임을 의미한다. 즉, 전기소설적 요소가 아직 일부 남아 있다고 할 수 있다.

그러나 『임경업전』 작품 전체를 놓고 볼 때, 몽조(夢兆)나 초월적 능력을 보여주는 부분은 이 두 군데밖에 없다. 점을 보아 미래를 예측하거나 꿈을 통해 계시를 받는 것과 같은 일은 현실 속에서 아예 일어날 수 없는 일은 아니다. 전기성(傳奇性)이 부분적으로 나타나고 있지만, 작품 전체적으로 볼 경우, 사실적 서술이 주를 이루고 있다고 할 수 있다. 다른 소설에 비해 비교적 정사(正史)에 근거하고 있는 데다 『임충민공실기』 등 임경업의 생애와 활동을 기록해 놓은 각종 문헌 기록과도 대동소이하다는 점에서 그 사실을 뒷받침해 준다.

『임경업전』처럼 현실적 세계를 사실적으로 서술하는 데 주목한 작품들 중에는 임·병 양란을 겪은 후 그 체험을 형상화한 한문소설군인 『주생전』·『최척전』·『김영철전』 등을 들 수 있다. 이 중 『주생전』·『최척전』은 전기(傳奇)소설이 갖는 낭만적이고 환상적인 분위기를 띠고 있으면서 당대의 현실적 의식마저 사실적으로 잘 드러내고 있다. 『김영철전』은 실제 있었던 사실을 토대로 한 전(傳)계 소설로서 그 현실주의적 성격이 앞의 두 작품보다도 더욱 강하게 드러난다. 비록 역사적 인물을 입전(入傳)한 것은 아니지만, 전란에 고향을 떠나 유랑하고 가족과 만남과 헤어짐을 거듭하는 백성들의 현실적 삶의 단면을 구체적이고 진실하게 그려내고 있다.

이에 비해 『임진록』·『박씨전』은 역사적 사실을 토대로 하되 대외적 전쟁과 갈등이 비교적 잘 드러난다. 왜적이나 후금 등 이민족에 대항하여 능동적으로 싸우는 대외적 갈등을 광범위하게 그려내고 있는 것은 앞의 한문소설 작품들과는 다르지만 『임경업전』과는 유사하다. 실명(實名)의 개인작품이 아니라 작가미상이면서 구비적 요소까지 대거 삽입시켜 놓은 것도 『임경업전』의 경우와 비슷하다. 이들

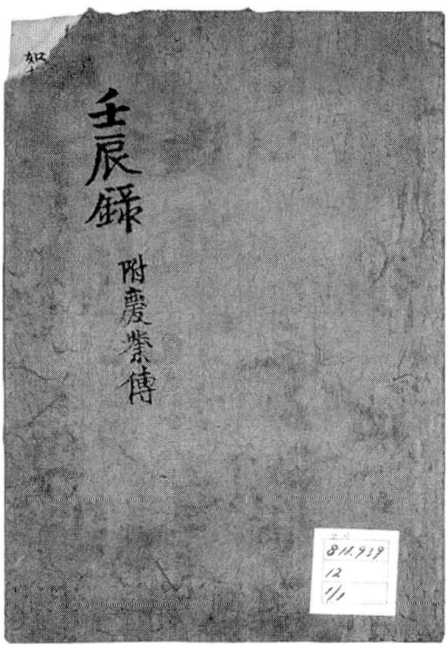

壬辰錄附慶業傳

출처: 국립중앙도서관 소장본.

작품들은 공통적으로 16-7세기에 일어난 양란이 문학적인 원체험이 되어 당대 향유되던 서사적 글쓰기 방식에 의거하여 현실과 역사의 실체, 그리고 민족적 각성의 내용을 구체적으로 드러내 보여주고 있다는 점에서 공통적이다. 임진왜란을 시작으로 정묘호란과 병자호란의 연이은 전란에서 자존심을 짓밟히고 현실을 직시하게 된 백성들 사이에 공통적으로 갖고 있던 청에 대한 반감의 분위기를 잘 반영해 놓았다.

임경업은 『박씨전』이나 『강로전』에서도 등장한다. 『박씨전』에서는 박씨의 남편인 이시백과 함께 사신으로 중국에 갔다가 위기에 처한 명나라를 구하기도 하고 박씨에게 패해 퇴각하는 용골대 군사를 크게 무찌르기도 하는 등 『임경업전』에서와 마찬가지로 큰 공을 세우는 인물로 처리되고 있다. 『박씨전』이 상상의 여인인 박씨를 통해 청나라에 대한 반감과 복수를 보여주고자 했다면, 『임경업전』은 역사적 인물인 임경업을 통해 배청숭명(排淸崇明) 사상을 분명히 드러냄과 동시에 당시 사람들의 울분을 대변하려고 했던 점에서 서로 자매편이라 할 수 있다. 작품 전체적으로 본다면, 두 작품이 비슷한 역사적 체험과 현실자각 의식을 담아내고 있다 할지라도 이것을 표출해 내기 위한 수단으로 사용된 서사기법에서는 사뭇 차이가 있다. 현실에서 청나라 군대에 적극적으로 대항한 인물이 임경업이었다면, 소설 작품에서 가장 통쾌하게 청나라 군과 싸워 승리를 거두는 인물은 박씨 부인이다. 그만큼 『박씨전』에는 허구적 인물인 박씨 부인의 활약상을 보여주기 위해 전기적 · 환상적 서술이 자주 나타난다. 패배한 전쟁인 병자호란이 『박씨전』에서 승리한 전쟁으로 뒤바뀌는 결과가 도술을 부리고 초인적인 능력을 마음대로 펼칠 수 있는 주인공을 형상화해 냄으로써 가능할 수 있었다.[7]

영웅소설이자 역사소설로서의 성격을 동시에 갖고 있는 『임경업전』이나 『박씨전』이라 할지라도 『임경업전』은 사실적 서술을, 『박씨전』은 환상적 · 전기적 서술을 주제를 형상화하는 주된 서사 축으로 활용하고 있는 것이다. 『임경업전』이나 『박씨전』은 공통적으로 현실 속의 패배를 사실 그대로 인정하면서도, 『박씨전』에서는 상상을 통해 승리를 만끽하고 『임경업전』에서는 패배를 통해 교훈을 보여주고 있다. 그러므로 이러한 두 가지 서술기법은 당시 사회가 영웅이 출현하기를 기대하고 민중의 소망, 또는 시대적 분위기를 담아내고자 할 때 효과적으로 활용될 수 있는 것이다.

그렇다면 『고쿠센야캇센』의 경우는 어떠한가? 고쿠센야의 실제적 인물인 정성공은 1624년(음력 7월)에 일본 나가사키 현(縣) 히라도[平戶]라는 어촌 마을에서 태어났다.[8)] 중국 명나라의 대신이었던 정지룡(鄭芝龍)은 그 당시 동양인으로는 드물게 크리스천으로 세례를 받고 '니콜라스 이콴(Nicholas Iquan)' 이라는 세례명까지 얻었다. 『고쿠센야캇센』에서 정지룡 이름을 '一官' 으로 설정한 것은 바로 이 때문이다. 그리고 정성공의 모친은 일본인이자 정지룡의 둘째 부인이었다. 신분이 낮은 무사 '다가와 시치자에몬[田川七左衛門]' 의 딸이라는 것 외에 더 상세히 알려진 바가 없다.[9)] 『고쿠센야캇센』에서 모친의 이름이 거론되지 않는 것도 바로 작가 또한 그녀에 관해 아는 바가 별로 없었기 때문이었을 것이다. 여하간 주인공 정성공은 중국 명나라인과 일본인 사이에서 태어난 혼혈인임에 틀림없다. 정성공은 1630년 중국에 갈 때까지 일본식 이름인 '후쿠마쓰[福松]' 와 중국식 이름인 '森' 을 함께 사용했다. 이러한 호칭의 변화를 작품에서는 아명(兒名)인 '와토나이[和藤內]' [10)]에서 '고쿠센야[國性爺]' 로 바뀌는 것으로 설정해 놓았다.

정성공은 7세 때(1630년) 중국으로 건너간다. 그러나 작가는 작품에서 주인공이 일본인 아내 고무쓰[小睦]와 결혼하고 20세에 중국으로 간 것으로 바꿔 놓았다. 정성공이 일본에서 실제 살았던 기간보다 더 긴 기간을 설정해 놓음으로써 정성공과 일본과의 관계가 매우 밀접했다는 사실을 강조하려 한 의도를 엿볼 수 있다. 역사에서는 그가 이미 15세 때(1639년) 남경에 있는 왕립학교에서 공부하고, 17세(1641년)에 중국 여자와 결혼하여 그 다음 해에 아들 경(經)까지 낳은 것으로 기록되어 있다.

그런데 3년 후인 1644년에 만주족이 쳐들어와 북경을 점령하고 명나라 17대 황제가 항복하는 사건이 일어난다. 이것이 작품 내에서는 탓탄국의 침입으로 서술되고 있다. 1645년에 만주족이 남경에까지 쳐들어오자, 정지룡은 당(唐) 왕자를 도와 명나라를 지키고자 했다. 당 왕자는 기울어져 가는 명나라를 살리기 위해 연호를 융무(隆武)로 고치고, 정성공에게는 '고쿠센야(國性爺)' 란 이름을 하사하고, 명 재건을 기원하는 의미에서 문자 그대로 '성공(成功)' 이란 이름까지 내려준다. 왕자의 총애하에 정성공은 왕자를 지키는 근위대 대장에 임명되었을 뿐만 아니라 왕자는 그를 양자로 삼기에 이른다. 그리하여 정성공 집안은 황실 가문의 일원이 된다. 이런 사실이 작품에서 직접적으로 드러나 있지는 않지만, 고쿠센야가 중국 본토를 평정한 후 그 집안이 대대로 태평성대를 누리게 된다는 것과 연결지어 볼 수 있을 것이다.

한편, 1646년에는 정성공의 모친이 일본에서 중국으로 건너온다. 작품에서 센단 공주와 함께 고쿠센야의 아내 고무쓰가 나중에 따로 중국에 오는 것이 이를 모티프로 한 서사부분에 해당한다. 그런데 같은 해에 당 왕자는 정지룡의 충고에도 불구하고 내륙 진출에 대한 욕심 때문에 해군력을 이용한 해안방어 대신 내륙에 군대를 배치해 두었다가 적군에게 섬멸 당하고 본인도 굶어 죽는 사건이 발생한다. 정지룡은 명나라가 더 이상 가망이 없다고 판단한 나머지 만주족이 높은 벼슬을 주겠다는 제안에 응하여 결국 청나라의 신하가 된다. 적어도 역사 기록에서는 그렇게 서술되어 있다. 결국 만주족은 명나라의 잔여 세력을 쉽게 분산시키고 남경마저 점령한다. 그러나 『고쿠센야캇센』에서는 부친 정지룡의 이런 배신행위가 전혀 서술되지 않고 있다. 오히려 결말 부분에서 자기 목숨도 아까워하지 않고 무모하게 적진에 홀로 뛰어들었다가 붙잡힐 정도로 명나라에 대해 충성을 다하려 했던 인물로 그려지고 있다. 역사 기록에 의하면, 남경이 함락되었을 때 정성공의 모친은 도망가지 않고 끝까지 남았다가 일본칼로 자해한 후, 성벽에서 뛰어내려 죽었다고 전해진다. 이것이 작품에서는 간키 장군의 성을 통과할 수 있도록 설득시키지 못한 책임을 지고 모친이 스스로 자결해 버리고 마는 것으로 묘사되고 있다. 이러한 유사성은 모친의 자결 모티프가 실제 사건에 근거했을 가능성을 보여준다.

이렇듯 부친이 배신하고 모친이 죽는 비극을 겪어야 했지만, 정성공은 당 왕자의 사후에 황제위에 오른 계왕(桂王) 에이랴쿠[永曆帝]로부터 연평군왕(延平君王)과 조왕(潮王)에 봉해졌다. 작품에서는 이것이 간키 장군에 의해 연평왕(延平王)으로 봉해지는 것으로 바뀌어져 있다. 그 후 정성공은 남은 명나라 유민들을 모아 군사력을 키우고 만주족과 여러 차례 전투를 벌이는 과정에서 승리를 거두면서 다시 명나라 재건의 기반을 확장시켜 나간다. 약 10년간 착실히 군사력을 키운 그는 1658-1659년에 남경을 공격하여 기사회생의 일대결전을 벌이게 된다. 그러나 이 전투에서 패하고 만다. 그리고 결국 샤먼[廈門]으로 철수하고 말았다. 『고쿠센야캇센』에서는 바로 이 전투를 고쿠센야가 중국에서 탓탄국을 물리치는 최후 전투 장면이자 가장 극적인 부분으로 처리해 놓았다. 그렇지만 앞서 말한 대로 이 부분에서 지카마쓰는 역사상의 정성공의 패배를 오히려 승리한 것으로 완전히 뒤바꿔 놓고 있다.

또한 이 부분에서 고쿠센야의 부친은 목숨을 내놓고 마지막까지 명나라 신하로서 충성을 바치고자 한 인물로 그려지고 있는 것과 달리, 실제 역사에서 정지룡은 명나라를 배신하고 청나라에 투항한 이후부터 1661년 사망할 때까지 그는 감옥이 아닌 북경에서 지내며 지속적으로 정성공에게 편지를 보내 항복을 권유했던 것으로 알려져 있다. 그러므로 작품의 마지막 부분에서 정지룡을 이렇듯 사실과 다르게 서술해 놓은 것은 아마도 해피엔딩을 의식한 작가의 의도라고 할 수 있다. 고쿠센야의 온 가족이 합심하여 명나라를 구하고자 헌신했다는 내용이야말로 뭇 독자들의 기대와 욕구를 만족시키기에 충분했기 때문이다.

기록에 의하면, 정성공은 대만으로 본거지를 옮긴 후 군사력을 키우면서 항청복명(抗淸復明)과 대륙 반격의 기회를 노렸으나 1662년에 안타깝게도 그만 급사하고 만다. 정성공이 군사훈련을 지휘하다 과로로 죽었다고도 하고, 혹은 자기 아들 경에 의해 타살되었다고 하기도 하나 확실하지 않다. 다만 한 가지 분명한 사실은 그의 죽음으로 인해 대륙에서 명나라 재건 운동은 사실상 끝나고 얼마 후 청나라가 중국 전역을 완전히 장악하게 되었다는 것이다. 이런 역사적 결과에 대해 『고쿠센야캇센』에서는 남경 회복과 더불어 중국에 평화가 도래했으며, 일본인의 영향력이 세상에 두루 펴지게 되었다는 것으로 바꿔 놓았다. 중국인의 입장에서 정성공은 결국 실패한 장군일지 모르지만, 일본인의 입장에서는 중국인들에게 평화와 희망을 가져다 준 위대한 영웅으로 인식되었음에 틀림없다.

한편, 등장인물 중에서 악인의 전형이라 할 '리 도우텐'은 실존 인물인 이자성(李自成)[11]을 모델로 하고 있다. 역사에서는 이자성이 남경 전투에서 왼쪽 눈을 다친 것으로 기록되어 있는 것에 비해, 작품에서는 리 도우텐이 자신의 왼쪽 눈을 손수 도려내어 충성심을 보여주는 것으로 설정해 놓고 있다. 이것은 작가가 이자성의 부정적인 면을 부각시키고 일본인들이 중시하던 의리사상과 충성을 강하게 드러내기 위한 의도에서 무사들 사이에서 의리의 표시로 흔히 행해지던 자해의 방법을 택해 극적 효과를 노린 것이라 하겠다. 이자성이 농민반란군을 이끌고 북경을 함락시켜 명나라를 혼란에 빠뜨려서 그 틈을 이용해 만주족이 쳐들어오는 빌미를 준 장본인이었다는 점에서 『고쿠센야캇센』에서 명나라를 배신하는 간신으로 그려지고 있는 것이다.

그런가 하면, 충신인 '고 산케이'는 실존인물인 오삼계(吳三桂, 1612-1678)[12]를 통해 만들어졌다. 그는 청나라 건국 초의 주요인물로서 1673년에 그가 반란을 일으키기 전까지 청 황실의 근위대에서 높은 위치를 차지했던 장군이었다. 오삼계 역시 그의 생애 후반에는 반란을 도모하고 황제를 자칭하기도 했다가 자살하고 말지만 작품에서는 그가 자기 아들까지 희생시키면서 황실을 위하고 명나라 재건에 일등공신 노릇을 하는 인물로 묘사되고 있다.

센단 공주[栴檀皇女]는 『고쿠센야캇센』의 선행작으로 1701년 봄에 상연된 니시키분류[錦文流]의 고쿠센야데가라닛키[國仙野手柄日記]에 등장하는 센다라(せんだら) 공주라는 인물을 모델로 했다.[13] 그러나 『고쿠센야캇센』에서 여성인물 중 가장 중요한 비중을 차지하는 긴쇼조는 가공의 인물이다. 정지룡이나 정성공과 관계 없는 여성인물을 가족지간으로 설정한 것은 극적 갈등을 고조시키고 사건전개를 부드럽게 하기 위한 서술 장치라 할 것이다. 그렇기 때문에 고쿠센야의 모친과 긴쇼조가 모두 고쿠센야에게는 의붓어머니요 이복누이였음에도 불구하고 지카마쓰가 중요하게 여긴 의리라는 주제의 개념을 형상화하는 데 빼놓을 수 없는 극적 인물로 거듭나고 있다.

이상에서 간략히 언급한 대로 『고쿠센야캇센』에서는 사실과 다르게 허구화된 부분이 적지 않다. 그것도 과장되고 환상적 · 비현실적인 서술과 묘사를 통해 작품 전반에서 적극적으로 활용되고 있다. 물론 이야기의 기본적 서사전개 구조를 역사적 사건과 인물에 근거하여 엮어내려고 한 흔적이 여러 곳에서 엿보인다. 그러나 『고쿠센야캇센』에서 사실과 허구와의 관계는 역사를 바라보는 작가의 기본관점과 개인적으로 해석된 역사를 담아놓고자 한 문학 갈래, 곧 인형극 대본의 글쓰기가 갖고 있는 서술기법상 성격과도 무관하지 않다.

지카마쓰가 『고쿠센야캇센』을 쓸 당시에 일본에서는 연극이 커다란 인기를 끌었다. 한국의 탈춤이나 판소리가 열린 공간에서 해학과 풍자를 통해 긍정적 세계를 재현해 냄으로써 조화를 통한 희극적 결말을 이끄는 것과 달리, 에도 시대에 공연된 일본 연극은 노[能]나 가부키[歌舞技], 죠루리와 같이 폐쇄적 공간에서 죽음이냐 삶이냐 하는 양자택일의 극단적 방식을 통해 그 영웅성을 드러내고자 하는 현실지향적 의식이 종종 나타나곤 했다. 의리와 충성이라는 현실적 신념을 구체적으로 표출해 내는 데 효과를 높일 수 있다면, 굳이 현실성과 환상성을 구별하고 그것에 집착할 이유가 없었다.

죠루리 인형극은 말 못하는 인형을 위해 낭송자가 따로 있어 대사와 지시문뿐만 아니라 묘사 부분까지 읊어야 한다. 그러기 위해서는 과장적 표현을 통해 살아있는 사람의 감정을 나무 인형에 전해 주는 것이 필요하다. 그러므로 인형극의 무대설치 또는 인형의 행동반경 등을 고려한다면 작품 내 지문이나 시공간적 배경 설정 등의 서술이 소설에 비해 많은 제약을 받지 않을 수 없다. 제약을 받는다 함은 굳이 사실의 충실한 재현이 불필요하다는 말이다. 비현실적 묘사나 환상적인 요소가 자주 등장하는 것은 바로 이 때문이다. 『고쿠센야캇센』에서는 비현실적 시공간에 대한 이해가 전제되고 환상적 요소의

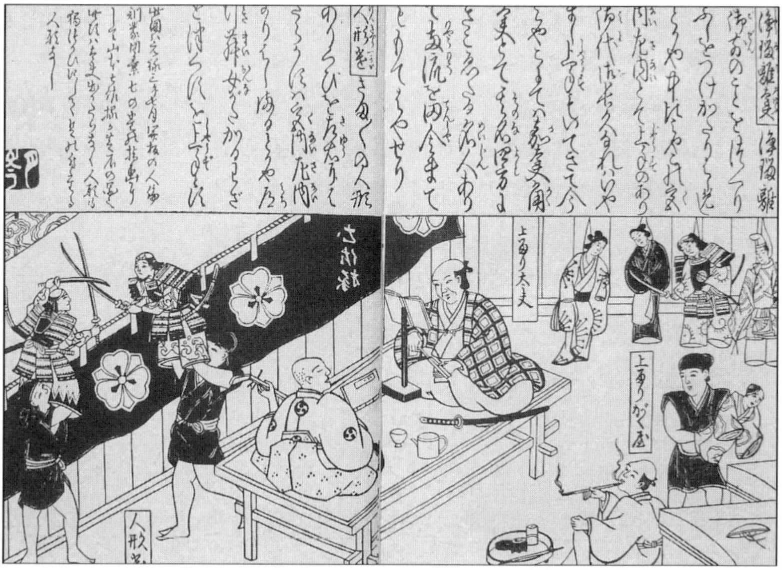

1690년 에도 조루리 인형극장의 무대

출처: Donald Keene, *The Battles of Coxinga*, London: Taylor' s Foreign Press, 1951, 18-19면.

삽입을 오히려 당연하게 받아들이는 논리를 갖고 있을 때라야 비로소 시간적 · 공간적 개념과 사건 및 인물의 행동을 사실적이고 현실적인 것으로 이해할 수 있게 된다.

예를 들어, 제4장에서 고 산케이가 바둑판을 통해 중국 전역에서 벌어지는 일들을 직접 볼 수 있는 것이라든지, 신의 도움으로 구름다리가 만들어져 적군의 추격을 피해 깊은 산속을 훌쩍 넘어 먼 곳으로 이동하는 식의 장면들은 현실적으로 일어날 수 없는 일들이다.

> 해설자: 그들은 합심하여 간절히 기도했다. 하늘이 감응하고 땅이 그들의 기도 소리를 들었다. 그리하여 동굴 입구로부터 구름 증기가

> 뿜어져 나와 까치가 만든 하늘의 구름다리 또는, 비록 밤 시간은 아니었으나 가츠라기[葛城]의 구메[久米]에 있는 돌다리 같은 모양을 만들었다.[14] 아무런 움직임도 느끼지 못한 채 꿈길을 건듯이 그 다리를 건넌 그들은 자신들이 골짜기 반대편 정상 부분을 향해 올라가고 있음을 알게 되었다. 그들의 다리는 두려움으로 벌벌 떨렸다.[15]

위 예문은 고 산케이와 그 일행이 위험에 처했을 때 함께 기도를 드리자 신이 도와 구름 사다리를 내어 주어 무사히 도망가는 장면이다. 여기서 극한 상황을 벗어나는 계기는 도술적이고 초월적인 능력의 작용 여부에 달려 있다. 환상적이며 비논리적인 인과관계에 의해 사건이 진행된다. 이러한 환상적 서술을 놓고 초기 연구자들은 서구의 사실주의 이론의 시각에서 문학적 가치와 수준이 떨어진다고 평가하기도 했다. 그러나 지금은 환상적 서술의 정당성을 적극적으로 옹호하고 그 의미와 효과를 찾고자 하는 연구가 활발하게 이루어지고 있다. 환상적 서술의 정당성을 주장하는 이들은 비이성적인 모순들을 한데 묶고 불가능해 보이는 원리를 통합하고 그것들을 유지시킴으로써 하나의 서사적 논리성을 갖출 수 있다고 본다.[16] 비록 이율배반적인 환상적 구조라 할지라도 소재나 서사단위는 현실에 존재하는 현실적 요소들의 상상적 결합에 의해 만들어진 것이기 때문에 하나의 형식적 · 서사적 틀로서 이해되어 마땅하다고 보는 것이다. 환상적 서사가 사실적 서사와 마찬가지로 역사와 현실세계를 축조하는 하나의 서사논리, 사유체계로서 자주 활용되고 있는 것이다. 한국을 비롯한 동양의 서사문학에서 흔히 발견되는 전기(傳奇)적 서사 또한 이러한 비사실적 서사의 범주 안에 포함시킬 수 있다.

역사영웅서사문학 작품에서 작가에 의해 의도적으로 변개된 비현실적 표현은 작가가 기존의 전통적 역사관이나 의식을 해체하여 새롭게 바라보려는 의도가 강할수록 자주 사용되기 마련이다. 이러한 비현실적 서사방식은 동양의 사고방식으로는 자연스럽게 받아들여질 수 있는 논리적 사유방식의 하나이자 미적 범주로서 오랫동안 그 전통이 이어져 왔다. 그렇다고 해서 동양적 심리는 직관적이며 서양의 심리는 논리적이라는 이분법적 사고로 단정 지을 수 있는 것은 더더욱 아니다. 다만 이러한 환상적 요소는 동서양을 막론하고 기존 체계 내지 관념을 깨뜨리고 흥미와 관심을 불러일으키기에 효과적인 서사적 기법으로 종종 활용되어 왔음에 주목할 필요가 있다. 그렇기 때문에 역사영웅서사문학에 나타나는 환상적 서술이란 곧, 변화된 시대적 관념과 의식을 보여주기 위해 이제까지 사실기록에 충실하고자 했던 역사적 서사기법 양식에서 탈피하고자 시도된 하나의 방법이라는 점에 의미를 부여할 필요가 있다.

『콘라드 발렌로드』 또한 역사적 사건과 인물에서 모티프를 가져왔으나 작품 전체의 서사적 틀을 구성할 수 있을 만큼 자세한 역사적 기록이 남아 있다고 보기 어렵다. 다시 말해, 작가는 짧고 소략하게 기록되어 있는 역사적 사건과 인물에 관한 파편적 이야기를 가져다가 상상력에 의해 대부분을 허구적으로 만들어낸 것이다. 작품의 소재 중 분명한 역사적 사건은 14세기 후반, 곧 1392년에 있었던 그룬발트(Grunwald) 전투이다. 폴란드 역사상 가장 위대한 전투로 평가되는 전투를 서사의 주된 사건 배경으로 삼았다. 그러나 작품에 등장하는 인물들은 대개 허구적 인물이며, 그중 실재했던 역사적 인물은 4명 정도인데, 그나마 이들에 관한 자료도 거의 남아 있지 않은 상태다. 독일 기사단의 총사령관이었던 발렌로드(Wallenrod), 그리고 발렌로드 이전에 독일 기사단의 총사령관이었던 빈리히 폰 크니프로드(Winrych von Kniprode),[17] 빈리히의 시종을 들던 젊은 리투아니아인 알프(Alf), 마지막으로 독일인 기사 발터 폰 스타디온(Walter von

Stadion)이 실재했던 역사적 인물들로서 이들의 행적이 작품 속에서 작가의 상상력에 의해 재탄생되었다.[18]

독일 기사단의 총사령관이었던 발렌로드는 1391년부터 1393년까지 독일 기사단을 이끌었다. 그러나 그의 행적은 상당 부분 베일에 싸여 있다. 역사에서는 발렌로드가 폴란드-리투아니아 연합국의 왕인 야기에오(Jagiełło)를 배반한 리투아니아의 대공 비톨드(Witold)의 후원을 얻어 리투아니아 원정대를 조직하여 1392년에 리투아니아를 공격했다고 한다.[19] 이것이 『콘라드 발렌로드』에서는 비톨드가 리투아니아를 배신하고 독일 기사단의 연회에 참석한 것으로 설정되어 있다. 그러나 연회석에서 할반이 부르는 노래를 듣자 비톨드는 심경의 변화를 일으키게 될 뿐만 아니라, 후일에 발렌로드와 연합하여 독일 기사단을 함정에 빠뜨려 리투아니아를 구하는 인물로 그려지고 있다. 역사적 진실이 무엇인지 알기 어려운 역사적 사건을 소재로, 작가는 그것을 임의로 해석하여 발렌로드와 비톨드의 수상한 행동이 조국을 위한 계획적 의도에 의해 주도면밀하게 실행된 것인 양 바꿔놓은 것이다.

그런데 다른 역사 기록에 의하면, 독일 기사 발터 폰 스타디온은 1359년에 리투아니아군에 붙잡혀 포로가 되어 리투아니아로 끌려갔으나, 거기서 당시 리투아니아 왕이었던 키에이스투트(Kiejstut)[20]의 딸을 유혹했다고 한다. 그리고 역사가들은 그 딸이 불행한 사랑의 희생자가 되었다고 부언해 놓았다.[21] 그러나 정작 그 구체적 내용은 기록되어 있지 않다. 작가는 이러한 수수께끼 같은 미완의 역사적 기록을 토대로 그 사랑을 구체적으로 형상화하고자 했던 것이다. 즉, 발렌로드가 독일 기사단을 빠져나와 리투아니아 왕에게 찾아가 자신의 과거지사를 들려주고 투항하게 된 내막까지 이야기했을 때, 그의 이야기를 옆에서 듣던 알도나(Aldona) 공주가 그의 이야기에 반해 그와 사랑을 나누게 되는 것으로 처리해 놓은 것이다.[22] 또한 독일 기사단의 총사령관 빈리히의 시종이었던 리투아니아 출신의 젊은 청년 알프는 작품에서 독일 기사단에 끌려온 어린 발렌로드의 모티프로 활용되고 있다. 작품에서 빈리히의 보살핌 속에 자라난 발렌로드가 기독교로 개종하게 되자 이름을 '발터 알프'로 개명한다.[23] 여기서 '발터 알프'란 이름은 실존 인물인 발터 폰 스타디온과 알프의 이름을 각각 일부 빌려 합성한 것이다. 이렇게 본다면 『콘라드 발렌로드』는 실존인물이었던 발렌로드와 알프, 그리고 발터 폰 스타디온에 관한 소략한 삶의 행적을 역사에서 가져다가 아담 미츠키에비치가 마치 발렌로드라는 한 사람의 생애인 양 재구성하고 새롭게 재해석하여 창작해 낸 작품이라 할 수 있다. 역사 기록에 의문으로 남겨져 있는 부분을 작가가 상상력을 발휘하여 목적성을 가지고 새롭게 창안해 낸 것이다.

실제 서술에 있어서 『콘라드 발렌로드』는 사실적 묘사에 충실하다. 그러나 작품 내 화자가 따로 있어 마치 이야기를 들려주는 식으로 서술되고 있다. 그 과정에서 비밀스럽고 감정적인 분위기를 자아내기 위해 대상이나 사건을 간접적으로 제시해 놓고 있다.

> 기사단은 리투아니아 쪽으로 나아갔네. 그런데 거기서 무슨 일이 일어났던가?
> 만약 여러분이 궁금하다면 협곡에서 내려다볼지니.
> 날이 저물 무렵 리투아니아 쪽을 쳐다보노라면,
> 하늘 끝에서 무엇인가 피로 물든 강물과 화염에 휩싸여 붉게 물든 광경을 목도할 수 있으리니.
> 학살, 약탈, 화재, 이는 어리석은 군중들이 즐거워하며
> 쉽게 떠벌리는 침략전쟁 이야기가 아닌가?
> 하지만 겁에 질린 현인(賢人)은

신을 향해 복수를 외쳐대던 음성의 의미를 알고 있었다네.

바람은 불길을 걷잡을 수 없이 퍼뜨리고 있고
기사들은 리투아니아 중심부 깊숙이 나아갔네.
코브노(Kowno)와 빌르노(Wilno)가 포위되었다는 소리가 들려오네.
마침내 모든 것이 끝났다는 소문이 들려오네.

근방에 타올랐던 화염은 이제 보이지 않게 되었지만, 하늘은 여전히 붉게 물들어 있다네.[24)]

독일 기사단과 리투아니아 군대와의 전투 장면을 서술한 부분이다. 서술 자체가 마치 사건의 경과를 간략히 요약하여 보고하거나 독자에게 들려주는 식으로 되어 있다. 그것은 대상 세계를 총체적이고 사실적으로 '묘사'(보여주기)하는 것보다 '서술'(말하기)하는 것에 중점을 두고 있기 때문이다. 작품 중간에 소설에서 발견되는 소위 '서술자의 논평'이라 할 만한 부분이 드러나 있다. "만약 여러분이 궁금하다면"과 같이 작품 중간에 서술자(또는 작가)가 따로 목소리를 냄으로써 서술시점과 서술대상으로서의 세계를 분리시켜 독자들로 하여금 이 이야기가 역사적이고 사실적이라는 점을 믿게 하려는 의도를 담고 있다. 물론 이런 작가의 개입이 과다하게 나타나면 작품의 리얼리티를 약화시키거나 훼손시킬 수도 있겠으나, 『콘라드 발렌로드』에서는 이러한 작가의 개입이 적절히 이루어지고 있다. 사실적으로 세계와 대상을 묘사하고 서술해 나가면서도, 다른 한편으로 향유방식 면에서 낭독과 청자의 반응을 고려하여 사건이 갖는 주정적 분위기와 화자의 감정 표출을 위한 문체 사용에 신경을 쓰고 있다.

이에 비해 『아이반호』에서는 세계와 대상에 대한 사실적 묘사와 객관적인 장면 제시가 두드러진다.

"오오 큰일 났네요! 프롱 드 부우프와 흑기사가 돌파구에서 일대일로 접전 중이에요. 그 옆에서 양편 부하 둘씩이 그것을 둘러싸고 진행을 보고 있습니다. 하나님, 제발 이 눌린 자와 포로에게 한 편이 되어주시옵소서!" 그러다 큰 소리로 비명을 질렀다. "쓰러졌어요! 쓰러졌어요!" "누가 쓰러졌다고?" 아이반호도 큰 소리로 소리친다. "도대체 어느 쪽이냔 말이야?" "흑기사 쪽이" 힘없는 대답이었다. 다음 곧 또 다시 기쁘고 흥분한 소리로 말했다. "아니에요, 아니에요. 아휴, 고마워라! 그분은 일어났습니다. 그리고 한 팔로 스무 사람 몫의 싸움을 하고 있습니다. 이크, 칼이 부러졌네요. 향사 하나에게서 도끼를 휙 빼앗았습니다. 프롱 드 부우프를 때리고 또 때립니다. 저 덩치 큰 사나이는 나무꾼 도끼에 쓰러지는 떡갈나무 모양으로 앞으로 몸을 구부리고는 비틀거리고 있습니다."[25)]

인용문은 작품 후반부에 나타나는 민중봉기의 한 장면이다. 성 꼭대기 탑에 갇혀 있던 레베카가 부상당한 아이반호에게 바깥에서 벌어지고 있는, 흑기사로 변장한 리처드 왕과 성주 프롱 드 부우프와의 전투 장면을 생생히 들려주고 있다. 그런데 장면 묘사가 매우 사실적이면서 극적으로, 그것도 흥미진진하게 나타나 있다. 묘사와 대화를 적절히 사용하여 대상의 객관적인 제시에 주목하고 있는 것이다. 단조로운 서술이 서사의 주를 이루던 전대의 글쓰기 방식에서 벗어나 묘사와 대화까지 한껏 활용하고 있음을 알 수 있다. 그러나 묘사와 대화가 종종 삽입됨으로써 역사소설로서의 사실적 재현이 풍성해졌다고 해서 등장인물에게서 일정한 역사의식 또는 역사에 대한 문제의식까지 담아내고 있는 것은 아니다. 스콧 연구가인 게리 켈리(Gary Kelly) 역시 『아이반호』를 비롯해 스콧의 역사 소설에 등장하는 주인공들에게 철저한 역사의식이 결여되어 있다고 지적한 바 있다.[26)]

한편, 하트(Francis R. Hart)는 『아이반호』의 3분의 1 부분에 등장하는 마상시합의 끝 부분 서술에서 서술자의 날카롭고 반어적인 요약 논평을 주목한 바 있다.[27] 이와 같은 서술자의 논평은 이미 『콘라드 발렌로드』에서도 나타나고 있음을 확인한 바 있다. 『아이반호』에서 이러한 예는 쉽게 찾아볼 수 있다.

> 1 독자들은 마상 시합의 승부가 무명의 기사—더군다나 그날의 처음 무렵 이쪽에서 적극성을 띠지 않고, 무관심한 행동을 했기 때문에 관중들로부터 '검은 게으름뱅이' 라는 별명을 듣는 이 무명의 기사—의 활동으로 결정되었다는 것을 아직 잊어버릴 수는 없었으리라.[28]

> 2 그러나, 오오! 우리는 픽션으로도 그 시대 공포와 전율의 어두운 실재에 도달할 수 없다는 사실을 증명하기 위해서는, 근면한 헨리(Henry)가 동시대 역사가들에게서 모은 수많은 이야기 중 일부를 여기 인용하지 않으면 안 되겠다.[29]

1은 마상시합 도중에 정체 모를 흑기사가 나타나 위험에 처한 아이반호를 도와준 이전 사건을 독자들에게 떠올리도록 하는 서술부분이다. 작가가 독자들에게 사건 전개 과정을 이해하기 쉽도록 직접 대면하여 들려주는 식으로 써 나가고 있다. 마치 해설자가 따로 있어 낭독을 하거나, 사소한 것까지 시시콜콜하게 이야기함으로써 사건의 현장감을 높여 주고 독자들이 쉽게 이해할 수 있도록 도와주려는 것 같다. 이러한 예는 다른 곳에서도 쉽게 발견된다.

2는 노르만 기사인 드 브라시가 로웨나 공주를 설득하여 자기의 여자로 만들고자 하다가 실패하는 이야기를 서술한 후에 나타난다. 여기서 작가는 노르만 기사가 자기 뜻대로 한 여자를 취하려는 횡포가 법을 무시하고 인간의 도리를 저버린 것으로 실제 역사가의 기록에 그런 예가 잘 드러난다고 설명하고 있다. 다시 말해, 독자들이 소설이 허구로 쓰인 문학 갈래이기에 작품의 내용을 믿지 못할지 모른다는 노파심 때문에, 작가 자신이 이 이야기를 허구로 꾸며낸 것이 아니라 정직한 역사가인 헨리가 쓴 역사 기록[30]에 근거한 것이라고 해명하고 있는 것이다. 역사적 진실과 사실성을 강조하기 위해 작가가 직접 나서서 변론을 하고 있는 셈이다. 이러한 작가의 개입 내지 서술자의 논평은『아이반호』에서 너무 작위적이다 싶을 정도로 자주 나타나고 있다.

이처럼 작품에 개입하는 전지적 작가의 목소리는 유독 스콧만이 아니라 영국 빅토리아 시대의 소설가들이 즐겨 사용하던 서술양식의 하나였다.[31] 그리고 한국의 고소설, 즉 전계(傳系) 소설이나 전기(傳記)소설에서도 이러한 편집자적 논평은 양식적 특성으로 나타나고 있다.[32] 이는 신소설이나 채만식 소설에서도 나타난다. 그러나 이러한 작가의 개입은 서사문학의 예술적인 효과를 약화시키는 것이 아니다. 오히려 구비문학적 성격을 살려 주제의 깊이를 확보하는 작용을 하기도 하며, 사실을 제시하여 역사서사문학의 기능을 뚜렷이 드러내는 구실을 하기도 한다. 사실을 허구로 인식하게 만든다고 본 서사문학에 대한 통념을 뒤집어 허구를 다시 사실로 보도록 하는 역할을 하기도 한다.

더욱이 작가의 개입 또는 서술자의 논평 양식은 사실성과 허구성의 관계에 주목하는 역사영웅서사문학의 성격을 보다 효과적으로 드러내는 서사장치로서 요긴하게 사용될 수 있다. 그러나 작가의 개입이 너무 빈번하게 나타나거나 장황한 설명으로 이루어진다면 작위적인 전개와 결말이라는 인상을 주기 쉽다. 작가의 개입이 적절히 절제되어야 할 필요가 여기에 있다.

이에 반해, 희곡을 비롯한 인형극은 작가의 개입이 일어날 수 없는 객관적인 서사문학이다. 행동을 보여주는 서사문학이기에 무대적 상상력으로써 되살아난 인물들이 행동으로 갈등을 일으키고 이야기를 이끌어 간다. 따라서 『고쿠센야캇센』에서 작가의 개입은 보이지 않는다. 그러나 『임경업전』, 『콘라드 발렌로드』, 『아이반호』에서는 공통적으로 작가의 개입이 이루어지며, 그로 말미암아 역사적 사실 또는 리얼리티를 강조하고자 하는 의도적 · 기능적 성격이 잘 드러나고 있다. 이것을 화자와 서술자의 미분화 형태로 보고 사실성을 오히려 훼손한다고 볼 경우, 서양의 역사소설 또한 비사실적 작품의 존재를 인정해야 할 것이다. 서술양식에서의 사실성과 비사실성의 문제가 서사문학에서의 진실 추구 문제와는 구별되어야 한다. 적어도 본고의 네 작품은 서사 기법 면에서 작가의 개입을 통해 사실성과 비사실성을 드러내는 정도의 차이는 있을 수 있지만, 그렇다고 해서 그것이 작품의 결격 사유가 되지는 않는다. 오히려 진실을 확보하고 보여주기 위한 기능적 측면을 충분히 고려하고 있다고 말할 수 있다.

현진건은 역사소설을 창작하는 문제와 관련하여 자신의 견해를 피력한 바 있다. 거기서 그는 역사소설에서 취하는 소재가 과거이기 때문에 비현실적인 것이 아니라 오히려 현재에 부재하는 진실성을 보여줄 수 있기 때문에 과거가 더욱 현실적일 수 있음을 주장하고 있다.

> 史實을 위한 소설이 아니요 소설을 위한 사실인 이상, 창작가는 제2의 경우를 더욱 중시해야 될 줄 믿습니다. 이미 주제를 작정한 다음에야 그 소재를 취하는데 현재와 과거를 가릴 필요가 없는 줄 압니다. 작품상에는 현재라고 더 현실적이요 과거라고 비현실적이란 관념은 도무지 성립이 되지 않는 줄 믿습니다. 더구나 제2의 경우에는 그 과거가 현재에 가지지 못한, 구하지 못한 진실성을 띠었기 때문에 더욱 현실적이라 믿습니다. 현재의 사실에서 취재한 것보담 맥이 뛰고 피가 흐르는 현실감을 줄 수 있다고 믿습니다. 주어야 될 줄 믿습니다. 이렇게 된다면 비현실적이라는 둥 하는 비난의 화살은 저절로 그 과녁을 잃을

것입니다.[33)]

여기서 주목할 만한 것은 과거의 이야기가 '현재의 사실에서 취재한 것보다 맥이 뛰고 피가 흐르는 현실감을 줄 수 있다' 라는 대목이다. 과거를 이야기하기 위해서는 기록을 참고하든, 전승되던 민간의 이야기를 참고하든, 직접 창작을 하든지 간에 상상의 소산으로 허구화시켜야만 하는데 상상으로 만들어낸 과거적 사실이 현재적 사실을 그대로 모방하거나 재현하는 것보다 더욱 극적인 현실감을 줄 수 있다고 본 것이다. 현재를 사실적으로 묘사하는 것 외에 역사를 상상으로 허구화하는 것이 오히려 현재에 없는 리얼리티를 보충하고 진실하게 느끼도록 만드는 좋은 방법이 될 수 있다고 본 것은 역사소설이 지닌 허구성과 비현실성을 적극적으로 옹호한 것이라 할 수 있다.

그렇다면 과거를 상상하여 역사적 진실을 말하고자 할 때, 중세로부터 근대 이전 시기까지 전쟁 소재 역사소설에서 특별히 환상적 요소가 두드러져 보이는 이유는 무엇인가? 기본적으로 우리의 인식세계에서 현실과 환상이란 일차적으로 인식방법론적인 측면에서의 차이이지 의미론적인 측면에서의 차이는 아니라는 점을 기억할 필요가 있다. 다시 말해, 근대 이전 역사영웅서사문학에서 등장하는 우연적 사건이나 환상적 요소는 비사실적 역사인식의 결과일 뿐, 거기에 가치판단과 우열의 논리가 작용할 수 있는 것이 아니라는 것이다. 리얼리티의 부재 내지 리얼리티 실현의 불철저함이 시대적 또는 작가의 한계로 지적될 것이 아니라, 주제 실현에 있어 주체와 세계를 바라보는 의식의 차이 내지 방법상의 차이로 평가되어야 할 성질의 것이다.

환상적 요소의 삽입은 억압과 예속에서 벗어나 행복을 누리려는 당대 사회구성원들의 염원과 시대의식이 작품 창작에 반영된 결과라 할 수 있다. 사회구성원들은 국난의 슬픔이나 신분제하에서의 구속과 설움을 잊기 위한 방편으로 현실적으로는 실현하기 어려운 자신들의 염원을 소박한 환상을 통해 해소시키고자 한 것이다. 또한 이 시기의 서사문학 창작에서 비판적 경향이 강화된 것과도 관련 지을 수 있다. 창작에서의 비판적 성향은 사실주의의 경우와는 다른 측면에서 환상적 요소를 강화시킨다고 말할 수 있다. 사실주의는 작가들이 당대의 불합리한 현실을 있는 그대로 진실하게 밝히려는 비판적 경향을 강화하는 과정에서 두드러지게 나타난다면, 환상성은 그러한 불합리한 현실과 대치되는 작가의 이상과 지향을 예술적으로 보여주려는 데 초점을 두고 나타난다고 볼 수 있다.

시대적 요청의 자연스런 결과, 현실 변화에 대한 다양한 인식과 자각이 환상적 서사기법과 사실적 서사기법을 통해 역사영웅서사문학 작품 속에서 적극 활용되고 있다고 할 것이다.

2. 등장인물의 최후 처리방식

1) 주인공의 생애 면

앞에서 이미 네 작품의 대략적 줄거리와 서사구조를 살펴보았다. 그런데 역사적 영웅을 주인공으로 삼고 있는 만큼, 서사적 결말은 주인공의 최후와 밀접한 관계하에서 처리되고 있음에 주목할 필요가 있다. 예컨대, 『임경업전』에서 주인공 임경업은 중국과 조선을 넘나들면서 여러 차례 뛰어난 능력을 발휘하여 나라에 큰 공을 세운다. 그러나 마지막에는 안타깝게도 간신 김자점에게 비참한 죽임을 당하고 만다. 그러나 서사의 결말은 주인공의 죽음과 동시에 끝나는 것이 아니다. 악인이 징치되고, 임경업의 분통한 죽음도 신원(伸冤)되고, 임경업의 아내는 열녀로 떠받들어지며, 자손들은 벼슬을 사양하고 평범하게 살아간다는 주인공 사후의 역사적 처리 문제까지 반영시켜 놓았다.

이에 비해 『고쿠센야캇센』에서 주인공인 고쿠센야의 삶은 역사적 모델인 정성공의 삶과 판이하게 다른 결말로 끝을 맺는다. 역사적으로 정성공은 명나라를 회복시키지 못한 채, 대만으로 건너가 그곳에서 급사하고 만다. 그러나 작품에서는 정성공이 중국과 세계를 평정하여 동아시아 질서를 회복시키는 인물로 묘사되고 있다.

『콘라드 발렌로드』는 과거와 현재를 넘나드는 서술방식을 취하고 있지만, 서사의 결말은 발렌로드의 죽음 장면으로 집중된다. 역사적 인물의 죽음이 사실 그대로 반영되어 있다. 예정된 주인공의 죽음이 성취됨으로써 마침내 예언이 실현되고 그 죽음의 의미가 끝나지 않은 이야기처럼 강한 여운을 남기면서 새로운 시작을 암시하는 듯 처리된다. 곧 주인공의 죽음을 통해 서사적 결말이 민족혼의 부활에 있다는 사실을 역설적으로 보여주고 있다.

한편, 『아이반호』에서는 주인공을 비롯한 선인의 승리를 확실하게 보여주고 있다. 색슨 민족과 노르만 민족, 선량한 민중과 부패한 상층, 선인과 악인의 대결이 작품 내내 주요한 갈등으로 작용하다가 마지막 부분에 이르러 권선징악적 결말로 끝나는 서사구조를 갖는다. 행복한 결말의 전형이라 할 것이다.

그렇다면 네 편의 역사영웅서사문학 작품에서 역사와 유 · 무관하게 결말을 이끌어 내는 내적 요인은 무엇인가? 각 작품의 결말 부분부터 직접 확인해 보도록 하자.

③ ᄌᆞ졈이 갓치 이라 나오다가 경업의 나오물 보고 무ᄉᆞ를 분부ᄒᆞ여 치라 ᄒᆞ니, 무ᄉᆞ들이 경업을 무슈난타ᄒᆞ여 거의 죽게 되ᄆᆡ 젼옥에 가도고 ᄌᆞ졈은 금부로 가니라.... 경업이 난쟝을 맛고 옥즁에 갓쳣다가 이날 밤 삼경에 죨ᄒᆞ니, 시년이 ᄉᆞ십뉵세오 긔츅 구월 이십뉵일이라.... 이젹에 경업의 동ᄉᆡᆼ과 ᄌᆞ숀 등이 그 부형의 ᄒᆡᆼ젹을 ᄃᆡ강 긔록ᄒᆞ여 세상에 젼ᄒᆞ고 공명에 ᄯᅳᆺ이 업셔 숑님간에 드러 농업을 힘ᄡᅧ 세샹을 이졋더라.[34]

④ 고쿠센야: "리 도우텐(李蹈天)은 8가지 대죄, 5가지 비인간적 행위, 그리고 열 가지 범죄 등 모든 죄를 저지른 장본인이다. 불만의 여지를 없애기 위해 나 고쿠센야(國性爺)가 직접 그의 목을 베리라. 너희 둘은 그의 팔을 붙잡아라."

해설자: 리 도우텐을 둘러싸고 선 그들이 한꺼번에 다같이 커다란 소리를 지르자, 그의 머리와 팔이 떨어져 나갔다. 그들은 에이랴쿠(永曆) 황제가 영원토록 제국을 다스리기를 기원한다. 국가의 안녕도 대일본국의 군주가 계속 잇기를 기원한다. 신덕(神德) · 무덕(武德) · 성덕(聖德)으로 가득차고 영원토록 국가와 백성이 번창하는 은혜가 있기를 기원한다.[35]

⑤ 그 순간 성벽을 뚫고 / 갑작스런 외마디 음성이 강하고, 길게 들리는 듯하더니 이내 끊어졌네. / 당신들 중 누군가는 가슴으로 알아차렸을 것이다. / 그리고 누군가 이 이야기를 듣는다면, 추측할 수 있으리니 / 그런 음성을 가슴에서 / 이제 더 이상 들을 수 없을 것이라는 사실을.... 나의 이 노래는 알도나의 운명에 대한 것이라네. / 그녀가 하늘에서 천사들의 하모니(노래)를 들을 수 있게 하시오. / 당신의 영혼 안에서 노래하고 있을 이 노랫소리를 들어보시오.[36]

⑥ 아이반호는 리처드 왕을 섬겨 공명을 세웠다. 그리고 더욱 더 왕의 총애를 받았다. 아이반호는 리처드 왕을 섬겨 자신을 드높일 수 있었다. 리모쥬(Limoges) 근처에 있는 샤류즈(Chaluz) 성 밖에서 영웅 사자왕이 갑작스럽게 죽지만 않았더라면, 아이반호의 명성은 훨씬 더 높아

졌을지 모른다.... 이 왕이야말로 존슨(Johnson)이 스웨덴의 찰스(Charles) 왕을 위해 쓴 시에서 사소한 부분을 바꾸면 그대로 들어맞을 것이다. ―그의 운명은 다른 나라 해안가, 조그만 요새, 그리고 투박한 손에 쓰러지게 운명 지워졌네. 그는 한번 들으면 세상이 창백해지고, 교훈을 주기고 하고, 전설이 되기도 하는 이름을 남겼네.[37)]

『임경업전』의 작자가 소설이라는 문학 갈래가 갖는 허구적 성격을 십분 활용하려 했다면, 실제 작품 내용과는 달리 악인인 김자점을 처치하고 주인공이 극적으로 다시 구출되는 결말구조로 바꿔 놓을 수도 있었을 것이다. 그러나 작가는 그의 죽음을 사실대로 비극적으로 처리해 놓았다. 조선후기에 등장한 다른 역사소설 중에서도 이야기의 결말을 비극적으로 그린 것이 여럿 있다. 이순신, 곽재우, 배시황과 같은 인물들도 임경업처럼 애국심과 뛰어난 무술과 덕을 갖춘 영웅으로서 반동 세력을 물리치고 질서를 회복시키고자 노력하지만 개인적 가치와 행복을 얻지 못한 채 생을 마감함으로써 역설적으로 비극적 이미지를 강하게 남기고 있다. 주인공이 가진 능력은 비범한 것이지만 현실에서 적대 세력의 힘이 훨씬 더 강했기 때문에 이와의 대결에서 대부분 비장한 패배 내지 억울한 죽임을 당하고 마는 것이다.

이처럼 선한 자아와 선한 세계가 악한 자아와 악한 세계와 대결하여 패배함으로써 일어나는 불행을 결말로 갖는 작품에서는 주인공이 악한 세계에서 비극적 최후를 맞이할 수밖에 없는 상황에 초점이 맞춰지며 서술된다. 일반 독자라면 무수하게 얻어맞고 옥에 갇혔다가 그날 밤에 난장의 아픔을 끝내 견디지 못하고 쓸쓸히 죽어갔을 임경업의 최후를 떠올리면 분노와 정의감이 일지 않을 수 없을 것이다. 이렇듯 『임경업전』에서의 비극적 결말 구조는 당대 역사 현실의 부도덕과 부조리를 폭로하며 주인공의 죽음에 대한 안타까움을 극대화하기에 매우 효과적이다. 이는 주인공의 죽음이나 희생을 역사적 사실 그대로 드러낼 때 효과가 있다고 믿는 작자 내지 집단의 바람이 반영되어 있는 것이다. 정의와 애국심이 승리해야 된다는 당위성과 교화적 이데올로기를 역설적으로 표출시키기에 용이하다.

이러한 요소는 『콘라드 발렌로드』에서도 비슷하게 나타난다. 조국 리투아니아를 위기에서 구하기 위해서는 발렌로드처럼 죽음을 운명처럼 여기고 자신을 희생할 수 있는 영웅적 인물이 필요했다. 작품의 결말을 주인공의 비극적 죽음으로 처리할 때 극적 격정과 비장미는 물론, 독립에 대한 의지와 희망까지 유발시킬 수 있기 때문이다. 더구나 5에서 확인할 수 있듯이 발렌로드와 함께 그의 아내 알도나도 같은 시간에 죽음을 택함으로써 이들 두 남녀 주인공의 죽음이 민족애의 실천일 뿐만 아니라 개인적 사랑의 완성임을 보여주어 이 세상에서 이보다 더 가치 있는 것은 없다는 메시지를 강하게 전달하고 있다. 이런 결말구조는 작가 자신의 역사의식 내지 가치관으로 볼 때 주인공의 비극적 삶이 문제가 있다고 보고 부정한 세계의 현실을 폭로하기 위한 의도가 강할 때 만들어진다고 할 수 있다. 아울러 독자로 하여금 현실세계에 대한 문제의식을 넓혀 변화하는 역사를 새롭게 자각하게 만들려는 의도가 있을 때 설정 가능하다.

이에 반해 『고쿠센야캇센』에서는 역사적 사실과는 완전히 다른 결말을 만들어 놓았다. 앞서 말했듯이, 명나라 재건에 고군분투했으나 실패한 후 대만에 건너가 후일을 도모하다가 급사한 정성공이 『고쿠센야캇센』에서는 동아시아의 질서를 회복하고 중국을 구하는 세계적 영웅으로 그려지고 있는 것이다. 그렇다면 역사를 표방하고 역사적 인물을 소재로 한 작품에서 역사와는 완전히 어긋나는 허구를 창작하면서도 그것이 역사적 진실성을 보여줄 수 있다고 믿을 수 있었던 근거는 무엇인가? 다행스럽게도 지카마쓰가 쓴 글 중에 작가의 창작의도가 무엇인지 살펴볼 수 있는 글이 있어 이해의 단서를 제공해 준다. 지카마쓰의 의도된 허구가 그 나름대로 사실-허구의 관계에 대한 확고한 신념에서 비롯된 것임을 우리에게 보여준다.

> 지카마쓰[近松]가 대답했다. "그 이론 또한 그럴듯하지만, 그것은 예술이라고 하는 것의 진실한 생활태도를 고려하지 않은 이론이다. 예술이라고 하는 것은 사실과 허구라는 미묘한 간극[皮膜] 사이에 있는 것이다. 사실주의 관점에서 볼 때 동작이나 말을 사실 그대로 모방해 작품에 쓰는 것이 사실적이라 하겠지만, 그 경우 연극에서는 배우 얼굴에 화장하는 것으로 사실성을 나타내야만 한다. 그러나 사실은 배우 얼굴에 화장을 하지 않는 것이 진짜 사실인 것이다.... 허구적으로 해서 허구가 아니며, 사실적으로 해서 사실이 아닌 것, 이 사이에 있는 것이 공연 예술[物]이다."[38]

윗글대로라면, 지카마쓰는 '사실적이나 사실적이지 않은 것', 곧 현실과 그 현실을 모방 또는 표출하는 예술세계의 비현실을, 분리가 아닌 넘나듦 내지 조화의 차원에서 이해하고 있음을 알 수 있다. 사실주의 기법으로 창작해 낸 언어예술 자체가 사실이면서 허구가 될 수 있다는 생각을 분명히 의식하고 있었다고 할 수 있다. 예술이란 사실을 비사실적인 것으로, 비사실을 사실적인 것으로 의도적으로 바꿈으로써 얻을 수 있는 효과에 더 큰 관심을 갖는 속성이 있음을 간파한 것이다. 이는 그가 역사적 사실 자체보다는 좋은 연극 대본을 쓰는 일에 가장 큰 비중을 두고 있었다는 점, 그리하여 독자나 청중들이 관심 가질 만한 부분을 임의로 취사선택하여 재구성하고자 한 것과도 연결된다.

그 결과, 극적 긴장과 흥미를 제공하기 위해서는 고쿠센야의 출생부터 죽음까지 전 생애를 길게 다루기보다는 일본인들이 관심을 가질 만한 부분, 곧 중국행 결심부터 중국에서의 활약, 그리고 남경 전투 장면까지만 한정하여 다루는 것이 불가피했다. 남경 전투로 끝나는 이야기에서 고쿠센야가 장렬하게 전사하는 비극으로 처리될 경우, 이는 일본인 관중의 정서와 욕구에 전혀 부합하지 않는다고 본 것이다. 한 일본인 영웅이 중국에 건너가 명나라 재건 운동을 벌였다는 역사적 사실을 아는 일본인들에게 고쿠센야는 살아있는 영웅이나 마찬가지다. 그러므로 일본인에게 큰 감동과 흥미를 제공하기 위해서는 역사와는 달리 남경 전투의 결과를 승리로 바꿔 놓는 것이 불가피했던 것이다. 사실과 비사실 사이의 문학적 변용과 그 의미를 이미 간파한 지카마쓰의 예술관이 그대로 반영되어 있는 것이다.

그런데 이런 결말 구조는 지카마쓰의 개인적 예술관뿐만 아니라 일본인의 보편적 사고방식과도 관련이 있다. 일본인은 보편적인 이치 내지 도리를 개별적이고 특수한 상을 통해 이해하려는 경향이 강하다.[39] 이는 반드시 모든 나라에 통하는 보편적 이치나 도리가 아니고, 일본에 한해서 이야기될 수 있는 역사적 사유방식이다. 즉 '지금 세상에서, 그것도 일본에서 이루어져야만 한다' 는 사고방식에 의해 세계를 제시하는 데 관심이 많았던 것이다. 이러한 사유의 결과가 '진실' 이라 믿었기 때문에 일본인은 진실한 현실을 구현하기 위해서 '지금 세상' 이라는 시간적 규정과 함께 '일본에서' 라는 공간적 규정을 특별히 강조하지 않을 수 없었다. '역사적으로 제한된 현재의 일본' 이라는 관점에 서서 모든 사상에 대한 가치 평가를 하려는 일본인의 독특한 사유방법이 바로 『고쿠센야캇센』과 같은 서사적 결말방식을 차용할 수 있게 만든 것이다. 실제 역사에서는 패배하고 멸망했으나 명분이나 의식상으로는 그 사실을 인정하지 않으려 한 정신이 중요하게 작용하고 있었기 때문이었다.

창작 당시 국내 및 국외 상황이 어떠한가 하는 현실적 문제 또한 사회적 거울처럼 역사영웅서사문학 작품에 반영될 수 있다. 과거의 특정 역사를 감계(鑑戒)의 대상으로 삼는 사회적 분위기에서 창작된 작품에서는 비참한 최후를 맞는 영웅의 이야기가 당연할 수 있다. 이 경우 영웅의 죽음은 극적 비장미를 조장시킬 뿐만 아니라, 애국애족 의식까지 고취시킬 수 있다. 반면에 사회가 미래에 대한 기대와 희망이 클 경우, 역사적 인물의 최후나 사건의 진실 여부는 그다지 중요하지 않다. 사실보다 허구의 영역이 더 크게 나타날 수 있다. 즉 보편성을 보여주기보다 특수성에 더 큰 의미를 부여하여 역사적 사실의 변개를 추구하고자 한다. 『임경업전』이나 『콘라드 발렌로드』가 전자에 해당한다면, 『고쿠센야캇센』과 『아이반호』는 후자에 해당한다.

전자의 경우, 엄청난 전란의 충격 속에서 현실적 아픔을 치유하고 감당해야 하는 조선에서 임경업의 죽음과 서사적 결말의 관계는 슬픔과 함께 극복의 의지가 동반될 필요가 있었다. 또한 나라를 잃고 독립 의지를 고취할 필요가 있는 폴란드에서도 발렌로드의 예정된, 안타까운 죽음을 서사의 결말에 놓음으로써 다시 민족혼을 일깨우고 미래의 독립을 소망하게 만드는 기제로 활용할 수 있었다. 특히 주인공의 생애를 역사기록에 충실히 재구성하고자 할 경우, 단순히 역사서가 아니라 역사서사문학이라는 장르적 특성을 십분 활용해 영웅의 삶 자체와 그의 죽음을 독자들과 그 시대의 민족구성원 전체에게 다분히 의미 있는 메시지로 전환코자 하는 의식이 작용하고 있음에 유의해야 한다. 또한 이 경우 서사적 결말은 자기 민족을 비롯한 다른 민족과 국가로까지 확대 · 적용시킬 수 있는 세계 보편적인 감정 내지 민족의식을 보여주기도 한다.

이에 비해 『고쿠센야캇센』과 『아이반호』는 남성 영웅의 영웅적 활약상을 보여주는 데 더 큰 의미를 두고자 했던 작품들이라 할 것이다. 영웅다움의 면모를 부각시키는 데 관심을 둘 경우 영웅의 최후를 심각하게 고민하는 것은 사건 전개상 어울리지 않는다. 고쿠센야가 신의 가호하에 역사적 사건을 해결하는 영웅으로서의 능력을 맘껏 발휘하고 있다면, 아이반호는 때로 부상을 당하고 성에 갇히기도 하지만, 뛰어난 기사로서 결정적 순간에 진정한 영웅다운 모습을 보여준다. 작가의 의식 속에 자신이 속한 민족과 그 미래에 대한 긍정적 시각을 견지하고 있을 경우에는 더더욱 그러하다. 『고쿠센야캇센』은 부정적인 역사를 긍정적으로 바꿔 놓은 경우인데, 중국을 비롯한 동아시아 국가들의 평화와 안정회복(오랑캐의 침입으로 흔들렸던 동아시아 기존 질서의 유지)을 일본인이 실현할 수 있다고 본 특수한 진실 추구의 사유방식이 강하게 작용한 결과다. 과거의 역사적 사실 자체가 중요한 것이 아니라 현재에 역사를 바라보는 인식 자체가 중요하기 때문에 일본적인 것으로 바꿔 놓고자 한 것이다. 특수한 민족의식의 표출에 더 많이 신경 쓰고자 한 것이다. 조금 심하게 말하면, 이미 작품 속에서 동아시아(중국, 조선, 일본 등)에 대한 일본의 패권주의 의식이 은연중에 표출되고 있다고 할 것이다.

『아이반호』의 행복한 결말도 역사와 역사적 영웅의 최후에 대한 당시 사람들의 민족적 소망이나 시대의식이 작가에게 영향을 미쳐 나타난 결과이다. 역사는 진보한다는 낙관론 속에서 대외적으로 색슨족의 우월 의식, 곧 색슨족이 중심이 되어 모순된 현실을 바로잡고 개혁해 나갈 수 있다는 민족적 자신감까지 강하게 깔려 있었기 때문이다. 국외적으로 영국 중심주의적 사고방식은 현재뿐만 아니라 과거 역사를 바라보고 해석하는 관점에서도 그대로 반영되어 역사영웅서사문학에서 인류 보편적 공통의식보다 영국적 감정과 민족성을 부각시키는 방향에서 결말지어지고 있는 것이다.

주인공들의 결말은 주어진 세계 또는 현실 질서에 반하는 투쟁을 통해 목적한 바를 성취하고자 하는 경우와 그렇지 않은 경우에 따라 확연히 달라지고 있다. 그러나 독자들은 주인공의 안타까운 최후나 비극적 패배를 통해 역사 및 현실에 대한 새로운 자각과 결심을 하게 되고, 주인공의 행복한 결말 과정을 지켜보며 인과응보의 역사의식 및 사회적 가치관을 재확인할 수 있게 된다. 독자들은 현실을 되돌아보고 미래를 소망하게 만드는 자극제로서 역사영웅서사문학 작품에 등장하는 주인공의 최후를 적극적으로 받아들여 자신들의 욕망과 감계의 대상으로 인식하게 되는 것이다.

2) 보조인물의 생애 면

네 작품에서 서사구조상 결말처리 문제는 보조적 인물들의 결말(죽음) 처리 방식과도 관련을 맺는다. 보조적 인물의 최후 또한 주인공의 결말 못지않게 중요한 역할을 감당하고 있기 때문이다. 물론 역사적 사건이나 인물을 소재로 한 역사서사문학에서는 작가의 역사적 보조 인물에 대한 비역사적(비사실적) 결말처리 의도가 완전히 자유로울 수만은 없다. 그러나 주인공만큼 역사적 사실과의 일치 여부에 크게 구속받을 필요가 없다. 역사적 사건과 인물을 통한 갈등 전개와 해소에 있어 주도적 위치에 있지 않기 때문에 역사영웅서사문학에서 보조적 인물은 오히려 사실성보다 허구성을 효과적으로 부각시킬 수 있는 인물로 활용될 여지가 많다. 사실과 허구의 관계를 어느 정도로 어떻게 처리하느냐 하는 문제에서 작가가 좀 더 자유롭게 역사와 인물의 관계를 해석하고 구성해 낼 수 있는 여지를 보조적 인물들을 통해 찾고자 하기 때문이다.

그렇다면 먼저 결말처리 문제와 관련하여 보조적 인물 중 죽음을 맞이하는 인물들을 생각해 보도록 하자. 등장인물과 죽음의 관계를 고려하고자 하는 이유는 역사서사문학 작품에서 죽음의 의미와 역할이 일반 서사문학에 비해 더욱 더 목적적이며 기능적으로 그려지고 있다고 판단되기 때문이다. 대개는 부정적 인물, 주인공과 적대적 인물들의 최후가 비극적으로 그려지고 있다.

이야기 도중에 죽음을 맞이하는 보조 인물로는 『임경업전』에서는 임경업의 아내와 간신 김자점, 세자, 독부 등을 들 수 있다. 그리고 『고쿠센야캇센』에서는 고쿠센야의 모친과 배다른 누이 긴쇼조, 청나라 황제와 황태후, 고 산케이와 리 도우텐 등을 꼽을 수 있다. 『콘라드 발렌로드』에서는 발렌로드의 아내 알도나가 대표적이라면, 『아이반호』에서는 성당기사 브리앙 드 부아 기르베르와 색슨 왕족의 일원인 아델스테인이 이에 해당한다.

그런데, 네 작품에서 보조인물 중에서도 부정적 인물들은 하나같이 비참한 최후를 맞이하거나 죄의 대가를 치르는 것으로 묘사되고 있다. 『임경업전』에서 김자점은 임경업의 자식들과 백성들에 의해 "비슈를 들여 ᄌᆞ점의 ᄇᆡ를 갈나 오쟝을 ᄡᅳᆫ코 간을 ᄂᆡ여 노코, 츙문지여 님공 영위에 고ᄒᆞ고 다시 칼를 들어 흉적을 점점이 점여 ᄡᅵ부며, 흉적의 나믄 시신을 쟝안 ᄇᆡᆨ셩 등이 점점이 점허고 ᄶᅡᆨ가 맛보며 ᄲᅧ를 돌노 즛마아"[40]질 정도로 흉측하게 죽임을 당한다. 쌓인 원한과 분노가 극에 달했기 때문에 비록 반인륜적인 응징일지라도 그것이 마땅하고 용납될 수 있다는 독자들의 심리마저 반영되어 있다고 할 것이다.

이 같은 사정은 『고쿠센야캇센』에서도 마찬가지다. 간신 리 도우텐은 고쿠센야의 칼에 의해 머리와 팔이 베여 죽임을 당한다. 그리고 탓탄국의 왕자인 바이로쿠가 이끄는 군대는 규센산[九仙山]에서 고 산케이 일행을 추적하다가 구름다리 위에서 바람이 불어 모두 땅으로 떨어져 두개골이 깨지고 부서져 죽고 만다. 또한, 바이로쿠 왕자는 고 산케이에게 붙잡혀 바둑판으로 두들겨 맞아 뇌와 두개골이 으스러진 채 죽임을 당한다. 적대적 인물의 최후가 묘사된 부분은 가히 끔찍하다 할 만큼 잔혹하고 비정상적인 서술로 일관되고 있다.

『콘라드 발렌로드』에서 이렇다 할 악인은 등장하지 않는다. 한때 비톨드가 조국 리투아니아를 배신하지만 늦게나마 뉘우치고 다시 조국을 위해 발렌로드와 함께 싸운다는 점에서 부정적 인물로 보기 어렵다. 오히려 일개 개인이 아닌 집단, 즉 독일 기사단이 부정적 존재로 그려지고 있다. 그런데 이렇듯 적대적 집단인 독일 기사단 역시 발렌로드의 음모하에 리투아니아 공격에 나섰다가 거의 전멸하고 만다는 점에서 앞의 두 작품에서처럼 그 최후가 비극적이라 할 것이다.

『아이반호』에서는 부정적 개인뿐 아니라 부정적 집단의 최후까지 둘 다 선명히 나타나 있다. 부와 권력, 그리고 여자를 탐하는 성당기사 브리앙 드 부아 기르베르가 아이반호와 두 차례 마상시합을 벌이고 종국에는 아이반호에게 죽임을 당하는 것이 악인의 최후라 할 것이다. 또한 부정적 인물이 어떤 점에서 악한가를 직접 드러내 보여줌으로써 독자들로 하여금 분명한 판단을 내릴 수 있게 해준다. 아래 인용한 부분에는 부정적 보조 인물들의 악한 음모와 야심이 직접적으로 드러나 있다.

> "왈데마르 경, 귀하는 그 존 왕자의 일을 하는 데 있어, 경 자신의 개인적 이익을 증진시키는 이외에 또 무슨 딴 이유가 있는 것 같은 말투인데, 핏쩌어즈경, 나도 경과는 서로 지기지간, 야망은 경이 추구하는 거고, 쾌락은 내가 바라는 것, 그건 모두가 우리들의 연령의 차이에 상응하는 거죠.... 왕자는 과단성 있는 국왕이 되기에는 너무나도 약하고, 너그러운 국왕이 되기에는 너무나도 횡포가 심하고, 인망 있는 국왕이 되기에는 너무나도 오만불손하거든요. 그리고 또 가장 보잘것 없는 국

왕으로서, 오랫동안 있기에도 변덕쟁이이고 담이 작소. 그러나 왕자는 핏쩌어즈 경과 드 브라시가 출세하고 번영하는 욕망을 이어주는 국왕이긴 하단 말이요. 그러니까 경은 정책을 가지고 왕자를 돕고, 나는 내 군대의 창기병을 가지고 돕는 거죠."[41]

위에서 확인할 수 있듯이 존 왕자의 신하인 핏쩌어즈 경과 기사 드 브라시는 속물근성이 강한 상층계급의 인물로 묘사되고 있다. 이들은 이기적 욕심이 강할 뿐만 아니라, 그 욕심을 채우기 위해 나약하고 포악하며 도량이 넓지 못한 왕을 이용하려는 음모를 꾸미고 있다. 악인의 속성이 작품 속 대화를 통해 간접적으로 드러나고 있는 셈이다. 이렇듯 작품에서 주인공을 중심으로 한 긍정적 인물들과 적대적 인물들이 서로 대립하고 갈등을 빚게 되는 이유를 악인의 악한 부분을 들어 직간접적으로 제시해 놓음으로써 죄의 응징을 당연한 것으로 받아들이게 만든다. 선악의 대립을 선명히 드러냄으로써 부정적 인물들의 집합, 곧 존 왕자를 비롯하여 부패한 노르만 세력에 저항하여 결국 승리를 하는 색슨인 귀족과 평민들의 활약상을 더욱 돋보이게 만들어 놓았다.

이처럼 악인 또는 부정적 집단의 최후는 네 작품에서 공통적으로 권선징악이라는 고전적 주제를 실현하고 있다. 여기서 한 가지 중요한 사실은 이러한 권선징악의 내용이 본 네 작품에서는 개인적 죄의 응징 차원보다는 그동안 쌓여 있던 사회구성원의 집단적 요구가 반영된 것으로 다분히 집단의 카타르시스적 성격마저 띠고 있다는 점이다. 즉, 당시 사회와 국가, 더 나아가 세계질서를 파괴하고 자기 이익만을 추구하고자 한 이들에 대해 집단의 공동선 추구라는 측면에서 다수의 깨어있는 의식으로 징벌하려고 한 변화된 시대의식을 담고 있다는 사실이다.

김자점에 대한 응징은 단순한 개인적 복수심 차원을 넘어 악에 대한 집단적 분풀이에 해당한다. 불의한 존 왕자나 노르만 귀족과 기사들에 대항하여 색슨인들이 봉기를 일으키는 것이나, 아이반호가 마상시합에서 브리앙 드 부아 기르베르를 쓰러뜨리는 것 또한 색슨족이 당당히 압제민족인 노르만족을 물리친 사실에 초점을 맞추고 있는 것이다. 독일 기사단이 참패하는 것도 폴란드 인이나 리투아니아인처럼 핍박받던 민족 구성원이라면 누구나 바라고 원하던 바가 아닐 수 없다. 또한 일본인이 오랑캐 족인 만주족을 물리친다는 이야기 설정 자체도 당시 일본인들이 갖고 있던 대륙진출 욕구와 이국에 대한 동경의식을 충분히 담아 낸 결과라 하겠다.

그렇다면 최후를 맞이하는 인물들 중에서 긍정적 보조 인물들은 어떻게 그려지고 있는가? 네 작품 중 『고쿠센야캇센』에서는 특별히 긍정적 보조 인물들의 죽음이 주인공 못지 않게 중요한 역할을 감당하고 있음이 잘 나타나 있다. 예를 들면, 고쿠센야의 모친과 이복누이인 긴쇼조가 죽음에 이르는 과정이 중요하게 다루어지고 있다. 이들은 모두 자결을 하고 마는데, 그 죽음 장면이 극적이고 구체적이다. 그런데 그들의 자결 이유는 간단하다. 뛰어난 영웅 고쿠센야와 그 집안의 명예를 더럽혀서는 안 된다는 의리 때문인 것이다. 이들은 엄밀한 의미에서 자결할 이유가 없는 결백한 인물들이었다. 더군다나 이들은 세계의 부당한 횡포에 맞서기 위해 죽음을 택한 것도 아니었다. 다만 자아의 내적 갈등을 거친 후 죽음이야말로 자신이 택할 수 있는 가장 순수하고 최선의 방법이라고 단정 짓고 이를 실행에 옮긴 것뿐이다. 이것은 자기희생을 통한 자기만족과 대의명분의 실현이라는 측면이 강하다. 의리를 지키고 죽는 것이야말로 인간이 추구할 수 있는 가장 훌륭한 가치라는 일본인의 사고방식이 등장인물의 죽음의 의미를 다른 나라의 작품에서 드러나는 죽음의 의미와 방식과는 다르게 만들고 있기 때문이다.

이상에서 살펴본 대로, 역사영웅서사문학에 등장하는 인물들은 역사적 실존인물일 경우 그 최후가 역사에서 자유로울 수 없음에도 불구하고 때때로 사실을 그대로 재현하지 않고 일탈하는 방식으로 그려지고 있다. 부정적 인물들은 공통적으로 악의 응징이라는 차원에서 결말이 처리되고 있다. 이는 통시대적으로 갖고 있는 보편타당한 도덕적인 관념을 충족시키고자 한 데 있다.

한편, 보조적 인물 중에는 여성이 다수 등장한다. 그런데 남성 영웅을 주인공으로 한 역사영웅서사문학 작품에서 여성 인물들이 차지하는 비중과 역할은 여성상의 단면을 엿볼 수 있는 좋은 자료가 된다. 일찍이 장덕순은 『임경업전』과 『박씨전』의 관계를 언급하면서, 두 작품 공히 병자호란을 중심소재로 삼아 국치적 항복에 대한 정신적 복수를 담은 소설이지만 『임경업전』은 남주인공을, 『박씨전』은 여주인공을 내세운 차이가 있다고 밝힌 바 있다. 실제로 『임경업전』에서 여성 등장인물은 극소수인데다 그 존재여부마저 잘 드러나지 않는다. 『임경업전』은 철저히 남성 주인공의 군담과 대의적 숭상을 드러내려는 의도가 강하기 때문에 결과적으로 남녀 간의 갈등이나 애정담은 끼어들 여지가 별반 없어 보인다.

그렇다면 이처럼 남성 영웅을 주인공으로 한 역사영웅서사문학에서 여성 등장인물의 서사상 역할이란 어떠한 의미를 지니고 있는 것일까? 예를 보면서 좀 더 구체적으로 살펴보자.

> 이후에 경업의 쳐 이씨 장군의 죽으믈 듯고 통곡 왈, "장군이 쳔죠에 명장이 되어스니 ᄂᆡ 엇지 녈녜 아니 되리오?" ᄒᆞ고 ᄌᆞ결ᄒᆞ엿거ᄂᆞᆯ, 샹이 드르시고 그 집에 졍문ᄒᆞ라 ᄒᆞ시고 달ᄂᆡ셔원에 녈녀비를 세우니라.[42]

『임경업전』에서 여성인물 중 그나마 비중 있는 인물을 든다면, 임경업의 부인인 이씨 부인을 꼽을 수 있다. 이씨 부인은 작품의 결미에 등장한다. 그것도 위에서 확인할 수 있듯이 남편 임경업의 죽음 소식을 들고 자결하는 대목에서 잠시 언급될 뿐이다. 여기서 이씨 부인이 자결하는 이유는 간단하다. 남편이 세상 사람들이 존경하는 명장이 되었지만, 안타깝게도 이 세상에 존재하지 않게 되었다. 지아비 없이 혼자 살 이유가 없다. 세상에 지아비의 명예를 더럽히지 않고 오히려 더 드높이는 방법이 있다면 그것은 열녀로 칭송받는 일뿐이다. 그래서 이씨 부인은 이러한 결심을 아무런 주저 없이 행동으로 옮긴 것이다. 여기서 이씨 부인의 자결은 죽음 자체가 지닌 숭고함보다는 남편 임경업을 위해 맹목적으로 죽고자 한 의도에 더 의미가 있다. 그것은 곧 여성의 죽음을 통해 남성 영웅의 죽음을 더 가치 있고 고귀한 것으로 만들 수 있다는 관습화된 의식의 결과다.

한국 문학에서 여성의 긍정적인 이미지가 '지아비에 대한 순종', '강하고 희생적인 어머니', '지극한 효녀' 등 대체로 소극적이거나 자기희생적인 것으로 나타나는 것은 국가적 차원에서 사회 교화와 윤리규범의 예로 적극 활용하기 위한 의도와 무관하지 않다. 역사적 영웅을 더욱 미화시키고 영웅의 가치를 더 숭고한 것으로 만들기 위해서 이름도 개성도 부여되지 않은 여성 등장인물의 충성과 희생은 필요불가분한 서술적 장치로 요청되고 있는 것이다.

『임경업전』에는 이씨 부인 외에 호왕의 딸인 숙모 공주가 등장한다. 임경업의 영웅적 면모에 감동한 호왕이 그를 붙잡아 두기 위한 방책으로 임경업을 부마로 삼으려고 자기 딸을 이용하고자 한 것이다. 그런데 이 일은 임경업의 무관심과 속임수로 말미암아 실현되지 못한다. 다만 "드러오ᄂᆞᆫ 거름은 ᄉᆞ직 모양이오, 나가ᄂᆞᆫ 거름은 범의 형용이니 직짓 영웅이로다"[43]라는 그녀의 감탄사를 빌려 독자들에게 임경업의 영웅성과 사람됨을 더욱 확증케 해주는 역할을 보여주고 있을 뿐이다. 즉, 숙모 공주는 순전히 임경업의 영웅다운 면모를 부각시키고 임경업의 고매한 인격을 드러내기 위한 소도구에 불과하다.

그러나 『고쿠센야캇센』에서의 여성 인물의 역할은 지대하고 긴요하기까지 하다. 기본적으로 등장하는 여성 보조인물들이 다양하고 그 수가 많다. 고무쓰[小睦], 긴쇼조[錦祥女], 가세이[華清] 부인, 센단 공주[栴檀皇女], 그리고 이름을 모르는 고쿠센야의 모친 등이 대표적이라 할 것이다. 이들 여성인물들 중에서도 긴쇼조는 가장 중요한 비중을 차지하고 있다.

> 그녀(=긴쇼조, 인용자 주)는 겉옷을 풀어헤치고는 단도로 자신을 찔러 가슴부터 간이 있는 부분까지 그어 내려갔다. 그녀의 의붓어머니는 흥건히 피로 뒤범벅이 된 그녀를 보자 그만 땅에 쓰러져 기절하고 말았다.... 긴쇼조는 고통스러워하며 남편 간키에게 말했다. "제가 지금 제 목숨을 붙잡고 있으면 중국에 불명예가 될 것입니다. 게다가 저는 제 부모와 형제에게 불명예의 멍에를 주고 싶지 않습니다. 이제 당신은 아무도 해칠 필요가 없으며 당신은 한 여자로 말미암아 결심이 섰다고 분명히 말할 수 있을 것입니다. 부디 제 부친과 동생과 협력하여 그들에게 당신의 힘을 보태어 주십시오. 협력하겠다는 말 외에 다른 말은 부친과 동생에게 일절 하지 말아 주십시오."[44]

이는 긴쇼조의 자결 장면이다. 중국에서 고쿠센야 일행이 간키 장군이 다스리는 성을 통과하려 할 때, 외국인 출입이 불허되자, 긴쇼조는 자신의 아버지와 이복 동생 고쿠센야가 무사히 그 성을 지나갈 수 있도록 남편을 설득하기로 약속한다. 긴쇼조는 이칸[一官]이 중국에서 낳은, 고쿠센야의 배다른 누이이자, 명나라 간키 장군의 아내였다. 그러나 탓탄국 왕의 총애를 받던 간키 장군은 적인 고쿠센야 일행의 통행을 허락하지 않는다. 그러자 남편 설득에 실패한 긴쇼조는 그 책임을 지고 남편과 의붓어머니가 보는 앞에서 칼로 자결을 한다. 마지막 유언에서 그녀가 남편의 마음을 되돌리기를 바라는 심정이 간절히 드러나 있다. 긴쇼조의 자살 후 결국 간키 장군은 자기 아내의 죽음의 의미를 깨닫고 고쿠센야 일행을 성 안으로 들여보내 고쿠센야와 형제의 의를 맺고 함께 탓탄국에 대항하는 중심인물이 된다.

여기서 긴쇼조의 죽음은 극적 비장미마저 불러일으킨다. 설득 실패에 대한 자책감은 성주(城主)인 남편과 가족에 대한 의리와 명예 유지라는 심리적 기제로 연결되어 죽음까지 자초하기에 이른다. 그러나 그녀의 죽음은 결과적으로 고쿠센야 일행이 성을 통과하여 남경을 향하게 되고, 간키 장군이라는 든든한 동료를 얻게 되는 계기가 된 것이다. 이런 점에서 가히 서사 전개의 촉매제 역할을 하고 있다. 고쿠센야의 영웅적 활약과 그 궁극적 성취를 드러내는 여러 과정 중 한 부분을 긴쇼조라는 여성이 톡톡히 감당하고 있는 것이다.

그러나, 『고쿠센야캇센』에서의 여성인물들도 궁극적으로는 임경업의 아내처럼 남성 주인공의 명예를 위해 기꺼이 자신의 목숨을 버리는 것이 여성의 최고 덕목이라는 관점하에서 형상화된 보조적 인물에 머물고 있다. 여성으로서의 개인적 삶이나 감정이 적극적으로 반영되어 있다거나 개성적 성격이 드러나 있지는 않다. 『임경업전』과 『고쿠센야캇센』에서 여성의 역할이란 모두 영웅적 남성이 추구하는 목적 달성을 위해, 남성의 명예와 성공을 위해 자신의 삶과 생명까지 기꺼이 바칠 수 있는 협력자 내지 보조자로서 인식되고 있다고 할 것이다.

두 작품에서 여성 등장인물들은 공통적으로 자아와 세계의 대결이 아닌 자아와 자아의 대결에서 자기 자신을 포기하고 자결하는 것으로 설정되어 있다. 그리고 이들이 겪는 갈등의 문제는 자아와 세계의 선악대립 상황에서 비롯된다기보다 남성 주인공의 출세양명과 명예를 위한 자아의 내적 번뇌에 있다고 하겠다. 그렇기 때문에 여성 등장인물들은 남성 주인공의 영웅성과 명예가 더럽혀지지 않도록 하며, 오히려 더 높이기 위해 자결이라는 방법을 통해 자아의 내적 갈등을 해결하려고 한다. 이처럼 여성인물들이 작품에서 구원받지 못하고 자결하는 것이 더 큰 가치가 있다고 여겨진 이유는 당시 조선과 일본에서 공통적으로 중시했던 '충의(忠義)'의 윤리적 관념 또는 신념이 크게 반영되었기 때문이다. 이는 여성의 생명이 남성에 종속되어 있다는 사회적 가치관이 자연스럽게 받아들여진 결과이기도 하다.

그렇다면, 유럽의 영웅서사문학에서는 여성 등장인물들을 어떻게 그리고 있는가? 『콘라드 발렌로드』에서는 발렌로드의 아내이자 리투아니아의 공주였던 알도나(Aldona)가 유일한 여성인물로 등장한다. 그런데 그녀의 작품 내 비중은 대단히 높고 중요하다. 늠름한 기사 발렌로드와 사랑에 빠진 알도나는 신혼 초기 리투아니아 왕궁에서 행복한 생활을 보낸다. 그러나 리투아니아에 대한 애국심과 자신의 운명에 대한 믿음이 확고한 발렌로드는 알도나를 남겨둔 채 대의를 위해 떠나가고 만다. 알도나는 자신의 의지와는 상관없이 남편 발렌로드의 일방적인 대의 실현을 위한 선택의 대가로 버려지고 만 것이나 다름 없다.

그런데 발렌로드가 오랜 유랑생활을 끝낸 후 마리엔부르크에 왔을 때 그곳 성탑에는 여예언자가 된 알도나가 은둔생활을 하고 있었다. 그것은 발렌로드가 떠나갈 때 알도나가 자기 남편이 운명처럼 감당해야 하는 배신의 현장에 자신도 함께 있겠다는 약속을 지키기 위함이었다. 알도나와 발렌로드는 재회를 하게 되고 매일 밤 두 사람은 성탑에서 많은 이야기를 나눈다. 발렌로드는 즉, 자신에게 주어진 운명적인 독일 기사단을 파멸로 이끄는 임무를 실천에 옮겨야 할 몸이었다. 그러나 아무리 용감한 장군이라 할지라도 자신의 목숨을 내맡겨야 하는 시간이 다가오면 마음이 나약해지는 법. 발렌로드는 급기야 알도나에게 리투아니아로 도망가 다시 새로운 삶을 살 것을 제안한다. 그러나 알도나는 이를 단호히 거절한다. 예전처럼 발렌로드에 매달리던 여인이 아니라, 이제는 자신의 삶을 스스로 결정한다는 자기 주관이 분명한 여성처럼 흔들리지 않고 발렌로드의 제안을 뿌리친다. 이는 발렌로드가 자신의 정체성을 깨닫고 자기가 감당해야 할 사명을 감당할 수 있도록 결심을 다잡게 해 주는 데 있어 매우 긴요한 기제로 작용하게 된다.

결국 발렌로드는 평생을 함께 한 할반과 함께 자기 방에서 최후를 맞이한다. 독일 기사단을 배신한 이가 바로 총사령관인 발렌로드였다는 사실을 알게 된 기사단의 군인들이 그를 잡으러 그의 방으로 쳐들어온다. 그리고 그는 독일 병사의 칼에 죽임을 당하고 만다. 그런데 발렌로드가 죽던 바로 그 순간, 알도나 또한 탑에서 떨어져 자살하고 만다. 발렌로드가 없는 이 세상에서 더 이상 자신이 존재할 이유가 없어진 것을 깨닫고, 영혼으로나마 저승에서 함께 있기를 바라는 마음에서 같은 시간에 죽음을 택한 것이다. 남편을 따라 기꺼이 죽음의 길을 택한 것이다.

이러한 그녀의 죽음을 통해 독자들은 알도나가 마리엔부르크에 와서 예언자 노릇을 하고 있었던 이유를 비로소 분명히 깨닫게 된다. 또한 독자들은 그녀가 발렌로드의 예언 성취를 미리 준비하고 있던 인물이었음을 확인하게 된다. 알도나가 예언자 행세를 하며 일찍이 마리엔부르크에 들어와 살게 된 것은 우연을 가장한 의도된 결과로,

알도나와 발렌로드가 재회의 기쁨을 나누는 도중 성탑에서 발렌로드의 이름을 부르던 예언자 알도나의 소리를, 마침 그곳을 지나가던 독일 기사단 장로들의 귀에 들리게 함으로써 장로들이 발렌로드를 신탁의 결과로 믿게끔 하고, 결국 발렌로드를 훗날 독일 기사단을 배신할 총사령관으로 선출하게 만드는 역할자 노릇을 보여주기 위함이었던 것이다. 이렇게 본다면, 알도나의 삶 전체는 남성 영웅 주인공인 발렌로드의 목적 성취를 위해 미리 길을 닦아 놓던 조력자의 삶이라 할 수 있다. 마치 성경에서 예수 그리스도의 오심을 준비하며 그 길을 예비했던 세례 요한에 비견된다고 할 것이다.

작품에서 3장과 6장 전체가 알도나와 발렌로드의 대화 장면으로 할애되어 있는 것도 알도나의 역할과 의미가 어떠한지 짐작케 해준다. 어떤 점에서 알도나를 여성 영웅으로서 인정하고 그녀의 위치를 비중 있게 다루고자 한 의도가 있는 것처럼 볼 수도 있을 것이다. 그러나 사실 이 두 연인 간의 대화 부분에서 알도나의 의중은 다른 부분에서보다 훨씬 더 조악하게 그려지고 있다.[45] 실제로 두 사람의 대화에서 작가가 서술해 놓고 있는 알도나의 생각 내지 감정이란 발렌로드의 이야기에 가려져 잘 드러나지 않기 때문이다.

이런 현상이 작가 미츠키에비치가 여성 영웅을 주인공으로 삼아 쓴 작품에서도 동일하게 나타난다는 점을 상기할 필요가 있을 듯하다. 미츠키에비치는 『콘라드 발렌로드』와 동일한 소재, 곧 14세기에 독일 기사단과 폴란드-리투아니아 연합군과의 전쟁사를 배경으로 한 영웅서사시 『그라지나(*Grażyna*)』(1823)[46]를 창작하기도 했다. 『그라지나』는 리투아니아의 왕자인 리타보르(Litawor)의 아내였던 그라지나(Grażyna)의 영웅적 행동과 그녀의 비극적 최후를 그린 작품이다. '리투아니아 전설(Powieść Litewska)' 이라는 부제가 붙어 있는 이 작품은 리투아니아어로 '우아한(gražùs)' 이라는 뜻을 가진 미모의 여인인 '그라지나(Grażyna)'가 남장(男裝)을 하고 남편 대신 전투에 나갔다가 죽임을 당하게 된다는 이야기가 중심을 이룬다.

그런데, 사건의 발단은 리투아니아의 왕자 '리타보르'가 자국 내 추악하고 탐욕스런 비톨드(Witold) 공작의 횡포를 막기 위해 잠시 적국인 독일 기사단의 힘을 빌리고자 계책을 세우는 데서 비롯된다. 리타보르는 독일 기사단을 책동하여 비톨드 공작이 이끄는 리투아니아 자국 군대와 싸우게끔 만드는 데 성공한다. 그러나 이런 내막을 전혀 몰랐던 그라지나는 용맹심과 애국심으로 가득 찬 여장부로서 조국 리투아니아를 전쟁의 위험에서 구하기 위해 항쟁의 선봉에 선다. 자신의 안전보다 민족의 운명을 중요하게 여긴 그라지나는 어느 날 밤 남편이 잠자는 틈을 이용하여 그의 갑옷을 입고 왕자로 변장한 후, 독일 기사들과 한판 승부를 벌이게 된다. 결국 리타보르가 의도한 바와는 달리, 전쟁은 그라지나가 이끄는 리투아니아 기사단의 승리로 끝나게 되지만, 그라지나는 그 전투에서 심한 상처를 입고 끝내 숨을 거두고 만다. 그라지나의 죽음을 알게 된 리타보르는 자신의 경솔한 행동을 후회하면서, 그 또한 그라지나의 시신이 불붙고 있는 장작더미 속으로 뛰어들어 자살하기에 이른다.

이상의 이야기에서, 주인공 그라지나는 여성으로서 그 영웅적 활약이 뛰어나고 자기 주관이 분명한 애국자로 그려진다. 마치 『박씨전』에서의 박씨 부인이나 국문 영웅소설에서의 남장한 여성 영웅의 모습을 방불케 한다. 그러나 사건전개 과정과 실제 서술 내용을 좀 더 자세히 살펴보면, 그라지나가 남장을 하고 싸움터에 나가게 되는 상황은 지극히 순간적이며 급작스런 결정에 의한 것이었음을 알 수 있다. 원로 림비드(Rymwid)를 통해 추후 계책을 세우기 위해 리타보르를 찾아온 독일 사절단을 해산시키는 것이 독일군에게 치명적 손실을 입힐 수 있다는 사실을 알게 된 그라지나는 잠시 당황한 얼굴

기색을 내보이지만, 마치 유죄 판결을 받은 듯 확고한 결심을 하고 남편이 자는 침실로 가 갑옷을 입고 그곳을 빠져나온다. 그것이 전부이다. 그 전후로 어떤 정신적 고민이나 찬반에 대한 갈등도 없이 순간적 영감에 의해 행동으로 옮긴 것이다. 즉흥적이며 순간적 깨달음에 의해 사건이 급전되고 있는 것이다. 그녀는 작품 전체에서 대사가 거의 없는데다 다른 남성 등장인물들과 분리된 채 자기 세계 안에서만 살고 있기 때문에 독자들이 온전히 그녀의 운명에 동정표를 던질 수도, 그녀의 생각이 어떠한 것이었는지도 파악하기 쉽지 않다. 그나마 남장을 하고 전투를 하러 나가는 장면이 그라지나의 여성 영웅다운 면모를 아쉬운 대로 보여주고 있는 부분이라 하겠다.

이처럼 여성을 주인공으로 한 『그라지나』에서도 여성이 작품 내에서 차지하는 위치나 비중은 그다지 높지 않다. 그라지나의 개성적이고 개인적인 성격이 전혀 드러나지 않는다. 이것은 미츠키에비치가 창작한 영웅서사문학 작품들이 대개 영웅적 애국주의를 주제로 내세우고 있으며, 작품들마다 배타적이라 할 만큼 남성 등장인물을 통해 주제를 형상화하려 하고 있다는 사실과 연결지어 볼 수 있다. 여성 등장인물들이 비록 열렬한 애국심을 갖고 있다 할지라도 그 가치는 남성 중심의 사회에서 부수적 역할 수행자로밖에 인식하지 못했던, 미츠키에비치의 작품이 갖는 시대적 한계를 보여주고 있는 셈이다.

『아이반호』에서는 중심인물로서 단연 레베카와 로웨나 공주를 들 수 있다. 두 여인은 남자 주인공인 아이반호와 삼각관계를 형성한다. 비록 레베카는 미모와 지성을 겸비하였지만, 사회적으로 천대받던 유대인 여자이다. 이에 반해 로웨나 공주는 색슨 왕족의 혈통을 이어받은 최상류층 미인이었다. 그러나 이 두 여인 중 작품에서 더욱 비중 있게 다루어지는 인물은 바로 유대인 여성인 레베카이다.

이 두 여성 주인공의 역할은 아이반호와의 관계 속에서 긴밀하게 드러난다. 레베카는 아이반호가 부상당했을 때 제일 가까이에서 헌신적인 간호를 한다. 그녀의 간호가 없었다면 아이반호는 아마 회생하지 못했을 것이다. 또한 레베카의 보살핌은 작품 후반부에서 레베카가 절대 절명의 위기에 처했을 때 아이반호가 그녀를 구하기 위한 결투를 벌이게 되는 복선이자 동인이 된다. 물론 그것은 사랑 때문이라기보다는 의리에 근거한 일종의 기사도 발휘, 그리고 인간적 양심에 기초한 인간애의 실천이라고 애써 의미를 축소시킬 수도 있을 것이다. 왜냐하면 작품에서 결국 아이반호와의 사랑을 이루는 주체는 레베카가 아닌 로웨나 공주로 설정되어 있기 때문이다. 주인공인 남성 영웅이 왕실의 여성과 결혼하는 것이 당연하다는 서사전개 논리가 작품 곳곳에 내재되어 있음을 간과해선 안 된다. 물론 작가가 이 둘의 사랑을 완결시키기 위해 그 이면에 레베카가 아이반호에 대한 마음을 접고 그의 행복을 위해 일부러 그의 곁을 떠나가도록 한 설정도 놓쳐서는 안 될 것이다. 그러나 분명한 것은 작품 속에 일관되게 흐르고 있는 기본적 서사 논리란 레베카의 일방적인 자기희생, 특히 신분사회에서 천시받던 유대인 여성의 포기야말로 남성 영웅 주인공의 출세와 성공을 보장하고, 색슨족 공주와의 결연을 당위 차원에서 이뤄낼 수 있다는 전제와 맞물려 있다는 점일 것이다.

한편, 『아이반호』에서 또 다른 여성 인물을 생각해 볼 수 있다. 바로 하녀 울리카(Ulica)이다. 노르만계 성주인 프롱 드 부우프(Front-de-Boeuf) 성에 살던 그녀는 성주의 만행에 저주를 퍼붓는다. 리처드 왕을 배반하고 존 왕자에 아부하던 프롱 드 부우프는 자신의 부친에 대항해 반역을 도모했을 뿐만 아니라 심지어 부친을 죽이기까지 한 위인이었다. 그런데 색슨인들이 프롱 드 부우프의 성을 쳐들어오자, 부우프의 됨됨이를 잘 알고 있던 울리카는 지금이 기회다 싶어 성

안에 불을 질러 버린다. 결국, 부우프는 성 안에서 동료들의 이름을 부르며 살려달라고 절규하면서 죽어간다. 작가는 이 부분을 비교적 길게 서술해 놓았다. 악인의 최후를 비참하게 묘사함으로써 죄의 대가를 분명하게 보여주려는 작가의 의식마저 엿보인다.

울리카는 성탑 위에서 물레질이나 하고 누구 하나 알아주지 않는 성 안에서 별다른 소망이나 기쁨 없이 살아가던 하녀였다. 다른 사람들과 다른 방식으로 삶을 살던 기인(奇人)이기도 했다. 그러나 오히려 그녀는 작품에 등장하는 여성들 중 가장 분명하고 자유롭게 자기 의사를 표현하고 행동한 인물이었다. 어떤 면에서는 남성 귀족의 횡포에 당당히 대항할 수 있었던 적극적인 여성의 면모를 보여준다고 할 수 있다. 소외된 신분의 여성을 등장시켜 당시에 극에 달해 있던 남녀신분차별에 대한 분풀이라도 하려는 듯, 울리카라는 여성의 모습에서 불의와 남성에 항거할 줄 아는 주관성 있는 여성상의 일면을 발견할 수 있다.

이상에서 간단히 살펴본 것처럼 동양과 서양에서 남성 영웅을 주인공으로 설정한 역사서사문학에서 여성상의 역할과 의미는 유사점이 많다. 남성 중심적 사고의 극단을 보여준다고 여겨지는 남성영웅 중심의 역사서사문학 작품에서 표출된 여성 등장인물의 역할과 그 의미는 창작 당시의 사회에서 인정되던, 그렇지만 문면에 직접 표출되지 않은 비주류적 의식과 사고방식을 이해하는 데 중요한 지침이 될 수 있다.

근대 이전의 가부장적 신분사회에서는 공적 영역과 사적 영역의 구분이 엄격한 나머지 여성들이 공적 영역에 나서서 활동한다는 것 자체가 제도적 · 관념적으로 철저히 차단되었다는 점을 상기할 필요가 있다. 전근대 사회에서 남성에 의한 권력의 집중화는 여성적 삶을 통제시키고 '열녀관' 이나 '순종과 희생의 미덕' 을 찬양하는 이데올로기를 만들어 냄으로써 여성의 역할과 운명을 보조적이거나 숙명적인 것으로 고착시켰다. 그렇기 때문에 여성을 구속하고 낮추어 보던 사회적 관습은 여성들이 일정 기간 자신에게 주어진 시련과 고통을 감내함으로써 어떤 사회적 명예나 보상을 얻을 수 있다는 일종의 피안처까지 만들어 주게 되었다. 그 결과 여성은 온갖 억압과 고난, 그리고 목숨까지 아까워하지 않는 희생을 자발적으로 감당하고자 하는 심리적 동인까지 갖게 되었다. 근대 이전에 만들어진 남성 영웅의 활약을 그린 역사영웅서사문학에서 여성 등장인물들은 굳이 역사적 실존 인물일 필요가 없는데다 그들의 비중이나 역할 또는 여성상은 시대적 이념에 의해 크게 왜곡될 여지가 많았다.

남성과 달리 출산과 양육을 책임져야 했던 여성들은 생명과 삶에 대한 애착 역시 남성보다 훨씬 크고 강하다. 그렇기 때문에 여성은 한편으로 증오보다는 사랑을, 보복보다는 용서를, 자신의 이익보다는 가족(자식)을 위한 희생을, 분열보다는 화합의 세계를 지향하려는 경향을 보이기 쉽다. 이러한 여성성이 네 편의 작품에 등장하는 여성 인물들에게서도 비교적 잘 나타나 있다. 작품 속 여성 등장인물들이 죽음까지 불사하는 자기희생 또는 순종의 모습을 보여주는 것은 남성 영웅으로 말미암아 초래된 어떤 사건의 결과 또는 세계와의 갈등 상황을 조화롭고 평화로운 방법으로 해결해 보려는 의지가 내재되어 있기 때문이라 할 수 있다. 자연세계의 일부로서 남성의 거친 횡포에 의해 파괴된 세계상을 회복하고 다시 원상복귀시키려는 반대급부적 동인으로 여성의 역할이 주어지고 있는 것이다. 구체적으로 임경업의 아내와 긴쇼조, 고쿠센야의 모친, 알도나, 그리고 레베카가 이에 해당하는 여성 인물들이라 할 수 있다.

동양의 가부장적 전통에다 유교의 이데올로기적 전통은 나라마다 의식 면에서 차이가 있게 마련이다. 그러나 대체로 '죽음'이 주는 절대적인 비장미를 부각시키려는 경향이 강하다. 충효열(忠孝烈) 또는 의리(義理)라는 중세적 관념의 실현이 여성으로서 행할 수 있는 최고의 가치일 뿐만 아니라 조화와 사랑의 세계를 만들 수 있는 최선의 방법이라고 여기던 당대의 사회적 통념과 이데올로기가 여성의 죽음을 합리화하는 기제로 작용하고 있는 것이다. 그래서 여성의 죽음이 분열된 세계와 조화를 이루는 데 한몫을 감당할 수 있다고 본 것이다. 다시 말해, 동양에서 여성 인물의 역할은 궁극적으로 소속된 집단과 조화를 이루고 그 집단의 이념을 강화시키는 방향으로 나타나고 있다고 하겠다.

그러나 유럽의 가치관은 동양과 조금 다르다. 범박하게 말해 서구의 문학에서는 마지막에 여성도 구원하고 인간적 조화의 회복을 강하게 소망하는 것이 체화되어 있다고 할 수 있다. 비록 『콘라드 발렌로드』에서 알도나가 죽음을 자초하고 있지만 그것은 동양의 여성들처럼 사회적 관념과 명예, 교화적 명분 때문이 아니었다. 발렌로드와의 사랑의 완성을 위한 것이다. 즉, 알도나의 죽음은 근본적으로 남녀 간의 사랑, 남녀 간 화합을 위한 것이었다. 그리고 『아이반호』에서 레베카가 아이반호의 도움으로 구원을 받고, 또한 잉글랜드를 떠나가는 것은 아이반호와 로웨나 공주와의 결연을 가능케 하고 궁극적으로 인간관계의 회복을 위한 것이었다. 이처럼 서양에서 여성 인물의 역할은 개인적 인간관계의 회복과 조화에 초점이 맞춰져 있다고 할 것이다.

여성 보조인물들의 역사영웅서사문학 작품 내에서의 서사적 기능과 의미는 바로 이런 여러 맥락에서 찾아낼 수 있다.

3. 구비문학적 요소의 활용

흔히 역사영웅서사문학이라 하면 사실적 요소에 치우쳐 기록문학적 성격을 먼저 떠올리고 구비문학적 요소의 결합을 배제시키기 쉽다. 그럼에도 불구하고 본고의 네 편의 작품은 공히 구비문학적 요소를 적절히 활용하거나 향유하고자 한 서사적 장치를 발견할 수 있다. 여기서 '구비문학적 요소'라 함은 첫째로 향유 방식 측면에서 읽기 문학(독서) 외에 구송 또는 낭송과 같은 '구연적 요소'가 잘 드러나고 있다는 사실과, 둘째로 소재 측면에서 구비 전승되던 노래 또는 설화, 민담, 민요, 시 등이 서사에 적극적으로 삽입되어 있는 것을 의미한다.

역사서사문학 작품은 일차적으로 주인공으로 설정된 역사 영웅이나 역사적 사건과 소재를 역사적 기록에서 가져오지만, 그 외에 전설상의 인물이나 구비 전승되던 민요나 민담 등의 소재와 모티프에서 차용하는 경우도 많다. 구비적 성격의 인물 이야기나 사건은 민간에서 자연스럽게 구송되거나 구연되던 서사담론의 일부이다. 이들 역사영웅서사문학 작품에서 발견되는 설화나 전설, 민요 등은 바로 구비적 인물로서의 영웅이나 사건들이 연변(演變)의 과정을 거쳐 삽입되고 변용된 결과다.

무엇보다도 역사서사문학 작품은 기존의 신화나 민담, 그리고 영웅 전설에서 보이는 영웅서사 구조를 적극적으로 차용하고 있다. 그렇기 때문에 구비문학적 요소와의 만남을 더욱 배제하기 어렵다.[47] 영웅의 일대기 구조를 비롯하여 영웅에 관한 전설과 민담의 화소가 역사적 기록과는 별개로 전승되어 오는 과정에서 허구적 장치와 관련하여 역사영웅서사문학 작품 속에 구비문학적 요소로서 들어오는 것이 자연스럽게 이루어졌다. 본 절에서는 이렇듯 네 작품에 공통적으로 나타난 구비문학적 요소의 실제를 살펴봄으로써 역사영웅서사문학의 서사기법상의 특성과 성격을 이해하는 하나의 근거로 삼고자 한다.

『임경업전』은 조선 후기 저잣거리에서 서민들로부터 많은 인기를 얻었던 작품이다. 당시 서민독자 중 글을 읽을 수 있는 사람은 많지 않았다. 그렇기 때문에 이들 독자를 위한 낭독자가 있어 소설을 읽어주는 것이 일반적이었다.

> 앉아서 『수호전』을 읽는 자가 있는데, 뭇 사람이 뼁 둘러앉아서 듣고 있다.... 글자 모르는 까막눈이건만 외기에 익어서 입이 미끄럽게 내려간다. 이것은 꼭 우리나라 네거리에서 『임장군전』을 외는 것 같다.[48]

윗글에서 연암은 18세기에 『임경업전』이 이미 서울 저잣거리에서 강독사에 의해 암기되고 일반 서민독자들에게 전달되던 사정을 기록해 놓았다. 이처럼 당시 독서방법은 주로 낭독에 의한 것이었다. 그렇기 때문에 낭독을 전문으로 하는 강독사가 따로 필요했다. 이것은 『임경업전』이 구연(口演)에 의한 서사문학이었음을 말해 준다. 그렇지만 이처럼 『임경업전』이 낭독되었다는 사실이 역사서사문학의 갈래적 특성이라고 말하기는 어렵다. 조선 후기의 여타 국문소설의 상당수가 서민 독자들 사이에서 『임경업전』처럼 전문 강독사에 의해 듣기 위주로 향유되어 왔기 때문이다. 20세기 초까지도 구연에 의한 향유 방식이 지속되어 왔다는 사실[49]이 이를 잘 증명해 준다.

『임경업전』보다 구비성이 확대된 양식의 역사영웅소설로는 바로 『박씨전』을 들 수 있다. 『박씨전』은 『임경업전』과 마찬가지로 병자호란을 중심 배경으로 하고, 임경업 외에 남주인공 이시백과 인조대왕, 원두표(元斗杓), 김자점, 그리고 호왕(청 태종)과 장군 용골대(龍骨大) 등 역사적 실존인물이 등장한다. 이들 실존인물들은 가상의 여인인 박씨를 통해 청에 통쾌한 복수를 시도하는 과정에서 현실성을 보여주기 위한 감초 역할을 한다. 구름을 타고 친정에 다녀오고 도술로써 허물이 벗겨져 추녀에서 미인으로 변신하게 되는 것과 같은 환상적 요소는 이후에 호군과의 전쟁에서 박씨 부인이 행하는 활약상에 이르러 더 큰 위력을 발휘한다. 호왕의 명으로 이시백과 임경업을 없애기 위해 조선에 온 첩자 기룡대를 쫓아 버리거나 호군의 장수 용홀대를 죽이고 용골대를 패퇴시키는 데서 박씨 부인의 초인적 능력이 맘껏 발휘된다.

이러한 초월적 능력의 소유자로서 가공의 인물인 박씨 부인을 설정해 놓은 것은 민간에 전해오던 인물 전설이나 당대 민중의 요구를 반영한 결과이다. 청나라에 대한 복수와 민족의 자존심 회복을 추구하려 한 사회적 분위기가 민간에 널리 퍼져 있던 이야기를 적극 끌어들이고 인정할 수 있게 만들어 주었다고 할 것이다.

구비문학적 요소에는 구연적 요소와 구비 전승되던 이야기나 민요 등의 자료의 삽입을 들 수 있다고 했다. 구연적 요소는 읽기보다 듣기와 음악적 요소와 관련되기 때문에 기록문화에 익숙한 지식인이나 귀족 계층보다는 일반 평민이나 시민들에게 쉽게 다가갈 수 있다. 그런데 이들 일반 서민 독자들은 역사적 · 사실적 글쓰기 양식 또는 기록문화보다는 비록 비논리적이고 비사실적이라 할지라도 감정적으로 체화해 낼 수 있는 구비 전승의 이야기나 글을 더 쉽게 받아들이고 활용할 수 있었다. 더욱이 독자들의 소망과 의식이 작품 속에 일치된 내용으로 그려지고 있을 경우, 사실적 이야기보다 과장되고 사실과 다른 이상적 바람을 담은 이야기에서 더 큰 위로와 희망을 발견할 수 있게 된다.

그렇기 때문에 역사영웅서사문학 작품 중 비사실적 서술과 내용이 많이 나타나는 작품이 사실적 서술에 치중한 작품보다 더 감정적 공감과 집단적 반응을 유도해 내기 쉽다. 종로 담배 가게에서 『임경업전』을 읽던 강독사를 임경업이 실의하는 대목에 이르렀을 때 청중 중 한 사람이 격한 감정을 이기지 못해 칼로 찔러 죽였다는 충격적인 일화는[50] 그만큼 『임경업전』이 청자나 독자에게 감정적 반응을 표출시키기에 충분한 요소를 갖고 있었음을 보여준다. 집단적 안타까움과 비극성이 강조되는 상황에서 감정을 자극하고자 할 때, 구연적 요소가 바로 발화자와 수신자 사이의 거리를 가깝게 만들고 일체감을 부여하고 극적 감동과 흥분을 고조시키는 역할을 할 수 있었던 것이다.

영웅소설에서 서술자가 개입하고 독백의 강화가 이루어지거나 서술자 자신의 감정을 직접적으로 드러낼 경우, 율문적 문체가 강화되는 경향을 보인다.[51] 『임경업전』을 접한 독자들은 주인공의 비극적 최후 장면에 이르러 걷잡을 수 없는 격정과 충격에 빠져 감정토로를 하지 않을 수 없었을 것이다. 이처럼 낭독은 인물의 대화나 장면의 주정적 분위기와 관련을 맺기도 한다.

또한 낭독은 한 명의 낭독자가 읽는 것을 여러 사람이 동시에 듣는 집단적 상황을 전제로 하고 있다. 역사영웅서사문학이 사실성을 더 많이 확보하고 있다는 점에서 역사적 사실에 대한 분개와 감정적 고양의 정도는 더욱 더 강렬할 수 있다. 역사영웅서사문학의 성격상 민족주의 의식과 현실극복의 의지가 담겨지기 쉽기 때문에 그 주제를 전달할 때 구연적 요소를 활용하면 더욱 효과가 있다.

『콘라드 발렌로드』의 경우에는 '역사영웅서사시' 혹은 '운문 소설'로도 불리는 이중적 명칭에서도 알 수 있듯이, 서사시로 볼 것인지 소설로 볼 것인지에 대한 의견이 폴란드학계에서도 아직 분분하다. 그러나 분명한 것은 『콘라드 발렌로드』가 운문과 서사가 결합된 형태라는 점이다.[52] 이것은 낭독하면 운문소설이 되고, 기록하면 산문소설이 될 수 있음을 의미한다. 『콘라드 발렌로드』 외에도 미츠키에비치가 쓴 『그라지나』나 『판 타데우쉬(*Pan Tadeusz*)』(1834), 그리고 러시아의 국민시인 푸슈킨(Pushkin A. S.)이 쓴 『예브게니 오네긴(*Evgenii Onegin*)』(1823-1830) 등과 같은 작품들도 모두 리듬감이 있는 시 형식에다 서사적 내용을 결합시킨 작품들이다. 이들 작품들은 모두 눈으로 읽는 것보다 낭독자가 있어 리듬감 있게 이야기를 들려줄 때 작품의 의미 및 감동이 더 분명하게 느껴질 수 있다. 실제로 『콘라드 발렌로드』는 마치 낭독자인 서술자가 따로 있어 작품의 배경과 사건을 옆에서 지켜보며 그 장면을 그대로 들려주는 식으로 서술되어 있다. 서술자의 입을 통해 구연을 해 보이고 있는 것이다. 이러한 구연적 요소의 존재 여부는 『콘라드 발렌로드』가 환상적 역사영웅서사문학으로서의 성격을 갖고 있는 것과 관련이 있다.

『콘라드 발렌로드』는 한 행이 대체로 11음절로 구성되어 있으나, 작품 중간에 삽입된 서사민요나 노래의 경우, 13음절시형으로 바뀌기도 한다. 이는 폴란드 전통민요 내지 구비서사시의 형식에서 빌려온 것이다. 그러나 13음절시 외에도 삽입시에는 다양한 시형이 사용되고 있다. 예를 들어, 삽입시 중 하나인 '바이델로타의 노래'는 작품 전체를 소개하는 역할을 하는 시로서 『콘라드 발렌로드』의 서사부분과 동일한 운율을 가지고 있다. 그리고 각 행은 음절이 아닌 6음보로 구성되어 있다. 각 음보마다 강박으로 시작하고 한두 개의 약음절이 뒤따른다. 이는 폴란드 전통 율격과 고정된 휴지(休止) 방식에서 많이 벗어난 것으로 아담 미츠키에비치에 의해 시도된 율격이다.

그리고 또 다른 삽입시 중에는 할반(Halban)이 알도나(Aldona)에 관해 노래한 것이 있다. 이 시는 한 행이 11음절로 이루어져 있으며, 4행마다 일정한 각운 형식의 시구로 구성된 연(stanza)을 갖고 있다. 그런데 각 연마다 독립된 의미 단위로서 폴란드 고유의 민요에서 발견될 수 있는 형식을 취하고 있다. 즉, 첫 두 행은 자연현상을 주로 읊고, 나머지 두 행은 인간 세계에서 일어나는 일들을 서로 대응시켜 배열하는 방식이다. 다음은 바로 그 노래의 일부이다.

> 빌리아(Wilia)[53]는 꽃이 만발한 계곡을 돌아보지도 않고 흘러가네.
> 사랑하는 니에멘(Niemen)[54] 강을 찾아 가려 하기 때문이지.
> 리투아니아 처녀는 제 나라의 젊은이 사이에서 지루해하네.
> 이방의 젊은이에 빠져 있기 때문이지.[55]

그런가 하면 민요곡인 알푸하라(Alpuhara) 노래는 4행시인데 10음절과 8음절의 행을 번갈아 사용하는 방식을 취하고 있다. 이 외에도 민속곡(piosenka ludowa)이나 호머(Homer) 식 서사시, 종교적 찬양시, 발라드, 재판과 관련된 노래, 서유럽의 낭만주의 시 등 다양한 형식의 율격과 노래들이 사용되고 있다.[56] 이처럼 『콘라드 발렌로드』는 작품 전체가 여러 편의 시와 노래로서 율격을 바꿔가면서 낭송될 수 있는 한 편의 격정적 노랫말이나 마찬가지이다. 따라서 『콘라드 발렌로드』는 당시 젊은 지식인들에게 민족의 독립의지와 민족적 감정을 불러일으키는 촉매제 역할을 할 수 있었다.

이러한 구연적 요소는 『고쿠센야캇센』에서도 잘 나타난다. 『고쿠센야캇센』에는 해설자가 따로 존재하는데 이 해설자는 해설은 물론 등장인물의 대사까지 읽는다. 다시 말해, 인형극 특성상 인형이 직접 말을 할 수 없기 때문에 해설자가 배경이나 장면 제시는 물론, 등장인물들의 대사까지 들려주는 방식을 취하게 된다. 이때 해설자는 음악에다 노랫말을 얹어 부르는데 주로 7음절과 5음절의 반복 변주로 진행하였다.[57] 그런데 『고쿠센야캇센』과 같은 닌교 죠루리[人形淨瑠璃]는 음악적인 측면에서 이전의 공연물인 노가쿠[能樂]나 노쿄겐[能狂言]으로부터 많은 영향을 받았다.[58] 1531년 사이오쿠켄소초[柴屋軒宗長](1448-1532)가 쓴 일기에 '죠루리를 불렀다'는 기록이 있는 것으로 볼 때[59] 그 이전부터 '죠루리'가 존재했으며, 죠루리가 '읊기'가 아닌 '부르기' 방식으로 공연되었음을 알 수 있다.

특히 죠루리에서는 사미센[三味線]이라는 악기를 사용했다. 이 악기의 반주에 맞추어 일반 서민들은 자유분방하고 일상생활과 밀착된 음악이나 가요를 즐겼다. 그렇기 때문에 사미센으로 서민음악을 연주하고 그 음악을 인형들의 행동과 사건전개를 위한 배경음악으로 사용했을 때, 연주된 음악은 등장인물의 감정은 물론 분위기 고조나 극적 긴장감을 드러내는 데 커다란 역할을 했다. 감정과 분위기 표출의 효과를 노린 시적 문체의 대사와 지문 등이 『고쿠센야캇센』에서 중요한 서술 장치로 활용되었다.

악기 사미센은 서민들이 좋아하는 반주용 악기였고 죠루리 역시 서민들이 좋아하는 공연물이었다. 그렇기 때문에 에도 시대 이후 주된 문학 담당층으로 성장한 시민들로부터 폭넓은 인기를 누릴 수 있었다. 죠루리는 일반 서민들 사이에 널리 퍼져 있던 요쿄쿠[謠曲]나 고와카[幸若], 셋쿄[說経], 사이몬[祭文] 등의 가요까지 가져와 만들어진 음악[60]으로서 이후에 인형극과 접목한 후에 민간의 음악과 정서에 부합하는 공연예술로서 급성장할 수 있었다.

『아이반호』에서도 구비문학적 요소가 적지 않다. 구연적 요소는 적다고 할지라도 소재 측면에서 볼 때 구비 전승되던 노래 또는 설화, 민담, 민요, 시 등이 『아이반호』의 서사구성을 위해 자주 삽입되어 있다. 'II.2. 서사단락 및 형성과정'에서 이미 한 차례 언급한 대로 스콧은 『아이반호』를 창작하는 과정에서 그 당시 노래로 불리던 민요나 민간에 회자되던 전설, 민담 등의 이야기를 적절히 활용하고자 했다. 스콧은 영국의 서사민요에 대한 관심이 상당히 많았기 때문에[61] 당시 노래로 불리던 전설과 민요를 소재로 삼아 『아이반호』를 만들어낸 것은 어떤 점에서 자연스러운 일일 수 있다.

『아이반호』에 등장하는 록슬리(Locksley)란 인물은 전설적으로 전해 내려오던 '로빈 후드' 이야기를 토대로 작가가 재창작해 냈다.[62] 전설 속 주인공 로빈 후드는 활을 쏘는 강약을 조절할 수 있고 멀리 까지 쏘아도 1인치의 오차가 나지 않는 실력을 자랑하는 명사수 중의 명사수로 통한다.[63] 이것이 작품에 고스란히 반영되어 있는데, 록슬리가 다른 사람들보다 더 먼 거리에서 시합을 하고도 정확히 과녁을 맞혀 우승할 정도로 활쏘기에 관한 한 상대할 자가 없다고 설정해 놓은 것이 그 좋은 예다.

이렇듯 구비 전승되던 이야기나 노래의 일부를 빌려 『아이반호』를 창작하는 데 활용하고 있는 또 다른 예를 보도록 하자.

> 이렇게 말하고 나자, 그(=신부, 필자 주)는 하프에 손을 뻗쳐 손님을 환대하기 위해서 어떤 오랜 잉글랜드의 민요에 알맞은 고가합주곡(古歌合奏曲)으로서 다음과 같은 노래를 부르기 시작했다.
>
> 〈맨발의 탁발승〉
>
> I. 그대에게 1년이고 2년이고 휴가를 줄 테니 / 비잔틴에서 스페인에 이르기까지 전 유럽을 찾아보아라....[64]

위 예문은 『아이반호』에 삽입된 여러 시가 중 잉글랜드 민요에 맞춰 부른 〈맨발의 탁발승〉이란 노래에 해당한다. 흑기사가 어느 수도원에 머물게 되었을 때, 그가 〈십자군 병사의 귀환〉이란 노래를 부르자 이에 대해 수도승이 답례로 부른 것이 바로 위의 노래이다. 수도승은 비록 경건치 못한 위인이지만 잉글랜드의 민요, 곧 영어로 된 노래만을 부르기를 고집하는 색슨인이기도 하다. 타락한 종교인일지라도 색슨 문화를 옹호하고 노르만 문화를 배척하려는 의식을 갖고 있음을 보여주고 있다. 민요가 민간전승의 노래로서 민중적 · 집단적 성격을 띠고 있는 점을 작가가 의식한 결과 민족의식을 표출시키기 위해 구비문학적 요소를 적절히 삽입하고 있는 것이다. 이러한 두 사람의 노래 수작은 한 장 전체(제17장)에 걸쳐 서술되고 있다. 또 다른 장에서도 이러한 노래(민요)나 전설이 자주 삽입되어 있다. 스콧은 역사소설에서 리얼리티를 드러내기 위한 방법으로 민중의 언어와 구비문학적 요소에 관심을 갖고 적극 활용하고 있는 것이다.

노이스(G. R. Noyes)는 폴란드 율문 소설에 등장하는 주인공들이 발레의 주인공마냥 움직이는 것 같다고 말하면서 이런 특성이 특별히 월터 스콧의 작품에서도 발견된다고 주장한 바 있다.[65] 이것은 발레리나의 동작이 음악에 기초하여 이루어지므로 미츠키에비치의 율문 소설이 앞서 말한 대로 음악적 감각으로 읽힐 수 있다는 것을 의미하기도 한다. 더욱이 스콧의 작품에서도 음악적 특성이 존재한다고 한 것은 작품 중간에 여러 편의 시 또는 발라드가 삽입되어 음악적 요소가 나타나고 있음을 지적한 것이다.

『아이반호』에서 각 장의 서두 부분에다 전승되던 민요 또는 고전작품에서 취한 명언 내지 시구를 한 가지씩 제시해 놓은 것도 주목할 필요가 있다. 소위 '제사(題詞)' 라고 하는 것인데, 이것을 영국에서 처음 사용한 작가가 바로 월터 스콧이다.[66] 『아이반호』보다 일찍 창작된 스콧의 대표작 『웨이벌리』에서도 민요나 민담 등에서 가져온 인용구를 제사로 사용했지만, 그것이 작품의 내용을 보다 심층적으로 암시하거나 소설 구성의 일부로서 활용될 만한 가치가 있는 것은 아니었다. 그러나 『아이반호』에 사용된 제사는 본문 내용과 관련된 노래나 전설을 가져와 작가가 제시하고 있는 주제를 보다 분명히 밝혀주며 그 의미를 확장시켜 주는 중요한 기능을 담당하고 있다.

『아이반호』가 사실주의적 표현 기법에 천착하는 동시에 비사실주의적 문학의 전통을 작품 속에 구조적으로 설정해 놓은 것이 있다면 주로 제사 부분이나 작품 중간에 자주 인용 또는 삽입해 놓은 구비문학적 노래나 전설들이라 할 것이다. 그리고 이런 구비문학적 요소들은 작품의 주제와 구성에 영향을 미치고 있다. 『아이반호』에 사용된 제사와 본문 내용은 상호 텍스트성을 갖는다. 작가가 주제를 보강하거나 정교한 구성적 원리를 구축하기 위해 구비문학적 요소를 의도적으로 서술적 장치로서 활용하고 있는 것이다.

네 편의 작품에서는 공통적으로 운문과 산문의 분화가 완전히 이루어지지 않은 채 작품 전반에서 구연(口演)적 요소를 적절히 활용하거나 구비 전승되던 이야기나 노래 등을 의도적으로 차용하고 있는 사실을 발견할 수 있다. 이렇듯 율문적 성격이 남아있는 서사문학은 구비문학적 요소와 일정한 연관성을 맺고 있다. 문학적 주제와 사회적 이상을 당시 문학 향유층으로 성장한 다수의 평민과 시민들에게 보다 더 쉽게 전달하기 위해 주로 음악적 리듬을 매개로 삼고 있기 때문이다. 음악이 창출해 내는 격정적 감정과 선동적 분위기는 강렬한 민족의식과 비장감, 민족적 정체성을 불러일으키는 극적 효과까지 기대해 볼 수 있다. 그리하여 때로 역사영웅서사문학에 삽입된 구비문학적 요소는 독자들에게 민족혼을 고취시키고 작품 내 사건을 극적이고 집단적인 성향의 것으로 이끌어 가게 만드는 역할을 하기도 한다. 이것이 본격적인 근대 서사문학으로 넘어가기 전에 나타난 서술방식의 한 특징이다.

미주

1) 이복규 편, 『임경업전』(서울:시인사, 1998), 40면.

2) 이렇듯 사실적 서술에 충실한 역사소설 작품들이 임란 · 병란 등 전란을 겪은 후인 17세기부터 나타났다. 『최척전』, 『김영철전』, 『강로전』 등의 작품들이 이에 해당한다.

3) 이복규 편, 앞의 책, 22면.

4) 위의 책, 68면.

5) 위의 책, 66면.

6) 위의 책, 88면.

7) 『최고운전』 · 『전우치전』 · 『홍길동전』 등은 국내의 사회적 갈등을 주로 다룬 소설이다. 모두 역사적 실존 인물을 소재로 한 소설이지만 작자의 시각과 요구에 따라 역사와 다르게 그려지고 있다. 무술이나 축지법, 둔갑술, 예언 등 신이한 능력을 지닌 주인공의 활약담이 서사의 주종을 이루면서 환상적 서술과 묘사가 대거 활용되고 있다. 현실 세계에서 사회적 차별과 정치적 핍박을 받는 민중 또는 불우한 지식인들에게 피안적 세계를 제시하고 꿈을 실현시키기 위해서 현실적 사실을 부정하고 한계를 뛰어넘을 수 있는 환상적 · 비현실적 세계를 보여주고 있다고 하겠다.

8) 이하에서 정성공의 실제적 생애나 역사 기록과 관련한 자료는 주로 丸山正彦 著, 張鑄六 譯, 『臺灣開倉 鄭成功』(1895); Coyett Et Socii, 李辛陽 · 李振華 合譯, 『鄭成功復臺外記』(中華文化出版社業委員會, 1956); 向井芳樹, 「現代に生きる近松の文學と舞臺」, 『解釋と鑑賞』(1970)를 참고했다.

9) 高野正巳, 『近松文學と藝術』(東京: 赤板書院, 1983), 292면.

10) '와토나이[和藤內]'란 '일본에도[和] 중국에도[唐] 없는[ない] 뛰어난 인물'이라는 의미를 담고 있다. 그런데 중국을 뜻하는 '토[藤]'라는 글자를 일본을 의미하는 '와[和]'자 뒤에 놓은 것은 의식적으로 일본을 앞세우려는 작가의 의도가 반영된 것이라 하겠다. 김성은, 「〈고쿠센야갓센〉에 나타난 대외의식」, 『일본문화학보』 제14집(한국일본문화학회, 2002), 205-206면 참조.

11) 이자성(李自成)은 산시[山西]성 연안(延安)에서 중농(中農)의 아들로 태어났으나 가세가 기울어 목동, 역졸, 군인 등을 전전하다가 백성들을 이끌고 농민반란

에 가담하여 두각을 나타냈다. 1636년에 고영상(高迎祥)이 죽은 후 그의 뒤를 이어 수령이 되었으며, 스스로 틈왕(闖王)이라 하였다. 1644년 명나라 수도 북경을 공격, 점령하여 명나라를 멸망시켰으나 곧 오삼계(吳三桂) 군대에 대패한 후, 청나라 군대에 쫓겨 호북(湖北)으로 달아나 자살하였다. 이자성의 잔존세력은 명군에 투항하여 반청(反淸) 투쟁을 계속하였다.

12) 오삼계(吳三桂, 1612-1678)는 중국 명말 · 청초의 무장(武將)이다. 자(字)는 장백(長白), 요동(遼東) 출신이다. 명나라 금주(錦州) 총병관 오양(吳襄)의 아들인 그는 아버지의 공으로 계속 승진하여 요동 총병으로서 산해관(山海關)에서 청군의 진출을 막는 데 힘썼다. 1644년에 이자성의 농민반란군이 북경으로 쳐들어오자, 북경 방어의 명을 받고 구원에 나섰다. 그러나 북경이 함락되고 숭정제(崇禎帝)마저 자살하고, 이자성의 협박을 받은 부친으로부터 귀순을 종용받았으나 굴하지 않았다. 결국 청군과 결탁하여 북경을 탈환하였고, 청나라의 중국 본토 진출에 중대한 역할을 했다 하여 평서왕(平西王)에 봉해졌다. 1657년에는 명나라 계왕(永曆帝)마저 붙잡아 평서친왕(平西親王)이 되었다. 막강한 군사력을 바탕으로 남부 지방의 권력을 장악하게 되자 청의 강희제(康熙帝)가 이를 저지했다. 이에 1678년에 반란을 일으키고 스스로 황제위(位)에 올랐으나, 얼마 후에 병사하고 말았다.

13) 錦文流의 『國仙野手柄日記』(元祿 14년)와 줄거리에 관한 소개는 명진숙, 「近松戱曲의 硏究」, 『일본연구』(1993)에서 이미 다뤄진 바 있다. 그 외에 向井芳樹, 「現代に生きる近松の文學と舞臺」, 『解釋と鑑賞』(1970); 『近松の方法』(東京: 櫻楓社, 1976); 鳥居フミ子, 「國性爺合戰」, 『國文學: 近松語りの世界劇場』(1985) 등에서도 『고쿠센야캇센』이 선행작의 영향을 받아 창작되었음을 언급해 놓았다.

14) 葛城의 신에 의해 세워졌다고 추측되는 유명한 다리이다. 그 신은 너무 추했기 때문에 낮 동안에 나타나는 것을 부끄러워하고 밤에만 일했다고 한다.(Ueda Kazutoshi and Higuchi Yoshichiyo, *Chikamatsu Go-i(語彙)*, Tokyo, 1930)

15) 近松門左衛門, 守隨憲治 · 大久保忠國 校注, 「國性爺合戰」, 『近松淨瑠璃集』 下(東京: 岩波書店, 1959), 283면.

"福壽皆無量と丹精無二の心ざし。天も感應地も納受。洞口より一筋の雲無心にして たな引けば。天のかけ橋かさゝぎの。渡せる橋や。葛城の久米の岩はし夜ならで 夢路をたどる。ごとくにて渡るともなく行くともなく むか

ふの 嶺にのぼり付き。足もわぢわぢふるひけり。”

16) 로즈메리 잭슨(Rosemery Jackson), 서강여성문학연구회 옮김, 『환상성: 전복의 문학(*Fantasy: The literature of Subversion*)』(서울: 문학동네, 2001), 33면.
"환상의 가장 기본적인 수사로 나타나는 것이 모순어법(oxymoron)인데, 이 모순어법은 종합의 과정으로 나아가지 않은 채 모순들을 한데 묶고 하나의 불가능한 통일성 속에서 그것들을 유지시키는 문체이다.... 환상은 하나의 반사실(antifact)을 설정하고 발전시키는, 즉 불가능한 게임을 하는 확장된 서사이다."

17) 빈리히 폰 크닙로드(Winrych von Kniprode)는 1351-1382년에 독일 기사단의 총사령관이었으며, 이 시기에 기사단이 최고의 전성기를 누렸다.

18) 『콘라드 발렌로드』에 등장하는 역사적 인물에 관한 일차적 자료는 Henryk Szyper, "Konrad Wallenrod", *Adam Mickiewicz: Poeta i człowiek czynu*(Warszawa: Czytelnik, 1947), 87-90면 참고.

19) 폴란드를 통일국가로 건설했던 카지미에스 대왕(Kazimierz Wielki, 1310-1370)이 아들이 없는 상태에서 죽자, 폴란드는 리투아니아의 대공인 야기에오(Jagiełο)를 폴란드의 여왕이면서 헝가리 출신의 공주인 야드비가(Jadwiga)와 결혼시켜 폴란드의 왕으로 삼는다. 당시 주변정세를 고려할 때 강력한 군사력을 가진 독일 기사단이 큰 문제였기 때문에 폴란드의 귀족과 야기에오 사이에 합의가 이루어진 것이다. 곧 야기에오가 로마 가톨릭을 받아들이고 폴란드의 여왕과 결혼하여 폴란드의 지배자가 되는 대신, 리투아니아 영토를 폴란드에 통합시키기로 한 것이었다. 그 결과 두 나라는 하나의 국가는 아니었지만 외교, 행정, 군사 등에서 독자성을 유지한 1왕 2국 체제를 유지하게 되었다. 이때 리투아니아 대공국의 대공임을 자칭하는 야기에오의 사촌 비톨드(Witold)는 폴란드 왕인 야기에오와 불편한 관계를 가지고 있으면서 독일 기사단과 동맹하고 기사단의 동진(東進)을 지원하는 대가로 즈무치(Żmudź) 지방을 내준다. 그러나 비톨드가 이끄는 리투아니아군이 타타르와의 전투에서 패하고, 독일 기사단과의 동맹도 불안한 상태가 되자 1401년에 야기에오 왕과 협정을 체결하여 야기에오의 폴란드 왕권을 인정하고 자신은 폴란드 지배하의 리투아니아 대공으로 지내게 된다. 그러므로 『콘라드 발렌로드』에서 비톨드가 한때 리투아니아를 배신하고 독일 기사단의 편에 있다가 후에 독일 기사단과 싸움을 벌이게 되는 행적과 서사 내용은 바로 이러한 역사적 사실과 상황을 토대로 하여 마련된 것이라 할 수 있다.

20) 키에이스투트(Kiejstut) 왕(1300(?)-1382)이 1345년에 왕위에 오른 후 백러시아

와 우크라이나의 광대한 영토를 합병하는 등 영토를 많이 넓혔다. 그러나 그의 조카인 야기에오(Jagieło)가 1377년에 대공의 자리에 오르자 권력투쟁이 벌어지고 그 과정에서 야기에오에 의해 투옥되었다가 1382년에 옥사하고 만다.

21) 발터 스타디온에 관해서는 베커(J. N. Becker)의 *Versuch einer Geschichte der Hochmeister in Preussen*(1798)과 코체부에(August Kotzebue)가 쓴 *Preussens ältere Geschichte*(1808)에 일부 전해지고 있다. 아담 미츠키에비치는 아마도 이들 역사서를 읽고, 거기서 창작 모티프를 얻었던 것으로 보인다.

22) 역사에서 알도나(Aldona)는 브와디스와프(Władysław łokietk)의 아들로서 후에 폴란드 왕이 된 카지미에스(Kazimierz)와 1325년에 결혼한, 기에디민(Giedymin)의 세 딸 중 하나인 안나 알도나(Anna Aldona)의 이름이었다. 아담 미츠키에비치는 리투아니아와 폴란드의 첫 번째 동맹 관계를 상징하는 인물이라 할 알도나란 이름을 작품에 의도적으로 빌려온 것이다. 이에 관해서는 Jarosław M. Rymkiewicz etc, *Mickiewicz Encyklopedia*(Warszawa: Grupa Wydawnicza Bertelsmann Media Horyzont, 2001), 17-18면 참조.

23) 알프(Alf)라는 말은 '세례 받은 리투아니아 사람'이란 뜻이다.

24) Adam Mickiewicz, *Konrad Wallenrcd*(Kraków: Krakowska Spółka Wydawn, 1926), 70면.

"Poszli ku Litwie; i cóz tam sprawili? / Jeśliś ciekawy, wynidż na okopy, / Spójrzyj ku Litwie, gdy się dzień nachyli, / Zobaczysz lunę, co niebieskie stropy / Krwawym plomieni ruczajem obleje, / O to są wojen napaśniczych dzieje; / Lacno je skreślić: rzeż, grabież, pożoga / I blask, co glupie rozwesela zgraje, / A w którym mędrzec z bojażnią uznaje / Glos wolający o pomstę do Boga. // Wiatry pożogę coraz dalej niosly, / Rycerze dalej w głąb Litwy zabiegli, / Slychać, że Kowno, że Wilno oblegli; / W końcu ustaly i wieści, i posly. / Już w okolicy nie widać plomieni, / I niebo coraz dalej się czerwieni. //"

25) Walter Scott, *Ivanhoe*(Bershire: Cox & Wyman, 1994), 314-315면.

'Holy prophets of the law! Front-de-Boeuf and the Black Knight fight hand to hand on the breach, amid the roar of their followers, who watch the process of the strife. Heaven strike with the cause of the oppressed and of the captive!' She then uttered a loud shriek, and exclaimed, 'He is down! - he is down!' 'Who is down?' cried Ivanhoe; 'for our dear Lady's sake, tell me which has fallen?' 'The Black Knight,' answered Rebecca, faintly; then instantly again shouted with joyful eagerness- 'but no- but no! the name of the Lord of Hosts be blessed! he is on foot again, and fights as if there were twenty meńs strength in his single arm. His sword is broken- he snatches an axe from a yeoman- he presses Front-de-Boeuf with blow in blow. The giant stoops and totters like an oak under the steel of the woodman.'

26) Gary Kelly, "History and Romance: Sit Walter Scott", *English Fiction of the Romantic Period 1789-1830*(London and New York: Longman, 1989), 157-160면.

27) Francis R. Hart, "The Historical Picturesque and the Survivals of Chivalry", *Scott's Novels: The Plotting of Historic Survival*(The Univ. Press of Virginia, 1966), 152면.

28) Walter Scott, 앞의 책, 171면.

"The reader cannot have forgotten that the event of the tournament was decided by the exertions of an unknown knight, whom, on account of the passive and indifferent conduct which he had manifested on the former part of the day,

the spectators had entitled Le Noir Faineant."

29) 위의 책, 242면.

"But, alas! we have only to extract from the industrious Henry one of those numerous passages which he has collected from contemporary historians, to prove that fiction itself can hardly reach the dark reality of the horrors of the period."

30) 스코틀랜드의 역사가인 로버트 헨리(Robert Henry)가 쓴 『영국사』(제7권)(1805, 346면)를 의미한다. 위 인용문 뒤에 본문에서 스콧은 헨리의 역사서에서 직접 인용한 글을 적어놓기까지 했다.

31) 배현, 「존 파울즈의 『프랑스 중위의 여자』에 사용된 에피그라프 연구」, 『담론의 질서: 원급법으로 본 영문학의 세계』, 이태동 교수 회갑기념논문집(서울: 문예출판사, 1998), 279-304면.

32) 이에 관해서는 김용덕, 『한국전기문학론(韓國傳記文學論)』(서울: 민족문화사, 1987) 115면을 참고할 것. 이 책에서 저자는 전의 영향으로 전기(傳記)소설의 서술태도가 주석적이고 편집자적 논평태도를 취하게 되었다고 보았다.

33) 현진건, 「역사소설 문제」, 『문장』(1939.12.), 129면.

34) 이복규 편, 앞의 책, 86면, 92면.

35) 近松門左衛門, 『國性爺合戰』(東京: 春陽堂, 1922), 291면.

"是からが李蹈天。もとのおこりの八逆五逆十惡人。かたみ恨みのない樣に。國性爺は首引きぬかん。兩人は兩腕と三方に立ちかゝり。聲をかけて一時にえいや。うんと引きぬき捨て。永曆皇帝御代萬歲。國安全とことぶくも大日本の君が代の。神德武德聖德の。みちてつきせぬ國繁昌。民繁昌のめぐみによつて。五穀豊饒に打ちつゞき万万。年とぞ祝ひける。"

36) Adam Mickiewicz, 앞의 책, 88-89면.

"I w tejże chwili przebił wieży ściany / Krzyk nagły, mocny, przeciągły, urwany, - / Z czyjejto piersi wy się domyślicie; / A ktoby słyszał, odgadn?łby snadnie, / Że piersi, z których taki jęk wypadnie, / Już nigdy więcej nie wydadz? głpsu. / W tym głosie całe ozwało się życie.//... //Taka pieśń moja o Aldony losach; / Niechaj ją anioł harmonji w niebiosach, / A czuly słuchacz w duszy swej dośpiewa."

37) Walter Scott, 앞의 책, 519면.

"Ivanhoe distinguished himself in the service of Richard, and was graced with farther marks of the royal favour. He might have risen still higher but for the premature death of the heroic Coeur-de-Lion, before the Castle of Chaluz, near Limoges.... to whom may be applied, with a slight alteration, the lines composed by Johnson for Charles of Sweden -

His fate was destined to a foreign strand, / A petty fortress and an 'humble' hand; He left the name at which the world grew pale, / To point a moral, or adorn a TALE."

38) 위 인용문은 지카마쓰 사후 1738년에 그의 친구가 기록한 것으로, 죠루리 또는 인형극 무대에 대한 지카마쓰의 견해[虛實皮膜論]가 잘 드러나 있다. 이 글은 연극문학 비평 중 가장 중요한 자료 중 하나로 평가된다. 원문은 다음과 같다. "近松 答 云, この論 尤 のやうなれども, 藝といふ物の眞實のいきかたをしらぬ說也。藝といふもの實と虛との皮膜の間にあるもの也。成程今の世實事によくうつすをこのむ故, 家老は眞の家老の身ぶり口上をうつすとはいへども, さらばとて眞の大名の家老などが立役のごとく顔に紅脂白粉をぬる事ありや。... 虛にして虛にあらず, 實にして實にあらず, この間に慰が有

たもの也。" [近松門左衛門, 守随憲治 · 大久保忠國 校注,『近松淨瑠璃集』下(東京: 岩波書店, 1959), 358-359면]

39) 오가와 마사쓰구, 김학현 옮김,『일본 고전에 나타난 미적 이념』(서울: 소화출판사, 1999), 157면. 이 책의 저자는 중세의 일본인들이 갖가지 사상에 대한 가치 비판의 기준을 역사적 · 풍토적인 뜻에서의 특수성이나 개별성을 중시하는 방법에서 구하고 있다고 보았다. 한 예로, 중국에서의 천태종이 '이(理)'를 중시하였지만, 일본 천태종에 이르러 '사(事)'를 강조하게 된 것은, 보편적 '理'에 대해 시간적 · 공간적으로 한정된 현상적 특수자, 개별자를 뜻하는 '사'에 관심이 많았기 때문이라고 하였다. 불교 외에 일본 유학의 형성 과정에서도 보면, 오규 소라이[荻生徂來]가 이론이나 당위(當爲)보다도 '사실'을 중시하는 입장에 섰던 것도 바로 '理'에 대한 '事'의 우월성을 강조한 결과였기 때문이라는 것이다. 이렇듯 보편성보다 특수성에 더 큰 비중을 두는 것이 일본인의 전통적 미적 관념이라고 하겠다.

40) 이복규 편, 앞의 책, 90면.

41) Walter Scott, 앞의 책, 167-168면.

"As if thou hadst any other reason for that, Waldemar," said De Bracy, 'than the promotion of thine own individual interest! Come, Fitzurse, we know each other: ambition is thy pursuit, pleasure is mine, and they become our different ages. Of Prince John thou thinkest as I do - that he is too weak to be a determined monarch, two tyrannical to be a popular monarch, and too fickle and timid to be long a monarch of any kind. But he is a monarch by whom Fitzurse and De Bracy hope to rise and thrive; and therefore you aid him with your policy, and I with the lances of my Free Companions."

42) 이복규 편, 앞의 책, 92면,

43) 위의 책, 78면.

44) 近松門左衛門, 앞의 책, 270면.

"衣裳の胸を押しひらけば九寸五分の懷劍。乳の下より肝先まで横にぬうて指し通し。あけにそみたる其の有樣母は是はとばかりにて。かっぱと臥して正體なし。... 錦祥女くるしげに。... 我命ををしみて親兄弟をみつかずば。もろこしの國の恥とかうなる上は女に心ひかさる。人のそしりはよも有るまじ。なう甘輝殿親兄弟の味方して。力とも成つてたべ父にももかくと告げてたべ。もう物いはせて下さるな苦しいわいのとばかりにて消えぎえ。

とこそ成りにけれ。"

45) Wiktor Weintraub, *The Poetry of Adam Mickiewicz*(Boston: Mouton & Co, 1954), 124면. "When stretching out the part of Aldona, he had to write without prompting. The result is that the love dialogues are far inferior to the rest of the poem."

46) 『그라지나(*Grażyna*)』에 관해서는 Adam Mickiewicz, *Grażyna- Powieść Litewska*(Warszawa: Czytelnik, 1976)를 참조했다.

47) 그동안 소설과 구비문학과의 관계에 관한 연구 성과는 상당하다. 김열규, 『한국 민속과 문학연구』(일조각, 1971); 장덕순, 『한국설화문학연구』(서울대학교출판부, 1978); 서대석, 『군담소설의 구조와 배경』(이화여자대학교출판부, 1985); 박일용, 「장르론적 관점에서 본 최척전의 특징과 소설사적 위상」, 『고전문학연구』 제5집(한국고전문학연구회, 1990); 박희병, 「조선후기 전의 소설적 성향 연구」(서울대 박사학위논문, 1991); 조동일, 「영웅의 일생, 그 문학사적 전개」, 『민중영웅 이야기』(문예출판사, 1992) 등.

48) 朴趾源, 〈關帝廟記〉, 「渡江錄」, 『熱河日記』, 1780; 『열하일기』(민족문화추진회, 1984), 540면.
"有坐讀『水滸傳』者, 衆人環坐聽之.... 目不知字而口誦瀏滑, 如我東巷肆中, 口誦『林將軍傳』"

49) 1910년 3월 18일자 『경남일보(慶南日報)』 논설 〈古談諺文冊의 菁害〉에서는 소설을 여전히 "太半荒誕鬼詭의 說을 爲主로 하는" 해로운 글로 규정하고 있다. 그런데 이 글에 의하면 "古談諺冊의 讀聲이 四聞ᄒᆞ"고 "朝夕誦讀ᄒᆞ며 晝夜聽覽"하거나 "村市店幕에 男女老少가 盈房塡戶ᄒᆞ야 酒肴를 爭供ᄒᆞ며 楚聲의 朗讀者를 歡迎"하는 일이 많았다고 한다. 1910년대에도 여전히 많은 이들이 집이나 천막에 모여 낭독자가 소설을 읽어주는 것을 경쟁적으로 듣는가 하면, 아침저녁으로 소설을 암송하고 듣는 일이 흔하였다는 점에서 소설이 독서가 아닌 구연 차원에서 서민들 사이에서 널리 오랫동안 향유되고 있었음을 알 수 있다.

50) 심노숭, 「남천일록(南遷日錄)」, 『효전산고(孝田散稿)』, 1802년 11월 8일조.

51) 류준경, 「방각본 영웅 소설의 문화적 기반과 그 미학적 특성: 구술적 성격을 중심으로」(서울대 석사학위논문, 1997), 57-80면.

52) 폴란드어로 시는 '비에르쉬(wiersz)', 소설은 '포비에시치(powieść)' 라고 부르지만, '시와 서사' 가 결합된 특별한 형태의 것을 따로 '포에마트(Poemat)' 라고 지칭한다. 문학 갈래를 3분법에 의거한다면 서정(liryka), 서사(epika), 희곡

(dramatyka)으로 나눌 수 있는데, 이때 서사인 epika는 그 하위갈래에 서사시인 '에포스(epos=epopee)'와 '서사적 산문'인 소설을 포함한다. poemat는 바로 이 epika에 포함된다. 그러므로 『콘라드 발렌로드』는 영웅'서사시' 또는 '운문소설'이라고 부를 수 있다. 흔히 epika는 현재 시제로 서술되는 나레이션(narration) 부분과 주로 과거 시제로 나타나는 픽션(fiction) 부분으로 대별된다. 이때 현재와 과거 시제를 넘나들기 위해서 액자구성으로 처리되는 경우가 많으며 산문적 · 시적 성격을 동시에 지닌다. 전설적 소재를 많이 다루고 등장인물을 객관적으로 서술하려는 경향이 강하며 상황묘사도 사실적으로 그리는 것이 특징이다. 이렇듯 폴란드 문학의 시와 소설의 결합 형태의 문학 갈래에 대한 논의는 이미 졸고, 「한국과 폴란드의 자국문학사 이해 비교연구」(서울대 석사학위논문, 1999, 80-81면)에서 한 차례 소개한 바 있다.

53) 리투아니아의 수도인 빌르노(Wilno) 근처를 지나 발트 해로 흘러가는 강의 이름.

54) 벨로루시(Białorus)와 리투아니아(Litwa) 사이를 흐르는 강의 이름.

55) Adam Mickiewicz, 앞의 책, 21면.
"Wilija gardzi doliny kwiatami, / Bo szuka Niemna, swego oblubieńca ; / Litwince nudno między Litwinami, / Bo ukochała cudzego młodzieńca." (II, 145-148)

56) Alicja Stępniewska, *Mickiewicz w kręgu Homera*(Lublin: Redakcja Wydawnictw Katolickiego Uniwersytetu Lubelskiego, 1998), 47면.

57) Donald Keene, *Major Plays of Chikamatsu*(New York: Columbia Univ. Press, 1961), 28면. "The basic rhythm of the plays is the alternating line of seven syllables and five syllables."

58) 가와타케시게토시[河竹繁俊], 이응수 옮김, 『일본연극사』 상(서울: 청우, 2001), 422면.

59) 위의 책, 440-441면.

60) 위의 책, 443-444면.

61) 스콧은 두 살 때 열병을 앓아 절름발이가 된 후에 건강 때문에 스코틀랜드와 영국의 접경지대에서 어린 시절을 보내면서 그곳의 많은 민요와 이야기를 알게 되었다. 변호사가 된 후에도 여가 시간에 접경 지방을 다니며 민요와 민담을 모았다. 그 결과 민요 모음집인 『스코틀랜드 접경지대의 음유시(*The Mintrelsy of the Scottish Border*)』(1802)와 서사시 『마지막 음유시인의 시(*The Lay of the Last Minstrel*)』(1805)를 출판했다. 그리고 그의 다른 작품에도 그가

채집한 민요와 민담을 적절히 삽입하여 활용하는 방식을 종종 택하였다.

62) Andre Lang (ed.), *Ivanhoe by Sir Walter Scott*(London: Macmillan and Co., 1925), 18면.

"In Locksley's case, Sir Walter had the legendary warrant of the Robin Hood Ballads."

63) Andre Lang (ed.), 위의 글, 18면에서 재인용.

"Robin Hood was an archer good, / And he drew a lusty strong bow, / He could shoot two north country miles and an inch, / As the Pinder of Wakefield doth know."

64) Walter Scott, 앞의 책, 187면.

"And do saying, he reached the harp, and entertained his guest with the following characteristic song, to a sort of derrydown chorus, appropriate to an old English ditty: -

〈*The Barefooted Friar*〉

I'll give thee, good fellow, a twelvemonth or twain, / To search Europe through, from Byzantium to Spain ; ..."

65) Donald Davie, 'Waverley', *Walter Scott*(London: Macmillan & Co., 1968), 85면 재인용. "... all that remains of that extraordinary "novel in verse", whose characters move like the figures in a ballet, is the sort of plot one might find in Sir Walter Scott ..."

66) 배현, 앞의 글, 279-304면.

Ⅳ. 서사적 갈등의 양상과 의미

1. 국가 대 국가의 대결

네 작품은 서사구조 면에서 상당한 유사성을 지닌다. 무엇보다도 국가와 개인의 문제를 동시에 유기적으로 엮어놓고 있다. 즉, 네 작품에서의 주요한 서사적 틀은 국가 대 국가 또는 민족 대 민족의 대결 관계를 거시적으로 다루는 동시에 주인공을 중심으로 한 긍정적 인물과 이와 대립하는 부정적(적대적) 인물과의 대결구도를 함께 설정하고 있다는 것이다. 이런 서사적 갈등의 양상을 먼저 간단히 표로 나타내 보면 다음과 같다.

대결구도 / 작품		국가 대 국가	개인 대 개인
『임경업전』	1	중국 : 가달국	임경업 : 호왕
	2	조선 : 호국	임경업 : 김자점
『고쿠센야캇센』	1	중국 : 탓탄국	고쿠센야 : 탓탄국왕
	2	일본 : 탓탄국	고쿠센야 : 리 도우텐
『콘라드 발렌로드』		폴란드(리투아니아) : 독일(기사단)	발렌로드 : 비톨드
『아이반호』		잉글랜드 : 노르만 공국	아이반호 : 브리앙 드 부아 기르베르

1) 문화 중심국 대 주변국의 대결

'국가 대 국가'의 대결 국면은 국가 또는 민족 간 외교·정치적 대외문제와 관련된다. 특히 이민족(국가)과의 전쟁이 서사적 갈등의 주된 원인이다. 이 중 『임경업전』과 『고쿠센야캇센』은 서사적 갈등이 두 가지 층위에서 나타나고 있다.(앞의 표 참조)

일차적 국가 간 대립은 문화 중심국과 주변국의 대결양상 국면을 의미한다. 중심국과 주변국의 의미는 주변국가와의 관계에서 상대적으로 적용될 수 있다. 문화적 중심부가 곧 세계의 중심국 노릇을 하던 중세적 질서 속에서 주변국은 상대적으로 야만국으로 여겨졌다. 그러므로 중심국과 주변국의 대결은 문화국과 야만국의 대결을 의미하는 것이기도 하다.

『임경업전』을 보면, 야만국인 가달국이 호국을 쳐들어오자 호국이 천자의 나라 대명국에 원조를 요청하게 된다. 그러자 명나라는 호국을 구원하기 위해 조선에서 온 장군 임경업으로 하여금 대신 명나라 군사를 이끌고 나가 싸우게 한다. 이에 임경업은 전장에 나가 가달국과의 싸움에서 완벽한 승리를 거둔다. 그런데 명나라 천자의 명령에 의한 임경업의 출병이었다는 점에서, 일차적으로 이야기의 무게는 당시 동아시아 질서를 담당하던 문화 중심국인 명나라가 야만국 가달국의 도전을 물리쳤다는 상징적인 의미에 실리게 된다.

이는 『고쿠센야캇센』의 경우에도 유사하게 나타난다. 『고쿠센야캇센』에서 국가 간 대결의 주된 배경은 일본이 아닌 중국이다. 문화 중심국인 중국이 야만국인 탓탄국[韃靼國]의 침입을 받아 위태한 상황에 놓이게 되자 중국과 탓탄국 간의 대결은 불가피하게 된다. 이때 중국이 아닌 제3국 일본의 영웅이라 할 '고쿠센야'가 나서서 문제를 해결하는 구성은 『임경업전』의 서사구조와 매우 닮아 있다. 표면적으로는 중국과 탓탄국의 대결이지만, 고쿠센야의 도움에 힘입어 중국은 야만국을 물리치고 문화국으로서의 위엄을 지키는 것으로 처리되고 있는 것이다.

> [1] 경업이 안싀을 화히ᄒᆞ여 왈, "화복이 슈에 잇고 인명이 직쳔ᄒᆞ니 조선과 ᄃᆡ국이 다르오나 보천지하막비왕토오, 솔토지민이 막비왕신이라 ᄒᆞ니, 엇지 죽기를 ᄉᆡ양ᄒᆞ리잇고." ᄒᆞ고 인ᄒᆞ여 하직ᄒᆞ니[1)]

> [2] 중국을 비추는 태양도 일본을 비추는 태양도 비춤에 있어 두 가지는 다르지 않지만, 그 태양은 인(仁)과 정의(正義), 오상(五常)과 정(情)이 넘치는 곳에서 떠오릅니다.[2)]

[1]에서는 조선과 대국(=명나라)이 비록 나라는 다르지만, '온 천하에 왕의 땅과 백성, 신하 아닌 게 없다(普天之下莫非王土, 率土之民莫非王臣)'는 논리를 내세워 조선인이나 명나라인 모두 천자를 중심으로 한 문화국의 일원임을 밝히고 있다. 임경업이 명나라를 대신하여 출병하는 것은 바로 문화국인 조선과 명나라가 야만국인 가달국을 상대한다는 의식의 결과임을 보여주고 있다. 우리나라를 주 무대로 설정하고 있지만, 임경업을 중원에까지 나가 큰 활약을 하는 국제적 인물로 그리고 있는 것이다.

다른 각도에서 보면 문화국을 자청하고 야만국과 대결하려는 의식이야말로 사대주의 의식을 보여준다거나 그 반대로 자주적 의식을 보여주는 것이라고 여겨질 수도 있다. 임경업이 당대의 이념과 윤리에 충실했던 '대명충의(大明忠義)' 한 인물로서 국운이 쇠하던 명나라와 손잡고 구질서를 유지하고 야만족이 세운 청나라를 부정하고자 한 전형적인 유교적 충신이라는 점을 고려한다면 그의 행위는 사대주의 의식에 근거한 것으로 볼 수도 있다. 그러나 그의 활동반경이 국내 이외에 중국까지 확장되어 있으며, 중국에서의 그의 행동이 적극적이고 능동적으로 이루어지고 있다는 점에서 작자는 소중화(小中華) 의식의 구현은 물론 조선의 자주적이며 독자적 의식을 자각하고 이를 보여주고자 하고 있음을 알 수 있다.

[2]는 고쿠센야의 모친이 중국인 장군 간키에게, 비록 자신들이 일본인이지만 중국에 들어와 남경 땅으로 가야 하는 이유를 설명하는 내용의 일부분이다. 여기서 그녀는 중국과 일본에 뜨는 해가 다를 바가 없으며, 세상을 밝히는 해는 도덕과 규범이 살아있는 곳, 곧 '인의오상정(仁義五常情)'이 있는 문화국에서 나오는데, 그런 해가 솟아오르는 나라가 바로 일본이라는 점을 들어 일본이 중국과 마찬가지로 세상을 교화시키는 문화국임을 간접적으로 드러내고 있다. 이처럼 일본인이 중국까지 가서 탓탄국과 싸우는 것은 일본이 문화국의 일원으로서 야만국을 물리치고 중국을 도울 수 있다고 여긴 동질의식이 바탕에 깔려 있었기 때문이다.

그런데 이러한 국가 간 대결은 문화국 중에서도 중심국이 아닌 중간국 또는 주변국 곧, 조선과 일본이 더 변방에 있는 야만국 내지 주변국과 대결을 벌인다는 의식으로 연결된다. 문명권에서 맏형 노릇을 하던 중국이 힘없이 야만국에 의해 망하게 될 위기에 처하게 됐을 때, 조선의 임경업과 일본의 고쿠센야가 중국까지 가서 중국을 대신하여 야만국과 싸워 승리를 거둔다는 서사구조는 바로 조선과 일본의 역할 상승과 확대를 의미한다. 이는 문화적으로 중심부와 대등한, 또는 그 이상의 위치에서 자국의 위상을 자각하게 되었음을 의미한다.

[3] 텬ᄌᆡ 왈, "슬프다. 죠션은 비록 쇼국이나 져런 명쟝 잇고, 남경은 대국이나 십만 거ᄂᆞ릴 쟝슈 업스니 죠졍이 이러ᄒᆞ고 엇지 텬하ᄅᆞᆯ 근심티 아니ᄒᆞ리요"[3)]

4 "너희가 소국이라 멸시하는 일본인, 호랑이조차 두려워하는 일본의 실력을 이제 알겠느냐?... 나는 先帝의 여동생 센단 공주를 만났다. 아버지와 어머니, 그리고 내가 지고 있는 빚을 갚기 위해서라도 나는 부친의 고향(=중국, 필자 주)에 돌아와 나라의 변을 다스리려고 한다."[4)]

3은 중국 천자가 임경업을 도원수에 임명하여 침입한 가달국을 물리치기를 하명하는 자리에서 중국에 명장이 없음을 한탄하면서 조선 출신의 임경업의 영웅적 능력을 칭찬하는 부분이다. 조선은 비록 소국이라 할 수 있지만, 대국인 중국보다 뛰어난 인물이 있어 중국의 역할을 대신할 만한 위치에까지 이르렀다는 의식을 상징적으로 보여주고 있다. 한편, 4는 고쿠센야가 중국에 건너간 후, 간신 리도우텐의 부하장군을 만나 그들을 자기편으로 만들기 위해 설득하는 내용이다. 4에서도 일본을 소국이라 칭하고 있는데, 곤경에 처한 중국을 구하기 위해 온 고쿠센야를 통해, 일본의 위대함을 드러내고, 오히려 중국인 앞에서 당당한 일본인의 태도를 적극적으로 드러내고 있다. 소국이라 무시당하던 일본이 더 이상 중국보다 열등하지 않음을 선포하고 있는 것이나 마찬가지다. 오히려 일본 중심의 화이(華夷)의식의 단면마저 엿보인다. 이처럼 두 작품에서는 조선과 일본이 과거엔 소국이었으나 이제는 소국이 아니라 대국 중국과 대등한 위치에서 세계평화와 질서를 능동적으로 지켜낼 수 있는 문화국이라는 자부심이 공통적으로 감지된다.[5)]

송시열이 쓴 「임장군경업전(林將軍慶業傳)」 서두에 보면 "부인이 되지 않고 남자가 되었는데, 아쉽게도 이 편방(偏邦)에 태어나서 장차 기운을 펴지 못하고 일생을 보내게 된" 것을 한탄하는 부분이 있다.[6)] 남자로 태어난 경업이 중국을 세상의 중심으로 인정하고 자신은 주변국이라 할 변방에 태어나 그 뜻을 펴기가 어렵다는 사실에 불만을 갖고 있었다는 것은 그만큼 당시 문명 중심국과 주변국에 대한 우열의식이 있었음을 여실히 보여준다. 그렇기 때문에 임경업이나 고쿠센야가 중국에 진출하여 펼친 활약상은 곧 주변국의 위상을 중심국 수준으로 끌어올리게 되었음을 방증하는 것이나 다름없다.

중국을 대신한 이들 영웅들의 활약은 임경업과 고쿠센야가 속한 나라 곧, 조선과 일본의 우월성을 드러내고 동아시아 질서를 지키는 수호자로서의 위치를 강조하고 있다. 또한, 야만국의 부도덕함과 야만적 속성을 부각시킴으로써 상대적으로 각각 조선과 일본이 문화국이자 자주국이라는 자부심과 자민족 중심주의 사고의 형태를 보여주고 있다. 곧 17세기 동아시아의 국제질서 유지라는 일차적 명분은 자국의 우월성과 민족의식을 부각시키려는 이차적 의미와도 맞닿아 있음을 알 수 있다. 이것이 이차적 국가 간 대결에 해당한다.

『콘라드 발렌로드』에서는 문명권 내 주변국이라 할 폴란드-리투아니아 연합국이 그들보다 앞선 문화를 가진 독일 기사단과 대립하는 갈등상황을 설정하고 있다. 14세기에 독일은 통일된 국가 대신 여러 경제 동맹체나 기사단이 나름의 영토를 확보한 상태에서 계속 동진 정책을 펴고 있었다. 이들의 종교는 폴란드와 마찬가지로 로마 가톨릭이었지만 강한 군사력과 경제력을 앞세워 자주 전쟁을 치르고 있었다. 리투아니아는 그때까지 기독교를 받아들이지 않고 있었으나 폴란드와 연합국을 형성하면서 기독교로 개종하게 된다.

당시 독일 십자군 기사단은 폴란드와 리투아니아보다 문화적으로 한 단계 앞서 있었던 민족이라 할 수 있다. 이러한 역사적 상황에서 강력한 군사력을 가진 독일 기사단과 싸워 약소국이요 비기독교 국가였던 리투아니아 군이 승리를 거두게 된다.[7] 문화적으로 변방에 있던 나라가 강력한 군사력을 앞세운 독일 기사단과 싸워 이긴 것은 문화 주변국이 중심국을 이긴 것과 다름없다. 이것은 『임경업전』과 『고쿠센야캇센』에서 작가가 속한 국가가 문화국이라는 자부심에서 전쟁을 치르는 것과는 다르지만, 주변국의 처지에서 문화 중심국과 대결하여 중심국과 대등한 위치에 이르려 한다는 데서 공통점이 있다.

『콘라드 발렌로드』에서의 폴란드-리투아니아 관계는 『아이반호』에서의 잉글랜드-스코틀랜드 관계와도 유사하다. 폴란드보다 리투아니아가 문화적 · 지리적으로 중심부에서 더 떨어져 있었기 때문에 역사적으로 때로 반목하고 대립하기도 했지만 주로 폴란드가 리투아니아보다 중심적 위치와 역할을 차지해 왔다. 잉글랜드와 스코틀랜드도 서로 대립과 갈등의 역사를 반복했지만, 스코틀랜드보다 잉글랜드가 문화 · 정치적으로 더 중요한 역할을 담당해 왔다고 할 수 있다. 그러면서 주변에 있던 강력한 세력인 독일(기사단)과 노르만 공국의 영향을 받고 있었던 것 또한 공통적이다.

14세기 말 폴란드와 리투아니아는 한 명의 왕이 두 나라를 통치하는 국가체제를 유지하고 있었다. 이때 연합국의 왕은 폴란드의 왕임을 자처하고 있었다. 따라서 두 나라가 연합국이 되어 독일 기사단의 기세를 꺾어 놓은 것은, 마치 『아이반호』에서 잉글랜드와 스코틀랜드의 구별 없이 모두 동일한 앵글로 색슨족으로서 노르만 공국의 문화를 거부하고 노르만 귀족에 대항하는 것과 유사하다. 이제껏 역사의 무대에서 주인공 노릇을 해보지 못한 폴란드가 비기독교국인 리투아니아와 연합하여 강력한 독일 기사단에 대항하는 일이나 약소민족이었던 색슨족이 자신들을 정치 · 문화적으로 지배하고 있던 노르만족과 대립하는 상황은 앞에서 조선과 일본이 문화 주변국임에도 불구하고 문화 중심국 중국과 대등한 위치에서 대결하려 한 양상과 마찬가지라 할 수 있다.

이처럼 네 작품의 국가 간, 민족 간 대립은 문화 중심국 대 주변국

간의 대결양상으로 전개되고 있는 것이 특징적이다. 민족 · 국가 간 갈등을 통해 공통적으로 당시 주변국이었던 자국의 상황을 설정하되 문명권 내 중심국과의 관계 속에서 한 단계 도약하는 과정으로 그려내고 있음을 알 수 있다. 국가 대 국가 간의 대결을 중요한 서사축으로 삼아 이야기를 전개한 것은 시대적 관심사가 종합적으로 반영되어 나타난 결과이다. 즉, 당시 외국에 대한 관심 또는 자국의 국제적 위치에 대한 인식이 다른 시대보다 더 강해졌기 때문이다. 바로 문화 중간부(주변부)에 위치한 자국과 그 영웅들에 의해서 문제가 해결된다는 민족적 · 국가적 자부심과 긍지의 표출이기도 하다.

2) 국가적 영웅상의 표출

역사영웅서사문학 작품에서 국가 간 대결구도는 단순히 외교적 마찰과 갈등뿐만 아니라 직접적인 국가 간 전쟁, 곧 군담을 통해 가시화된다. 여기서 군담은 주인공의 영웅적 면모를 부각시키고 그들의 활약상을 마음껏 보여주는 장치에 해당한다. 남성 역사영웅이 범인이 아닌 '영웅'의 칭송을 듣거나 그에 부응하는 역할을 감당하는 것은 바로 전쟁을 통해서이다. 그렇기 때문에 역사영웅서사문학에서 군담은 사건전개의 중심적 역할을 감당하며, 작품의 성격이나 주제를 분명히 드러내는 소재로서 중요한 의미를 갖는다. 더구나 군담은 독자들의 작품에 대한 흥미를 북돋우고, 주인공 영웅들은 군담을 통해 비로소 '민족적 영웅'으로서 거듭나게 된다.

네 작품에 나타난 국가 간 전쟁 묘사 장면을 먼저 보도록 하자.

> 5 모든 쟝쉬 일시에 다라들거ᄂᆞᆯ 경업이 마ᄌᆞ ᄡᅡ화 슈합이 못ᄒᆞ여 션봉쟝 둘흘 버히고 진을 ᄶᅦ쳐드러가며 ᄉᆞ면 복병이 일시에 ᄂᆡ다라

쎄치니 가달의 쟝슈 듁 ᄎᆡ 두 쟝슈의 죽으믈 보고 쟝창을 드러 경업을 에워ᄡᆞ고 치니 경업이 혹젼혹후ᄒᆞ여 도젹을 유인ᄒᆞ여 산곡 즁으로 드러가더니, 문득 일셩 포향에 ᄉᆞ면 복병이 ᄂᆡ다라 싀살ᄒᆞ니 젹쟝이 황겁ᄒᆞ여 진을 거두고져ᄒᆞ나 난군 즁에 혀여져 ᄃᆡ병에 죽은 ᄇᆡ 되어 죽엄이 뫼갓튼지라.[8)]

6 고쿠센야: 번쾌(樊噲) 스타일은 중요하지 않다. 문을 부수는 데 있어 일본의 아사히나[朝比奈] 스타일[9)]이 어떠한지 보아라.

해설자: 이렇게 외치고서 고쿠센야는 문빗장을 부수고 진격했다. 그에 대항하는 적들을 쓰러뜨리고 그 앞에서 도망치는 적들을 붙잡아서는 마치 조약돌처럼 아무 데나 내던져 버렸다. 그는 사료우코[左龍虎]와 우료우코[右龍虎]를 비틀어 버리고는 별 어려움 없이 관문(關門)을 통과했다.[10)]

7 기사들 중에 가장 명성이 높고
모든 기사들 위에 우뚝 섰던 이가 바로 발렌로드(Wallenrod)였다네.
…
카스티야 왕국의 고지(高地)에서 무어인(Moore) 군을 물리쳤으며
소용돌이치는 바다 한복판에서 오토만(=터키) 군함을 지켜보고
적의 군함을 벽처럼 에워싸고는
첫 번째로 이교도 군함을 붙잡기도 했네.[11)]

8 브리앙 드 부아 기르베르는 상대방의 방패 한복판을 겨누어 아주 힘껏 찔렀으므로 그의 창은 산산조각이 나고 말았다. 그때 의절기사(義絶騎士)는 말을 탄 채 주춤하고 비틀거렸다. 반면에 의절기사는 처음에는 브리앙 드 부아 기르베르의 방패를 겨누는 척하다가 서로 맞부딪치려는 순간 홱 목표를 바꿔서 투구를 겨누어 힘껏 들이쳤다. 그러자 참으로 보기 좋게 훌륭히 그는 이 노르만인의 면갑(面甲)을 들이쳐 창끝이 면갑 철창에 들이박혔다.[12)]

5는 『임경업전』에서 청병 대장인 임경업이 호국에 쳐들어온 가달국과 싸우는 장면의 일부이다. 이 전투에서 임경업은 유인전술과 기습전법, 그리고 분산대형을 이용하여 적을 기만하면서 적의 진지를 혼란시켜 적을 섬멸한다. 적진을 유린하면서 탁월한 전투능력과 용감성을 보여준다. 속도감 있고 사실적인 전투장면 묘사로 인해 독자들은 통쾌함을 맛볼 수 있다. 다른 사람보다 뛰어난 무용을 보여주는 데 초점이 맞춰져 있다. 그러나 주인공은 준마와 보검만을 사용하였다. 대체로 일반 영웅소설에서 주인공들이 용력과 도술을 사용하거나 신의 도움으로 적을 무찌르는 것과 달리 『임경업전』에서는 군사들과 힘을 합하여 함께 싸우면서 실전을 방불케 하는 전투장면을 보여주고 있다. 일반 영웅소설보다 사실성에 근접한 묘사가 이루어지고 있음을 알 수 있다.

6은 고쿠센야가 명나라 회복을 위해 중국에 건너온 후 군사를 규합하여 중국 전역에서 5년 동안 탓탄국 군대와 전투를 벌이는 과정에서 등장하는 전투 장면이다. 여기서 고쿠센야는 중국의 유명한 명장 번쾌의 전법보다 일본의 전법이 더 뛰어나다고 외치면서 적을 향해 돌진하고 있다. 여기서도 일본이 중국보다 낫다는 의식이 은근히 드러나 있다. 탓탄군의 부하장군들과 병사들이 고쿠센야의 공격 앞에 힘없이 내팽개쳐지는 장면에서 고쿠센야의 비범한 능력과 영웅적 모습이 유감없이 드러나고 있다.

한편, 7은 발렌로드의 무용담과 화려한 경력을 들려주고 있는 장면이다. 그가 유럽의 크고 작은 전투에 참여하여 혁혁한 공을 세웠으며 당대에 그에 필적할 만한 상대가 없을 정도로 영웅 중의 영웅이라는 사실을 독자들에게 증명해 보이고 있다. 다시 말해, 당시 주인공이 영웅인지 아닌지 판단하는 기준은 개인적 성격이나 사상, 사람됨 등에 있는 것이 아니라 전쟁을 통해 드러나는 전투능력과 용감성에 있음을 의미한다. 그러나 『콘라드 발렌로드』에서는 발렌로드가 이전에 여러 전투에서 획득한 영웅성을 전제로 하여 그가 영웅이라는 사실을 믿어 의심치 않게 해 놓았을 뿐, 실제로 발렌로드가 독일 기사단과 싸움을 벌이는 구체적인 전투장면이나 묘사는 직접적으로 드러나 있지 않다. 비록 제5장에서 잠시 전쟁장면이 보이지만, 그것도 독자가 전쟁장면을 직접 목도하게 하는 서술방식이 아니라 마치 낭독자가 따로 있어 먼 거리에서 그의 눈에 비친 전투의 대략적 모습을 들려주는 형식으로 서술되고 있을 뿐이다.

8은 의절기사인 아이반호가 성당기사 브리앙 드 부아 기르베르와 마상시합을 벌이는 장면이다. 다른 작품들보다 직접적이고 사실적인 장면묘사가 제시되고 있다. 또한 흥미진진하기까지 하다. 이런 군담 장면의 생생한 묘사로 말미암아 독자들은 주인공이 왜 영웅의 칭호를 받을 수 있는지 쉽게 납득할 수 있다. 이 마상시합에서 아이반호는 기사 브리앙 드 부아 기르베르에게 이긴다. 그러나 승리의 대가로 그는 심각한 부상을 입는다. 결국 그는 작품의 2/3부분에 걸쳐 부상자의 모습으로 그려지면서 나머지 대부분의 군담은 아이반호가 아닌 흑기사나 로빈 후드, 아델스테인 같은 보조적 인물들에 의해 채워진다.

작품의 결말부분에 이르면 아직 완치되지 않은 몸을 이끌고 아이반호가 그를 지극 정성으로 간호해 준 레베카를 위해 브리앙 드 부아 기르베르와 목숨을 건 마상시합을 다시 한번 벌이게 된다. 그리고 아이반호가 결국 승리를 거둠으로써 기르베르와 아이반호와의 갈등이 해결되고 또한 화형에 처해지기 직전의 레베카를 위기에서 극적으로 구해내게 된다. 군담을 통해 사건전개 및 인물 간 갈등과 해결이 이루어지고, 왜 영웅으로 칭송받을 만한가를 밝혀 놓고 있는 것이다.

또한『아이반호』에서 이 두 기사의 시합은 단순히 개인적 대결이라기보다는 색슨족과 노르만족 간의 자존심 대결로서, 색슨족의 영웅인 아이반호가 노르만족의 유명한 싸움꾼인 기르베르를 이겨 레베카를 구해내고, 결국 색슨족이 노르만족을 이기게 된다는 상징적인 의미까지 암시한다. 불리한 여건을 극복하고 마침내 승리를 하는 아이반호의 모습은 곧 민족적 영웅의 모습으로 쉽게 환치될 수 있다.

이상에서 살펴본 대로 네 작품에서 비록 군담을 보여주는 서술방식은 조금씩 차이가 있다 할지라도 군담을 통해 보여주고자 하는 의도는 동일하다. 그것은 주인공 영웅이 다른 등장인물보다 비범한 요소를 가지고 있어, 민족 간 대립과 문제를 해결할 수 있는 구원자라는 사실을 입증시키려는 데 있다. 국가 또는 민족 간 대립이라는 절대적 위기 상황을 설정해 놓은 이면에는 자국 또는 자민족의 문제를 해결할 수 있다고 믿어지는 국가적(민족적) 영웅에 대한 이상적 기대치 또는 구체적 영웅상을 만들어 내고자 한 의식이 자리 잡고 있다.

게다가 변화하는 국제관계 속에서 자국의 위상을 새롭게 높이고 민족적 긍지를 느낄 수 있는 승리감과 자부심을 실현해 보이고 있다. 국가적 영웅은 곧 자국의 역량과 자존심을 주변국가에 보여주는 대표자로서 소중하다. 근대 이전의 영웅은 무술과 용감성을 겸비하고 나라를 위해, 기존의 윤리와 신념을 지키기 위해 자기 목숨까지 버릴 줄 아는 충성스런 용사의 상으로 인식되고 있는 것이다. 군담을 통해 공통적으로 국가와 민족의 운명과 미래를 대표하는 국가적, 혹은 민족적 영웅으로서의 모습을 구체적으로 드러내 보여주고 있다.

2. 개인 대 개인의 대결

1) 충의 대 인정 간 갈등

네 작품에는 공히 '개인 대 개인'의 갈등이 서사 전개의 또 다른 축을 이루고 있다. 국가 간 대결, 곧 대외적 갈등을 통해 세계 속의 국가 또는 민족을 걱정하는 인식 내지 현실에 대한 대응의지가 적극적으로 드러나고 있다면, 개인적 갈등을 통해서는 주인공의 인간적 갈등과 범인적 모습이 비교적 구체적으로 형상화되어 있다.

『임경업전』에서는 임경업과 호왕의 대결 및 임경업과 김자점의 대결이 중심이 된다. 이 중 임경업과 호왕의 대결은 본래 명나라와 호국의 대결, 국가 간 대결하에서 빚어진 갈등이라 할 수 있다. 그렇지만 임경업이 호왕에게 붙잡혀 감으로써 이 둘의 대결은 직접적이고 개인적인 갈등국면으로 나타난다. 여기서 임경업은 명나라가 호국을 구해준 은혜를 잊고 명나라와 조선에 쳐들어온 호왕을 인정하지 않는 반면, 호왕은 임경업의 충성심에 감동한 나머지 인간적으로 그를 회유하려 한다. 호왕은 임경업의 충신답고 인간적인 면에 끌려 볼모로 잡아 온 대군과 세자를 본국으로 돌려보내는 관용을 베풀기까지 한다. 그 후 둘의 관계는 더 이상 대결 상대로 보기 어렵게 된다. 오히려 일종의 화해를 꾀하는 분위기마저 감지된다. 적의 왕까지 임경업의 충의와 인품을 높게 평가하게 된다는 상황 묘사는 곧 작가가 국가 간, 개인 간의 대립 또는 갈등을 넘어선, 자기희생이라는 고귀한, 보편적 인류애에 대한 존경을 표현코자 한 서사 장치라 해석할 수도 있다. 개인 대 개인의 대결을 주인공의 인간적 심성과 성격을 구체적으로 드러내는 장으로 활용하고 있는 것이다.

물론 개인적 대결이 서사적 갈등의 주요한 축으로서 작용하게 되는 것은 임경업과 김자점의 갈등을 통해서이다. 작품의 중반부 이후부터 나타나는 김자점과의 대립에서 그 사실을 확인할 수 있다. 여기서 주인공은 지극히 인간적인, 한 평범한 위인으로서의 면모를 드러낸다. 그러면서 다른 한편으로 김자점의 비인간적 면모를 부각시켜 임경업이 나라에 충성하고 백성을 사랑했던 덕장이자 민중의 사랑을 받던 영웅이었음을 나타내는 근간으로 삼는다.

> 경업의 도라오ᄂᆞᆫ ᄑᆡ문이 왓거ᄂᆞᆯ ᄌᆞ점이 혜오ᄃᆡ, '경업이 도라오면 나의 계괴 이루지 못ᄒᆞ리라' ᄒᆞ고 샹씌 쥬왈, "경업은 반신이라. 황명을 거역ᄒᆞ고 도망ᄒᆞ여 남경에 드러가 우리 죠션을 치고져 ᄒᆞ다가 하ᄂᆞᆯ이 무심치 아니ᄒᆞᄉᆞ 북경에 잡힌 ᄇᆡ 되여 제 계교를 이루지 못ᄒᆞᄆᆡ ᄒᆞ릴업셔 셰ᄌᆞ와 ᄃᆡ군을 쳥ᄒᆞ여 보ᄂᆡ고 미쵸ᄎᆞ 나오니 엇지 이런 ᄃᆡ역을 그져 두리잇고"[13]

임경업의 부동한 충성심에 탄복한 호왕이 임경업을 예를 갖춰 조선으로 돌려보내는데, 이 소식을 들은 김자점이 임금께 경업을 모함하는 장면이다. 임경업 같은 충신이 있으면 자신의 계획이 실패할 것이라 염려한 김자점이 그럴 듯한 거짓 이유를 대 참소하고 있다. 여기서 김자점은 국익보다 개인적 목적성취를 위해 충신과 임금조차 저버리는 비열한 신하의 전형이다. 임경업에 대한 개인적 반감보다는 자기 일에 방해가 되는 존재라는 사실 때문에 갈등을 일으키게 된다. 임경업의 충성심이 곧 김자점에게 방해의 요인이 되는 것이다. 그렇기 때문에 다음 부분에서 김자점의 일방적인 모함과 횡포로 말미암아 임경업은 뭇매를 맞고 감옥에 갇혔다가 결국 죽음에 이르게 된다. 악인과의 대결에서 별 대응도 해보지 못한 채 일방적으로 어이없게 죽어 가는 임경업의 모습이 안타깝게 그려지고 있다. 임경업은 아무런 잘못이 없음에도 불구하고 유한한 인간으로서 어쩔 수 없이 당하고 마는 것으로 처리되고 있는 것이다. 이러한 영웅의 죽음은 사실에 입각한 것으로 역사적 인물을 영웅화하는 방식의 하나로, 역사적 사실을 토대로 현실적이고 범인적인 인물을 재창조해 냄으로써 관념과 현실 사이의 괴리감을 극복하고 공감대를 형성시키는 데 효과적일 수 있다.[14)]

여기서 두 인물 간 대립은 곧 당대 도덕관념과 사회적 이데올로기의 진수를 보여주기에 충분하다. 두 인물은 '선악'의 전형이자, '충'과 '불충'의 전형이다. 특히 국가의 운명을 다루는 현장에서 드러나는 '충'의 모습은 곧 당대인의 국가관 내지 가치관을 대변한다. 작품에서 임경업이 보여주는 '충'은 곧 자기희생적이며 맹목적인 것이다. 이는 유교적 '충'으로서, '효'와 별다른 마찰을 일으키지 않는다. 가정에서의 효 개념이 확대된 것이 바로 국가에 대한 충이라 여기기 때문이다.

물론 『고쿠센야캇센』에서도 임경업처럼 평범한 인간적 고뇌를 보여주는 인물들이 여럿 등장한다. 그러나 이 작품에서는 등장인물들의 성격을 긍정적 인물과 부정적 인물로 확연히 구별시켜 드러내놓고 있기 때문에 인물 간 대결이 곧 선악의 대결임을 금방 알아차릴 수 있다. 충신 고 센케이와 간신 리 도우텐이 선악대결구도의 극단에 서 있으며, 고쿠센야와 그의 부모, 동생 등 가족 전체가 긍정적인 인물로, 탓탄국 왕과 그의 아들 바이로쿠와 동생 그리고 부하 장군들은 모두 부정적 인물로 그려진다.

그런데 이러한 선인과 악인 사이의 대립적 상황은 긍정적 인물군의 자기희생(자결)이나 신의 도움을 통해서 해결된다. 여기서 특이한 것은 효보다는 충 의식이 절대적으로 강조되고 있으며, 가족 구성원보다는 군주(또는 국가)가 우선시된다는 데 있다. 여성은 주인공의 영웅성을 부각시키고 사건 전개를 가능케 하는 등 기능적 역할을 하는 보조인물로 그려진다. 아울러 이들 여성들은 자아와 세계의 대결이 아닌 자아와 자아와의 대결에서 자기 스스로를 포기하고 자결하는 인물로 설정되어 있다. 여기서 선악 대립의 개념을 찾기 어렵다.

지카마쓰의 작품 중 역사적 사실이나 전설을 소재로 한 것들은 대개 무사도의 정신을 강조하고 특히 주인의 목숨을 대신하는 부하의 희생정신을 찬양하고 있다.[15] 충과 효가 대립하는 상황에서 주인공은 효보다 충을 중요시 여긴다. 그러나 여기서 말하는 '충'이란 유교적 이념에 기초한 국가에 대한 '충'이 아니라, 자기 상관을 위해 목숨까지 바치는 일본식 '충'의 의미로 나타난다. 따라서 충과 효 사이에서 갈등이 일어날 경우, 등장인물은 잠시 갈등을 겪지만, 선택의 결과는 신하로서 군주에게 '충'을 다하는 것으로 귀결된다.

작품에서 '충'의 표현은 곧 등장인물의 죽음으로 연결된다. 자아와 세계와의 대결에서 자아의 죽음으로 세계가 달라지지는 않는다. 그러나 등장인물의 죽음이 다음 사건으로 나아가는 촉진제 역할을 한다. 그렇다고 해서 그 죽음이 숭고하다고 보기는 어렵다. 대의명분을 실현하여 자아의 자기만족을 얻으려는 측면이 강하다. 왜냐하면 이것은 일본인이 죽음에 대해 갖고 있는 세계관이나 의식구조의 전통과 맞닿아 있기 때문이다.[16] 일본인들은 다른 사람 또는 집단에 대한 충성이나 의협심을 보여주기 위해 자신의 내면에 있는 강한 애착이나 욕구를 스스로 자진해서 '단념'하려는 의식이 강하다.

이러한 의리 행위의 방향을 결정하는 가치기준은 국가에 대한 충효사상과 같이 이 세계를 초월하는 관념적 충성이 아니라, 이 세계에 존재하는 개인이나 집단에 대한 현실적 충성에 있다. 보편적 이념에 대한 충성이 아니라 자신과 어떤 특정한 관계에 있는 구체적인 개인이나 집단을 향한 특정적인 충성인 것이다. 여기서 구체적인 개인이나 집단이란 한 집안에서의 가장(家長)이나 무사들의 주군(主君) 등을 의미한다.

그러므로, 『고쿠센야캇센』에서 여성 등장인물의 자결은 주군에게 작은 은혜를 입더라도 큰 희생으로 봉사하는 것이 은의(恩義)에 있어 가장 아름다운 것이 될 수 있다고 여긴 의식이 크게 작용한 결과다.[17] 죽음이 미화되고 숭앙되던 일본의 전통 의식이 바로 『고쿠센야캇센』에서 여성 인물들의 남편 또는 아버지에 대한 '은의' 차원으로 나타난 것이라 하겠다.

『콘라드 발렌로드』에서 주인공 발렌로드는 운명의 그늘에서 벗어나지 못한다. 자아와 세계의 대결에서 세계의 절대적 우위를 극복하지 못한 채 예정된 목적을 성취하고 죽음을 맞이한다. 마치 예수 그리스도가 인류 구원을 위해 십자가의 길을 택한 것과 유사한 역할을 감당하는 인물로 그려진다. 작품 전체를 보더라도 적대적 개인은 그다지 크게 드러나지 않는다. 리투아니아를 배신했던 비톨드(Witold) 대공 정도가 부정적 인물에 해당한다고 볼 수도 있겠으나, 그 역시 자신의 배신행위를 부끄럽게 여기고 후에 다시 발렌로드와 연합하여 기사단을 몰락시키는 인물이 되기 때문에 적실히 적대적 인물이라 말하기 어렵다. 오히려 발렌로드와 독일 기사단과의 갈등이 가장 극명하게 나타나 있다. 그리고 발렌로드가 독일 기사단과 갈등을 일으키고 있다고 하지만, 엄격히 말한다면, 그것은 곧 자신에게 주어진 운명과의 싸움이라고 할 수 있다.

작품에서 드러나는 가장 중요하고도 독특한 갈등 국면은 발렌로드의 정체성과 관련된다. 여기서 발렌로드만이 겪는 자기 정체성의 문제는 사랑과 미움(증오)의 형태로 나타난다. 즉, 한 여성(알도나)에 대한 사랑과 조국에 대한 사랑 사이에서 그가 겪는 갈등이 바로 그것이다. 발렌로드는 알도나와 조국 모두를 사랑한다. 그러나 비극적인 조국의 상황에 무관심하지 않은 이상, 조국과 연인을 동시에 사랑

할 순 없다. 민족과 조국이 행복하지 못한데 집에서 나 홀로 행복을 누릴 수만 없었던 이가 바로 발렌로드였다. 오히려 그는 자기를 길러 준 은혜를 저버리고 독일 기사단을 배신할 때 비로소 인생의 참 의미를 찾을 수 있는 운명이었다. 사랑과 미움 사이에서 자아와 세계에 대한 끊임없는 자기 갈등과 번민의 과정을 거쳐 자신의 정체성의 해답을 찾고자 한 것이다.

발렌로드는 그의 입으로 승리의 말을 외치곤 했다. 미움의 대상에게 복수를 하고 목적한 바를 이루게 되었다는 기쁨에 득의양양한 희열감을 맛보았을지도 모른다. 그러나 또 다른 한편으로 그는 자신이 도덕적 양심을 저버리고 독일 기사단을 배신하고 많은 이들을 죽음으로 몰고 가야 한다는 사실에 번뇌하고 고통스러워하기도 했다.

> 난 더 이상 바라지 않아. 누가 뭐라 해도 나도 사람이란 말이야!
> 난 내 젊음을 가증스런 위선과 잔인한 피 가운데서 보냈어.
> 이제, 세월의 무게가 나를 누르고,
> 배신은 나에게 지루한 것일 뿐, 싸움에도 능하지 못해.
> 복수는 이것으로 충분해. 그리고 독일인도 사람이야.[18]

발렌로드는 그에게 의무처럼 주어진 예언의 길을 걸어가기 위해 그의 전 생애를 희생했다. 그렇지만 그의 생애에 한순간도 행복하고 한가로운 시간을 가져보지 못했고 행복한 삶을 누리고 싶다고 생각해 본 적도 없었다. 자신을 길러 준 독일을 배신하고 조국 리투아니아를 위해 목숨을 바쳐야 했던 그의 삶은 민족과 국가에 닥친 불가항력적인 힘으로부터 벗어나 독립을 얻기 위해 짊어져야 했던 짐 그 자체였다. 그것은 그 혼자만이 감내해야 했던 고뇌의 무게이기도 했다. 그러므로 발렌로드가 위의 인용 부분에서 절규하다시피 고백하는 내용을 보면서 독자들은 그의 틀어진 운명의 무게를 더욱더 실감하게 된다. 젊은 시절 나라를 위한 애국심과 복수심에 불타 전 생애를 바치고자 했던 이상(理想)과, 목적의식이 공포감과 허탈감으로 바뀌었을 때, 비로소 그는 자신이나 독일인 모두가 완벽한 절대자가 아니라 하나의 불완전한 인간에 불과하다는 실존적 자각을 하게 된 것이다. 나라에 대한 충성심보다 인간의 개인적 번뇌의 감정이 더 강렬한 호소력을 갖게 되는 것은 바로 『콘라드 발렌로드』가 인류 보편적이고 인간적인 애증의 관점에서 갈등의 진폭을 보여주고 있기 때문이다.

인간적이며 개인적인 발렌로드의 모습은 아내 알도나와의 관계에서도 잘 나타난다. 발렌로드는 자신에게 주어진 예언을 성취하고 민족을 구하려는 일념 때문에 알도나와의 신혼생활을 뿌리치고 그녀를 떠나가 버렸다. 그렇지만 오랜 시간이 흘러 다시 아내를 만났을 때 발렌로드는 다시금 자기 아내와의 사랑을 회복하고 새로운 삶을 살기를 소망한다. 더구나 예언 성취를 목전에 둔 상태에서 죽음의 공포가 엄습해 오자 이를 피하기 위해 알도나에게 함께 도망칠 것을 제의한다. 발렌로드의 번뇌하고 망설이는 범인적 모습이야말로 이 작품의 극적 갈등상황을 집약적으로 나타내고 있다고 해도 과언이 아니다.

> "그래, 돌아갑시다, 옛날 그 시절로! 나에겐 권력이 있어.
> 기사들은 나를 놓아줘야만 해, 왜냐고? 내가 총사령관이니까."
> …
> "알도나, 신의 이름으로 맹세컨대! 아침이 다 되었어.
> 사람들이 깨어날 거야. 그리고 우리를 찾아내 붙잡으려 할 거야.
> 알도나!" 참을성 없이 안절부절 못하고 부르던
> 그의 목소리는 떨렸고, 그녀를 간절히 원했네.
> 무릎을 꿇고 자비를 구하며,

차가운 벽을 껴안고 거기다 키스를 했네.
"안돼요. 이미 너무 늦었어요."
알도나는 슬픈 목소리로, 그러나 차분히 대답했네.[19)]

알도나를 설득하여 함께 도망치려는 발렌로드의 간절한 심정이 잘 드러나고 있다. 아내 앞에 무릎을 꿇고 애원하는 듯한 발렌로드의 모습은 마치 예수 그리스도가 로마 병사들에게 잡히기 전에 겟세마네 동산에서 하나님께 고통의 순간을 피하게 해달라고 기도하던 인간적인 모습을 연상시킨다. 그렇지만 알도나는 단호하고 분명하게 발렌로드의 간청을 거절한다. 연약한 여자가 아니라, 고뇌하는 범인적 영웅에게 그가 걸어가야 할 길을 분명히 깨닫게 하는 예언자로서 알도나는 가슴 아픈 거절을 하고 있는 것이다.

알도나의 거절로 인해 발렌로드는 결국 조국 리투아니아를 위해 자기를 키워준 독일을 배반한 대가로 독일 기사단 병사들에 둘러싸여 최후를 맞게 된다. 그리고 알도나 역시 발렌로드와 같은 시간에 탑에서 뛰어내려 자살함으로써 이 세상에서 못다 한 사랑을 저 세상으로 가져가게 된다. 이처럼 서사구조의 커다란 얼개는 폴-리투아니아 연합국과 독일 기사단과의 전쟁과 갈등이지만, 내면적으로 발렌로드와 알도나의 애정담이 또 하나의 중요한 개인적 서사 갈등이자 사건 전개의 축으로서 비중 있게 다루어지고 있는 것이다.

『아이반호』에 나타난 개인 간 갈등은 주로 색슨인과 노르만인 사이에 벌어지는 대결 양상으로 나타난다. 그런데 여기서는 가족 간의 화목 또는 인간적인 애정보다 국가와 민족에 대한 충의가 더 중요한 갈등으로 작품 표면에 드러나 있다.

그런데 아슈비의 시합에 자기 아들이 갑자기, 그리고 뜻밖에 나타난 것은 그(=세드릭, 필자 주)의 이러한 소망에 커다란 치명적 타격이 아닐 수 없었다. 그 순간은 확실히 세드릭의 어버이로서의 부성애(父性愛)는 자부심이나 애국심보다도 강했다. 그러나 다음 순간 자부심과 애국심 쪽이 강해지자 이 두 개의 동기에서 그는 이제야말로 아델스테인과 로웨나의 결혼을 위해서 단호한 수단을 취하고, 아울러 색슨의 독립 회복을 돕는 필요책이라고 생각되는 그 밖의 대책을 서둘기로 결심한 것이다.[20)]

작품에 등장하는 색슨인들은 하나같이 색슨족의 우수성을 자랑하며 색슨족이 노르만족으로부터 독립해야 한다는 독립의지와 민족의식이 강하다. 작품에서 이러한 민족의식이 다른 사람들보다 더 강렬한 인물이 바로 아이반호의 아버지인 세드릭(Cedric)이다. 그는 아들에 대한 사랑보다 나라에 대한 충성을 더 중요시하던 아버지였다. 그런데 십자군 원정길에 나갔던 아들이 홀연히 마상시합에 나타나 노르만 기사와의 한판 승부에서 부상을 당하면서까지 승리하는 장면을 보자 아들에 대한 걱정과 애정이 교차하게 된다. 그래서 윗글에서 부성애가 민족에 대한 자부심이나 애국심보다 그 순간만큼은 더 강렬하고 뜨거웠다며 작가의 논평을 부기(附記)해 놓은 것이다. 그러나 그것은 잠시뿐이다. 왜냐하면 세드릭는 색슨족의 독립과 자존심 회복을 위해서는 어떤 방법이라도 동원하겠다고 결심하기 때문이다. 그중 한 방법이 바로 색슨 왕족의 후손인 아델스테인과 로웨나 공주의 결혼을 성사시키는 것이었다. 색슨 왕족끼리 결혼시켜 색슨 왕가의 정통성을 계승하고 색슨족의 위엄과 권위를 회복시키고자 한 것이다.

이는 아들 아이반호와 로웨나 공주가 서로 사랑하는 사이인 것을 앎에도 불구하고, 이 둘의 결합을 부정하고 아델스테인과 로웨나의 정략적 결혼을 추구하고 있는 데서 확연히 나타난다. 민족의 미래와 정통성 유지를 위해서는 아들의 감정이나 애정문제를 과감히 희생할 수 있어야 한다는 보수적 신념이 강하게 자리 잡고 있는 것이다.[21] 그렇기 때문에 세드릭은 로웨나 공주를 사랑하는 아들을 집에서 내쫓아 버리기까지 했다. 가족을 비롯해 가까운 사이의 인물들이 흔히 갖게 되는 인정 내지 애정의 감정과 민족적 · 국가적 차원의 도리, 곧 충성과 의리의식이 서로 상충될 때, 세드릭은 대의적 차원에서 '충의'가 더 소중하고 가치 있는 것으로 여겨 '인정'이 희생되고 '충의'를 지향하는 방향에서 갈등을 해결하고자 한 위인이었다. 이것은 개인적 성향을 통해 그만큼 국가적 차원의 이익이 개인적 차원의 이익보다 앞서는 것이라는 신념과 의식이 여전히 그 시대에 중심적 노릇을 하고 있음을 잘 보여준다. 앞의 다른 세 작품과 마찬가지로 『아이반호』에서도 개인적 갈등양상이 나라와 집단의 이데올로기적 윤리의식, 즉 충효열이라는 사회적 윤리와 관련하여 나타나고 있음을 알 수 있다.

그런데 『아이반호』에서 보이는 개인적 갈등 중에는 남녀 간의 애정 문제가 적지 않은 비중을 차지한다. 작품에서 가장 극적이고 현실적 감각을 잘 보여주는 것은 아이반호와 로웨나 공주, 그리고 레베카 사이에서 벌어지는 삼각관계에 있다. 로웨나 공주와 레베카는 모두 아이반호를 마음에 담고 있다. '레베카'는 미모가 출중할 뿐 아니라 지혜를 겸비한 여성으로 성당기사 기르베르에게 강제 결혼을 요구받는다. 그러나 레베카는 유대인이라는 자기 신분을 직시하고 있었을 뿐만 아니라, 기르베르와 같이 속물적인 기사를 존경하고 사랑할 만한 이유를 찾지 못했기 때문에 단호히 그를 거부한다. 더욱이 다친 아이반호를 지성으로 간호하면서 로웨나 공주보다 더 가까운 관계를 유지하며, 자신의 처지를 떳떳이 드러낼 줄 아는 용기까지 지닌 조력자 역할을 한다. 그러나 결국 아이반호가 로웨나 공주와의 사랑을 이룰 수 있도록 양보하고 이스라엘 순례여행을 떠나는 여인으로 그려지고 있다.

이 두 사람이 결합할 수 없는 분명한 이유는 충분히 제시되어 있지 않지만, 그렇게밖에 될 수 없었던 시대적 환경은 분명해 보인다. 일반 독자들은 아이반호와 레베카 사이의 관계가 결혼하는 것으로 끝나지 않는 것을 의아하게 여길 수 있다. 그러나 레베카가 아이반호에게 직접 입 밖으로 사랑고백을 할 수 없었던 것은 그녀가 이교도인이었기 때문이었다. 아이반호는 레베카란 여자를 낭만적 헌신의 대상으로 바라보고 있지 못하다. 그러나 레베카는 반대로 인간이 보여줄 수 있는 자비와 헌신의 마음을 아이반호에게 보여주었다. 그럼에도 불구하고 『아이반호』의 작가는 아이반호로 표상되는 색슨주의와 레베카로 대표되는 유대주의 사이의 결합 가능성을 인정하려 하지 않고 있다. 이것은 개인의 사랑까지 신분이나 민족의 이름으로 구속하려던 시대의식의 한 단면을 그대로 보여준 결과이기도 하다.

여기에다 레베카를 놓고 아이반호와 기르베르 사이에서 벌어지는 미묘한 관계도 심각한 개인적 갈등 양상을 띠고 전개된다. 기르베르가 레베카를 어떻게 해서든 차지하려고 했던 욕망은 결국 아이반호와의 대결로 중첩되면서 그 극적인 긴장감과 흥미를 더해 주고 있기 때문이다. 그런데 처음부터 기르베르와 레베카 간의 결합은 순탄할 수 없는 것이었다. 왜냐하면 두 사람의 관계는 신분을 초월한 만남을 전제로 할 때 가능하기 때문이다. 기르베르가 사회적 편견을 무시하고 유대인인 레베카를 차지하려 한 것은 신분과 인종 차이를 뛰어넘는 애정관을 갖고 있었기 때문이 아니라, 레베카가 기독교인으로 개종한다는 전제하에 그의 권력으로 그녀의 미모를 소유하고자 한 것에 불과했다. 자신의 신분과 힘으로 사랑까지도 자기 마음대로 차지할 수 있다고 여겼던 그의 방종한 귀족의식과 속물근성은 별다른 동정도 받지 못한 채 끝나버린 그의 마지막 순간만큼이나 헛되고 부질없는 것이었다.

그런데 『아이반호』에는 주인공 외에도 보조적 인물들이 개인적으로 겪는 갈등과 성격까지 비교적 잘 드러나 있다. 귀족과 무사로 대표되는 상층계급과 하층계급 간의 갈등이 있는가 하면 기독교인과 유대인 사이에서 일어나는 사회적 · 종교적 갈등도 있다. '왐바' 나 '오스왈드' 같은 색슨족 하인들은 노르만 귀족 또는 상층계급을 비웃거나 조롱하기도 한다. 그리고 권력을 잡고 있는 귀족이나 기사, 수도원장은 아이반호나 록슬리, 그리고 평민이나 천민들과 대립한다.

개인적 대립은 인물들의 영웅성을 드러내기보다는 일개 인간으로서 가지는 인간적 애욕과 감정, 그리고 인물들이 갖고 있는 사회적 · 시대적 통념이나 신념을 현실적으로 드러내려는 기능적 측면이 강하다. 그리하여 주인공들이 범인적 영웅으로서 경험할 수 있는 여러 시련과 갈등을 재현해 낸다. 그리고 그것을 극복하려는 의지와 노력을 지극히 인간적인 모습으로 그려내고 있다. 이때 갈등을 해결하는 방향은 일반적으로 개인적 차원의 '인정' 보다는 국가적 · 민족적 차원의 '충의' 를 실현하는 쪽으로 기울어져 있는 것이 특징적이다. 그리하여 여러 갈등을 모두 극복한 후에는 비로소 진정으로 숭앙받을 만한 가치가 있는 한 시대의 영웅으로서 자리매김하게 된다. 국가 간 대결이 '민족적 영웅' 으로서의 면모를 부각시키고 있다면, 개인 간 대결은 곧 범인화한 영웅으로서의 모습을 보여주고 있음을 다시금 확인할 수 있다. 결국 이들 역사영웅서사문학 작품의 주인공들은 '민족적 영웅' 인 동시에 '범인화한 영웅' 으로서의 이중적 성격을 지니고 있다. 이러한 영웅상은 민족의식이 대두되고 역사적 사건을 체험한 사회구성원의 의식이 역사영웅서사문학에 반영되면서 나타난 자연스런 결과라 할 것이다.

2) 범인화한 영웅상의 구현

앞 절에서 '개인 대 개인'의 대결 국면을 통해 주인공이 범인화한 영웅으로서의 모습을 보여준다고 언급하였다. 이에 관해 좀 더 구체적으로 고구할 필요가 있다. 한 시대의 영웅이야말로 작가와 독자, 그리고 시대의 요구를 대변하던 존재이기 때문이다. 그런데 여기서 말하는 '범인화한 영웅'이란 신성성이 제거된 일반 국민, 곧 평범한 인간으로서의 영웅을 뜻한다. 다시 말해, 보통 사람이 감당하기 어려운 국가적 문제를 해결하거나 전쟁에서 커다란 공을 세운다는 점에서 네 작품의 주인공은 평범한 사람들과 구별되는 비범성을 지니고 있다 하겠으나, 다른 한편으로 한계 상황에서 고민하고 좌절하거나, 또는 죽음에 이르기까지 하는 평범한 인간의 모습으로 보여주고 있기도 하다. 그러나 '비범성'은 약화된 반면, '평범성'이 강화된 인물이라 할 것이다. 상대적으로 비범성이 약화되고 범인적 속성이 부각되고 있는데다 시대에 따라 인식과 평가가 달라질 수 있는 비절대적 영웅이라는 점에서 소위 '범인화한 영웅'이라 부를 수 있는 것이다. 그렇다면 상기 네 작품에서는 이렇듯 범인화한 영웅의 모습이 어떤 의미를 지니고 있으며, 구체적으로 어떻게 그려지고 있는지 살펴볼 일이다.

루카치는 역사소설과·서사시에서 주인공의 근본적인 차이를 인물의 '전형성' 문제로 보았다. 그에 의하면, 서사시에서는 정상에서 돋보이는 인물을 주인공으로 상정하지만, 역사소설에서는 그렇지 않아 민족적으로 중도적이고 평균화된 인물, 곧 전형적 인물을 주인공으로 그려낸다고 했다.[22] 그러면서 그는 『역사소설론』에서 "중세의 '낭만적'인 기사 아이반호(Ivanhoe)야말로 영국 소귀족의 나무랄 데 없이 고상한 평균적 대표자"[23]라고 주장한 바 있다. 루카치는 역사소설에서 역사의 어느 한 시대에 실제로 살았을 법한 삶의 평균치 모습을 대변해 주는 인물을 '전형적 인물'이라고 규정한 것이었다. 이 경우, 그가 말하는 전형적 인물은 신적 · 초월적 영역과는 무관하고 지극히 인간적인, 그리고 사고와 감정이 극단적이지 않은 인물이다.

그런데 그가 주장하는 것처럼, 아이반호가 과연 중도적이고 평균적이며 전형적인 인물인지에 대해 다시 한번 생각해 볼 필요가 있다. 왜냐하면 아이반호는 보통 사람과 다른 영웅적 일면을 여실히 보여주고 있기 때문이다. 영웅소설에서 종종 드러나는 신성성 내지 초월성은 제거되었지만, 임경업과 같이 보통 사람이 좀처럼 해내기 어려운 일을 이루어내고 있기 때문이다.

첫째, 아이반호는 마상시합에서 기르베르 이외에 다섯 명을 혼자서 물리치는 능력을 발휘한다. 또한 부상당한 몸을 이끌고 하루종일 말을 타고 레베카가 붙잡혀 있는 사원 내 시합장으로 달려온데다, 곧바로 기르베르와 결투하여 단 한 번의 대결로 상당한 무술 실력을 가진 상대방을 무찌른다. 강인한 의지와 남보다 월등히 뛰어난 무술을 겸비하지 않고서는 뛰어난 무술을 자랑하는 기사를 그렇게 쉽게 죽일 수 없다. 더욱이 아이반호는 노르만 기사 기르베르와 싸워 지는 법이 없다. 어떠한 불리한 상황에 놓이게 되더라도 굴하지 않고 목적한 바를 마침내 성취해 낸다. 이런 점에서 아이반호는 비범한 소양을 지닌 인물이라 할 수 있다.

둘째, 보조적 인물들의 행위나 사건의 해결 국면이 주인공인 아이반호의 영웅성을 부각시킬 수 있는 기능적 측면으로 작용하고 있다는 점이다. 예를 들어, 부상당한 아이반호가 레베카의 헌신적인 간호를 받는다는 상황 설정이나 이야기의 마지막 부분에서 레베카가 절대 절명의 위기에 처하게 되었을 때 기르베르와 결투하여 이기는 자만이 그녀를 구할 수 있다는 극한 상황의 설정 등은 결국 아이반호가 비범한 영웅이 될 수밖에 없는 이유를 보여주기 위한 서사 장치인 것이나 마찬가지다. 로웨나 공주가 아이반호의 인품과 능력을 일방적이고 맹목적으로 흠모하고 사랑한다는 구성 자체도 아이반호를 남다른 영웅으로 파악하고 있음을 보여주는 근거가 된다. 또한 보조적 인물들의 입을 통해 아이반호를 평가하는 부분에서도 아이반호가 하늘로부터 능력을 부여받고 백성들의 신망과 기대를 한몸에 받고 있는 영웅이라는 점을 잘 드러내 주고 있다.

> 9 "축복 받은 미리암(Miriam)의 비법을 세상에 내보이는 것은 하늘을 거역하는 일일 거야. 왜냐하면 하늘이 내려 준 신물(神物)을 경솔하게 다른 사람에게 내어주어서는 안 되기 때문이지. 그것이 금이든, 은화든, 아니면 현명한 의사의 비술이든지 간에. 그런 것들은 하늘이 베풀라고 확실하게 점지해 주시는 사람들에게 쓰기 위해서 비축해 두어야 해."[24)]

> 10 "당신은 이 나라가 강한 힘과 참된 마음의 조력을 가장 필요로 할 때에 돌아오셨습니다. 당신의 적, 그리고 왕의 적의 자랑을 그자들이 가장 우쭐대고 있을 때 그 콧날을 꺾어놓은 것입니다. 그리고 이제까지 겪어온 고난은 하느님이 당신께 이 나라의 가장 천한 백성들 사이까지 구호자와 의사를 내려주셨다는 걸 모르십니까?"[25)]

9는 부상당한 아이반호를 옆에 두고 레베카와 아이작이 치료에 대해 대화하는 부분 중 아이작이 말하는 내용이다. 유대민족 사이에 전해오는 비법을 전수받은 레베카가 그 비법을 가지고 아이반호를 치료하려고 하자 아이작이 비법의 중요성을 환기시키며 신중을 당부하고 있는 것이다. 그런데 여기서 강조되고 있는 것은 이 특별한 치료법이야말로 하느님의 명령을 이어받은 사람의 손에 의해 신의 뜻을 이룰 사람에게만 사용되어야만 한다는 점이다. 세상의 많은 돈으로도 비교될 수 없는 귀한 비법을 아무에게나 사용할 수 없다는 것은 곧 부상당한 아이반호가 그만큼 하늘의 뜻을 성취해 낼 중요한 인물이라는 사실을 의식하고 있음을 간접적으로 보여준다. 아이반호가 이미 보통 사람과 달리 영웅성을 지닌 인물로서 다른 사람들과 구별되는 특별한 존재라는 인식이 행간 사이에 드러나 있다.

[10]에서는 레베카가 부상을 당해 힘들어하는 아이반호를 격려하고 있다. 그런데 여기서도 아이반호를 하늘의 뜻을 성취시킬 인물로 서술해 놓고 있다. 지배자들을 혼내 주고 백성들을 구원해 낼 신의 사자로서 아이반호를 바라보고 있는 것이다. 작중인물의 입을 빌려 아이반호가 사건 전개과정에서 얼마나 중요한 역할을 감당해야 하는 인물인지를 보여주고 있다. 그만큼 주인공이 범상하지 않은 인물임을 독자들에게 간접 암시해 준다.

셋째, 아이반호 이외에 『아이반호』에 등장하는 주요 인물들에 대한 묘사 역시 비범하고 완벽한 인간의 모습으로 미화되는 경우가 종종 있다. 이는 작가의 인물 묘사 및 성격 제시를 위한 서술방식과 관련된 것으로, 주요 긍정적 인물에 대한 극단적 찬사 또는 부정적 인물에 대한 비판이 극명한 가운데 인물 서술과 평가가 거의 동일한 패턴으로 나타나고 있음을 의미한다.

> 아름다운 레베카는 어려서부터 주의를 다하여 양육되었으며, 당시 유대인의 자녀가 의당 받아야 할 모든 지식이 수여되었지만, 그녀의 날카로운 뛰어난 지력(智力)은 그것을 배워 정돈하고, 그것을 확대하여 그녀의 나이로서도, 여성으로서도, 더욱이 그녀가 생활하는 시대로서도 알맞지 않을 만한 진보를 보인 것이다.... 이처럼 미모와 지혜를 겸비한 훌륭한 재질을 타고난 레베카는 동족에게 널리 존경받고 탄복을 불러일으킬 정도였다. 그들은 거의 그녀를 성서에 기록된 역사 중에 나오는 천부의 재주를 타고난 여자의 하나로 간주하였다.[26]

여주인공인 레베카에 대한 인물평이 나타나 있는 부분에 해당한다. 여기서 레베카는 당대의 다른 유대인 여성보다 탁월한 지혜와 재주를 가진 여자로서 성서에 등장했던 여러 훌륭한 여자들에 버금가는 사랑과 존경을 당대의 유대인들로부터 받던 인물로 부각되고 있다. 레베카가 다른 어떤 여자보다도 미모와 재능을 겸비한 비범한 여자임을 뚜렷하게 보여준다. 특히 여기서 말하는 지식과 재주란 의술을 의미하는 것으로서 부상이 심한 아이반호를 8일 만에 완쾌시킬 수 있는 능력을 가지고 있음을 강조하기 위한 목적이 강하다. "외모나 태도가 인간의 것으로 여겨지지 않을 정도"[27]라든지, "선천적으로 지력이 뛰어난"[28] 데다가 "이렇게까지 활기차고 침범하기 어려운 미녀를 본 적이 없다"[29]라고 할 정도로 레베카를 묘사하고 있는 부분에서 레베카의 비범한 면을 미화시켜 놓고 있는 것이다.

록슬리(Locksley) 또한 마찬가지다. 그는 활쏘기 시합에서 신기에 가까운 능력을 발휘한다. 비록 사회의 이방인으로서 검은 숲에 사는 도적의 우두머리지만 정의롭고 관대하여 명예를 최고로 여길 줄 아는 완벽한 인물이다. 노르만 성주의 성을 쳐들어갈 때도 민중 봉기를 일으킨 무리 중 자연스럽게 지도자로 선출되어 그 역할을 완벽하게 감당하는 등 작품 내에서 인간적으로 어떠한 약점도 찾아볼 수 없는 인물로 그려지고 있다. 그러하기에 레베카나 록슬리 같은 보조적 인물들도 루카치가 말한 대로 그 시대를 대표할 만한 중도적 또는 전형적 인물이라 할 수 있을지 의문스럽다.

그렇다면 네 작품에서 남성 영웅의 성격은 구체적으로 어떤 모습으로 나타나고 있는가? 네 작품에서 주인공의 개인적 성격 및 인물의 능력과 관련하여 공통적으로 발견되는 범인적 속성이 몇 가지 존재한다. 그 대표적 특성으로는 주인공들이 최소한 아이반호 이상의 비범한 영웅적 능력을 갖고 있는 반면, 다른 한편으로 '방향성을 잃고, 속기도 하며, 정체를 감추기도 하고, 유괴당하거나 감금되기도 하며, 다른 사람들에게 이용당하기도 하고, 다른 사람들의 우월한 지식이나 권력에 의해 영향을 받기도 하는' 유한한 인물의 모습을 보여준다는 점일 것이다.

물론 이 시기의 영웅들에게서만 '감금당하거나 속임수에 빠지는' 유한자적인 속성을 발견할 수 있다는 말은 아니다.[30] 비범한 능력을 지닌 영웅이지만, 한없이 능력이 뛰어난 것이 아니라, 때로는 너무나도 현실적인, 그리하여 무엇보다도 현실세계의 질곡과 역사의 복합적인 힘에 의해 패배하거나 절망하는 인간적 면모를 제대로 보여주고 있다는 것이다. 네 작품의 주인공들이 범인적 영웅의 속성을 지니고 있는 것은 이들이 작품 내에서 소극적이거나 피동적인 성향을 보이는 것과 상통한다. 이것은 역사와 세계로부터 주어지는 엄청난 힘 앞에서 인간이 현실적으로 반응하는 자연스런 한 예에 해당한다고 말할 수 있다. 또한 개인 대 개인, 그리고 개인 대 세계와의 갈등에서 이러한 영웅들의 특성은 더욱 두드러지게 나타나고 있다. 그러면 좀 더 구체적으로 항목별로 하나씩 살펴보도록 하자.

(1) 목적의식이나 의지가 흔들린다

ⓐ 해설자: 그때까지 사기가 충천해 있던 고쿠센야는 갑자기 그의 눈이 흐려지고, 그의 힘이 빠지는 것을 느꼈다. 그리고 크게 낙담했다....

이칸: 고쿠센야! 무엇을 망설이느냐? 왜 지체하고 있느냐?... 명나라를 회복시키겠다고 하던 네 확실한 결심은 어디에다 잃어버렸느냐?[31]

ⓑ 조국, 의무, 연인, 십자군, 리투아니아 등의 말을 들으면 / 즐거워

하던 발렌로드의 얼굴은 금세 험악해졌네. / 그것을 들으면서, 다시 얼굴빛은 되돌아오고, 다시 모든 것이 무감각한 상태가 되어 / 비밀스런 정신세계로 빠져들고 마네.[32)]

ⓒ 레베카가 말했다. "기사님, 당신의 나약함과 슬픔은 하늘이 준 목적을 혼동하게 만들고 있어요....당신이 액운에 시달리는 것에 대해서는, 하늘이 이 나라에서 가장 멸시받는 유대인에게서조차 당신을 치료하고 도울 사람을 내셨다는 것을 모르십니까? 그러니 용기를 내세요."[33)]

네 편의 역사영웅서사문학 작품들에서 가장 먼저 눈에 띄는 범인적 속성은 목적의식의 상실 내지 의지의 동요와 관련된다. ⓐ는 마지막 중요한 전투를 앞두고 이칸이 적진에 뛰어들었다가 붙잡혀 탓탄 국왕과 리 도우텐이 고쿠센야와 흥정을 벌이는 장면의 일부이다. 여기서 고쿠센야의 부친 이칸은 자신이 처참하게 죽어도 좋으니 일본의 명예와 목적을 이루기 위해 공격하라는 질책을 한다. 이때 고쿠센야는 명나라 회복이라는 중대한 목적을 포기하느냐, 아니면 부친을 포기하느냐 하는 문제 때문에 망설이게 된다. 충과 효 사이에서 갈등하고 있는 것이다. 작품 전체에서 초인과 같은 영웅적 능력을 맘껏 드러내던 고쿠센야가 유독 이 부분에 이르러서는 부친의 생사 문제를 앞에 두고 주저하는 모습을 보여주고 있다. 더욱이 중국에 건너와 5년간 싸워 온 노력과 목적을 한순간에 포기하려는 나약한 모습마저 나타나고 있는 것이다.

또한, ⓑ에서는 발렌로드의 나약하면서도 불안해하는 성격이 잘 드러나 있다. 발렌로드가 평소에는 밝은 얼굴을 하고 있다가도 그에게 상처가 되거나 벗어날 수 없는 운명의 짐 같은 것을 느낄 만한 말을 듣게 되면 긴장을 하고 다른 사람처럼 돌변하는 것은 중압감에 시달려 심리적 · 정신적으로 문제가 있음을 암시한다. 자신만의 비밀을 감추고 적의 무리 속에서 자기의 운명 길을 걸어가야 하는 주인공은 정신적으로 심한 스트레스와 번뇌 때문에 마음이 편할 리가 없다. 수시로 엄습해 오는, 목적 성취에 대한 불안감과 두려움이 히스테리로까지 변해가고 있음을 단적으로 보여주고 있는 것이다.

ⓒ는 아이반호가 부상당해 낙담하고 있을 때 레베카가 옆에서 그를 격려해 주는 말이다. 레베카의 표현을 빌리면, 아이반호는 마음이 나약해져서 하늘이 그에게 부여해 준 목적의식을 상실한 채 한탄하고 슬퍼하는 상태이다. 리처드 왕의 총애를 받고 십자군 원정길에 자원하여 나섰던 용감무쌍한 기사라고는 상상하기 어려울 만큼 실의에 빠져 있는 초라한 영웅의 모습을 레베카의 입을 통해 간접적으로 보여주고 있다.

이처럼 주인공들은 작품 전반에서 영웅적 면모를 한껏 드러내다가 정작 사건 해결의 중요한 순간에 평범한 인간이 흔히 보여주는 것처럼 신념과 목적의식이 흔들리고 망설이게 된다. 여기서 이렇게 주인공의 의지를 약화시키거나 흔들리게 만드는 근본 원인은 충 · 효 · 의와 같은 인류 보편적 사회도덕 및 윤리의 실천에 있다. 불충불효하거나 불의하게 될지도 모르는 상황을 두고 스스로 번뇌하고 있는 것이다. 바꿔 말한다면, 이러한 반인륜적 상황은 주인공이 슬기롭게 극복함으로써 진정한 영웅으로 인정받을 수 있게 되는 실험대인 것이나 마찬가지다.

(2) 속임을 당한다

> ⓓ 젼옥 관원이 경업의 ᄋᆡᄆᆡᄒᆞ믈 불샹이 녀겨 경업더러 일너 갈오ᄃᆡ, "쟝군을 역젹으로 잡아 젼옥에 가도미 다 ᄌᆞ졈의 모계니

그ᄃᆡᄂᆞᆫ 잘 쥬션ᄒᆞ여 누명을 벗게 ᄒᆞ라." ᄒᆞ거ᄂᆞᆯ 경업이 그졔야 ᄌᆞ점의 흉곈 줄 알고 불승통한ᄒᆞ여[34]

ⓓ는 임경업이 자신이 옥에 갇히게 된 것이 김자점의 흉계 때문이라는 사실을 비로소 깨닫게 되는 대목이다. 임경업은 비록 점술로 독부의 배신을 미리 알아채기도 하는 능력은 있지만 정작 자신의 운명을 미리 예견할 만한 능력은 없다. 비록 곤경에 처한 중국을 구할 정도로 탁월한 장군이라 할지라도 자신의 개인사에 관해서는 어쩔 수 없이 함정에 빠져 고난을 당하는 것으로 나타나고 있다.

『고쿠센야캇센』에서는 주인공 고쿠센야가 속임을 당하지는 않지만, 대신에 중국 황제가 간신 리 도우텐의 간계에 속아 명나라의 화를 초래하는 모티프가 보인다.[35] 간신과 충신의 의중을 제대로 헤아리지 못하고 간신의 거짓말에 속임을 당함으로써 사건의 위기와 갈등이 시작되는 것으로 설정되어 있다. 『임경업전』에서 주인공이 속임에 의해 커다란 위기 상황에 처하게 되는 것과 유사하다. 주요 등장인물이 속임을 당하는 서사적 장치를 통해 사건의 큰 전환이 이루어지고 있다.

(3) 정체를 감춘다

ⓔ 경업이 즁이 되여 낫지면 산중에 들고 밤이면 졀에셔 머무러 종적을 감초니 독뵈 그 연고를 뭇거ᄂᆞᆯ 경업 왈, "셔로 뭇지 말고 젼치 말나. ᄌᆞ연 앎ᄃᆡ 잇스리라[36]

ⓕ 그는 프러시아에서 잘 알려지지 않은 이방인이었네. 그러나 다른 나라에서는 명성이 자자했다네.[37]

ⓖ 의절기사는 기사로서 할 수 있는 예의를 다하여 그 요구를 거절하며, 지금은 사람들에게 자기 얼굴을 보일 수 없다는 것과 그 이유는 이 시합장에 들어올 때 미리 전령관에게 알린 바라고 말하였다. 투장감찰은 이 대답을 쾌히 승낙하였다. 왜냐하면 기사시대에 기사들은 종종 여러 가지 변덕스러운 맹세로 스스로를 구속하는 관습이 있었지만, 일정한 기간이나 그 어떤 특별한 모험이 달성될 때까지 세상에서 몸을 감추고 있겠다는 맹세 따위는 그러한 것 중에서도 가장 흔히 있는 것이었기 때문이다.[38)]

영웅의 범인적 속성을 잘 보여주는 것 중의 하나가 바로 자신의 정체를 감추는 것이다. 신변에 위협을 느끼거나 세계의 횡포를 피하기 위해 약자가 취하는 일반적 도피 방법이 바로 자신의 신분을 감추는 것이다. ⓔ에서 임경업은 잡혀가던 도중 도망쳐 산 속에 들어가 신분을 감추고 명나라로 갈 방도를 모색하게 된다.

그런가 하면 ⓕ에서는 발렌로드가 뛰어난 전사로서 넓은 세계에서 이름을 날렸지만, 정작 독일에서는 그의 정체를 아는 사람이 적다고 했다. 이것은 주인공이 자기를 길러준 독일을 배신하고 조국 리투아니아를 위해 죽어야 하는 운명을 이루기 위해 마지막까지 정체를 숨겨야 했기 때문이다. 정체를 감춰야만 하는 상황 자체가 유한성을 표상하는 것이자 작품을 가장 극적으로 몰고 가는 주된 모티프가 아닐 수 없다. 발렌로드의 행동거지와 얼굴표정 하나하나가 비정상적이고 이상스러운 이유가 무엇인지 독자들은 계속 호기심을 가지고 주인공의 감춰진 정체와 궁극적 운명을 연결시켜 상상의 나래를 펴지 않으면 안 된다. 그런데 『콘라드 발렌로드』에서 발렌로드 외에 그에게 주어진 운명의 길을 걸어가기 위해 도와주는 두 인물, 곧 발렌로드 옆에 그림자처럼 동행하는 늙은 음유시인 '할반'과 아내이자 예언자인 '알도나' 역시 독일기사들에게는 베일에 감춰진 정체불명의 인물로 묘사된다. 따라서 독자들은 비밀스런 개성을 지닌 인물들의 정체를 끝에 가서야 비로소 깨닫게 되고 그들의 역할과 의미가 무엇이었는지 되돌아볼 수 있게 된다.

『아이반호』(ⓖ)에서도 마상시합이 끝날 때까지 어느 누구도 아이반호의 정체를 알지 못한다. 존 왕자를 비롯한 노르만 귀족들과 기사들은 신비스런 이 인물에 대해 경계와 긴장을 갖게 되고 이로 말미암아 서사적 갈등은 더욱 고조된다. 독자들 또한 호기심과 흥미를 갖고 그 인물의 정체를 파악하는 데 몰두한다. '흑기사'라고 불리면서 신분노출을 꺼렸던 리처드 왕 또한 작품이 끝날 때에 이르러서야 비로소 그 정체를 밝힌다.

이처럼 주인공이 정체를 감추고 있는 것은 위급한 상황을 모면하려고 하거나, 큰일을 행하기 위한 준비 단계에서 흔히 나타나곤 한다. 세상의 횡포와 억압을 모면하기 위해 유한한 인간이 취하는 자기방어적 속성이자 목적 성취를 위한 일시적 계책의 성격을 띠고 있다. 비범한 능력을 가진 자라면 굳이 정체를 감추고 자기를 방어하려고 하지 않을 것이다. 정체가 드러날 경우 신변의 안전을 보장받지 못할 수 있다는 위기의식이 주인공의 행위를 그렇게 만들고 있는 것이다. 현실적으로 문제해결을 시도하기 위한 인간적 노력의 한 예가 되는 것이다. 더욱이 작품에서 영웅들이 정체를 숨기는 것은 흥미를 유발시키는 복선 노릇도 된다. 주인공의 운명과 사건의 결말에 어떤 영향을 미치게 될지 알지 못하는 독자들에게 궁금증을 불러일으키고 서사구조의 긴장성을 높여주는 극적 장치로서 효과적이라 하지 않을 수 없다.

(4) 감금을 당한다

ⓗ 경업이 싱각ᄒᆞ되, '나라히 친님ᄒᆞ시면 ᄂᆡ 죽어도 한이 업슬 거시오 셰ᄌᆞ와 ᄃᆡ군이 나의 일를 알아 계신지 모로고 계신가.' ᄒᆞ여 쥬야 번민ᄒᆞ여 목이 말나 물를 구ᄒᆞ되 옥졸이 쥬지 아니ᄒᆞ니[39)]

ⓘ 이미 발렌로드가 숨어 있던 은신처 아래서 / 군인들이 점차 원형의 철 계단을 지나 올라오는 소리가 들렸네. / 무장군화의 시끄러운 소리는 점점 가까이 들려오도다. / 알프는 문의 빗장을 걸어 잠그고, 기병도(刀)를 잡아 쥐었네. / 식탁 위 술잔을 잡아들고는 창문 쪽으로 걸어갔네. / "끝났다." 외치고는 / 술을 따라 마셨네.[40)]

ⓙ "그렇지만 먼저 내 말을 들어주시기를, 그건 폐하께서도 알 필요가 있는 것이니까요. 아이반호의 윌프레드는 부상당한 채 포로가 되어 있소. 만약 이제 구해내지 못하면 타오르는 성안에서 그만 타죽고 말 것이오."[41)]

ⓗ에서 임경업은 김자점에 의해 역적으로 붙잡혀 아무런 죄가 없음에도 불구하고 감옥에 갇히는 신세가 된다. 물 한 모금도 마시지 못한 채 밤낮으로 누군가가 자신을 구해 주기만을 기다리는 절박한 처지에 놓이게 된 것이다. 도술로도 물리적 힘으로도 그 상황을 극복할 만한 조건을 갖추지 못한 주인공의 나약한 모습이 그대로 드러나 있다.

한편, ⓘ는 발렌로드의 배신행위가 드러나 독일군 병사들이 그를 잡으러 성안에 있는 그의 거처로 들이닥치는 장면이다. 발렌로드는 함께 동거동락(同居同樂)해 온 할반과 함께 방 안에서 최후를 맞이할 준비를 한다. 방문을 장애물로 막아 놓는가 하면, 칼을 잡고, 술을 마시면서 죽음을 담담하게 맞이하는 그의 심리 상태가 간접적인 서술로 드러나고 있다. 당시 용맹으로 이름 높았던 독일 기사단의 최고 사령관 발렌로드가 자신의 죽음을 목전에 두고 초라하게 방에 갇힌 채 죽음을 기다리고 있는 절대 위기의 순간을 보여주고 있다. 주위에서 벌어지는 사태를 극복할 힘과 능력이 없는 평범한 한 인간의 불안한 심리와 행동이 부각되고 있는 것이다.

ⓙ는 노르만족 기사인 드 브라시가 흑기사와의 싸움에서 진 후, 흑기사에게 한 가지 비밀을 실토하는 부분이다. 여기서 흑기사는 아이반호가 부상당한 채 드 브우프 성 안에 갇혀 있으며, 도움을 받지 못하면 불타 죽게 될 것이라는 말을 듣게 된다. 이것은 주인공 아이반호가 지금 적대 세력에 의해 갇혀 있는데다 제 스스로 자신의 목숨을 구할 수 없는 형편에 놓여 있음을 간접적으로 제시해 주고 있는 것이라 할 수 있다. 다시 말해, 타인의 도움 없이는 살아날 수 없는 생사의 갈림길에 맞닥뜨려 있는 절박한 상황임을 말해 주고 있는 것이다.

이처럼 위기의 순간에 밀폐된 공간에 갇히게 된 주인공들은 그곳에서 자신의 힘으로는 온전히 그 상황을 역전시킬 수 없다. 누군가의 도움 없이 그 위기를 모면하기 어려운 극한 상황에 놓여 있는 것이다. 이런 점에서 주인공은 영웅이 아닌 범인의 모습으로 크게 독자들에게 각인될 수밖에 없고 평범한 독자들의 동정심을 유발시키게 된다.

(5) 개인이나 주위환경에 의해 불가항력적인 영향을 받는다

ⓚ ᄌᆞ졈이 갓치 이라 나오다가 경업의 나오물 보고 무ᄉᆞ를 분부ᄒᆞ여 치라 ᄒᆞ니, 무ᄉᆞ들이 경업을 무슈 난타ᄒᆞ여 거의 죽게 되ᄆᆡ 젼

옥에 가도고... 경업이 난쟝을 맛고 옥즁에 갓쳣다가 이날 밤 삼경에 졸ᄒᆞ니[42)]

ⓛ (하늘이 부여한) 내 운명이 끝날 때가 가까워진 것 같네,
이젠 어떤 것도 기사단의 전쟁을 막을 수 없다네....
난 이제 너무 늙었어. / 오늘 의무, 절망, 신의 의지가 / 나를 전쟁터로 내몰고 있어.[43)]

마지막으로, 범인적 속성을 지닌 영웅들은 적대자 개인이나 거대한 역사적 질곡 앞에서 별반 저항이나 역전 없이 파국의 상황으로 치닫게 되기도 한다. ⓚ를 보면, 중원을 평정하고 세자와 대군까지 무사히 귀국시킨 영웅 임경업이 김자점의 음모에 의해 아무런 저항도 하지 못한 채 무수한 매를 맞아 죽고 마는 장면을 담담하게 서술해 놓았다. 중국 천하를 호령하던 영웅의 모습은 온데간데없고, 자아와 세계와의 대결에서 세계의 일방적 횡포에 의해 불가항력적으로 자아가 희생당하고 만 것이다.

그런가 하면 ⓛ은 발렌로드가 독일 기사단을 이끌고 리투아니아로 출정하기 전 성탑 안에 있는 알도나와 나누는 대화의 일부이다. 발렌로드 자신은 젊은 시절 알도나와의 사랑도 행복도 헌신짝처럼 버리고 자신에게 예정된 운명의 삶, 곧 독일 기사단에게 복수하는 것이 목적이었던 삶의 짐까지도 이제는 벗어버릴 때가 되었음을 담담한 어조로 토로하고 있다. 의무감만 남았을 뿐 더 이상 설렘이나 희망이 사라진 그에게 거역할 수 없는 운명의 길이란 스스로를 죽음의 길로 몰아가는 삶, 그 자체였던 것이다. 그리하여 발렌로드 또한 불가항력적으로 마침내 죽음을 맞이하고 만다.

이상에서 살펴본 대로, 작품 내 주인공들은 국가와 집단을 위해 큰일을 해낸 영웅들로서 높이 숭앙받을 만한 위인들임에도 불구하

작품별로 나타난 영웅의 범인적 모습

작 품 상 황	『임경업전』	『고쿠센야 캇센』	『콘라드 발렌로드』	『아이반호』
(1) 목적의식이나 의지가 흔들린다.		○	○	○
(2) 속임을 당한다.	○			
(3) 정체를 감춘다.	○		○	○
(4) 감금을 당한다.	○		○	○
(5) 개인이나 주위 환경에 의해 불가항력적인 영향을 받는다.	○		○	

고, 인간적으로 볼 때 평범한 소시민이자 범인적 모습을 고스란히 간직하고 있다. 때때로 목적의식이나 의지가 약해진 채 방향성을 잃기도 하고, 때로는 속임을 당하며, 유괴 당하거나 감금되기도 하고, 자기 정체를 감추는가 하면 개인이나 세계에 의해 불가항력적으로 원치 않는 결과를 당하기도 하는 식의 유한한 인간의 모습이 바로 영웅들의 진정한 삶의 단면을 보여주고 있는 것이다.

여기서 위에서 언급된 사항들을 작품별로 다시 정리해 보면 위의 표와 같다. 위 도표만 놓고 본다면, 네 주인공 중에서 '고쿠센야'가 역사적 영웅이 보여주는 인간적이고 유한한 면모와 가장 거리가 먼 것을 알 수 있다. 이것은 역사 속에서의 복합적인 힘들의 작용 또는 갈등 구조가 다른 작품의 경우보다 약화되어 있기 때문이라고 말할 수 있다. 주인공과 적대세력과의 갈등이 역사적 운명에 좌우되는 서사구조로 마련되어 있다기보다 주인공이 세계 또는 적대자와의 대결에서 일방적인 우위를 점하도록 설정해 놓았기 때문이다. 또 한 가지 인형극의 특성상 무대에서의 공간 활용 문제를 고려하여 작가가 의도적으로 현실적이고 물리적인 시공간의 개념을 뛰어넘는 사건 및 인물의 행위를 설정해 놓고 있는 데서도 그 이유를 찾을 수 있다. 가령, 배경으로 설치해 놓은 산과 강을 실제로 무대에서 등장인물이 단번에 뛰어넘어 갈 수 있지만 이것은 현실세계에서는 불가능한 일이다.

영웅을 주인공으로 하는 설화나 설화에서 정착된 서사문학의 경우, 다른 인물들보다 주인공인 영웅을 위대하게 보이도록 하기 위해 단순한 상황에서 과장을 섞어 가며 두드러지게 내세우는 경향이 있다. 이때 그 영웅은 영웅적 능력이 탁월해 어떠한 적과 싸워도 이길 수 있도록 하는 것이 보편적인 표현방식이 될 수 있는 것이다.[44] 설화를 많이 차용하거나 설화세계의 논리를 작가가 작품 속에 삽입시키려는 의도가 강할수록 역사와 현실에서 동떨어진 인물형을 그려내기 쉽다. 그렇기에 『고쿠센야캇센』에서는 여타 작품들보다도 고쿠센야를 실존한 역사적 영웅이 아닌 설화적 영웅으로서 재창조하고자 한 의도가 강하다. 작가는 역사적 인물을 감계의 대상으로 보기보다는 흥미와 재미를 줄 수 있는 이야기 대상으로서 그려내고자 했던 것이다.

이에 비해 『임경업전』은 역사적 사실과 인물의 생애를 사실에 충실하게 서술해 냄으로써 민족적 감정을 거스르지 않으면서 임경업 개인을 추앙하고 그의 죽음을 안타까워하는 민중의 심리를 보여주고자 했다. 『콘라드 발렌로드』에서는 민족의 운명과 연결된 주인공의 개인적 삶을 집중적으로 형상화하고자 했기 때문에 주인공의 인간적 면모가 두드러질 수 있었다.

이처럼 역사영웅서사문학에서는 역사적 인물이자 영웅인 주인공의 인간적 면모와 한계상황이 비교적 구체적으로 풍부하게 실현되고 있다. 작가의식과 주제의식 또한 역사와 역사적 인물을 통해 민족의식과 시대의식을 담아내고자 했는지 아니면 흥미 차원에서 사실적 역사와 인물만을 빌려 오려 했는지에 따라 다르게 표출되고 있음을 알 수 있다.

그러나, 이러한 인물 성격과 상황 설정은 근대 이전에 나타난 역사영웅서사 작품의 영웅 주인공의 성격과 고유한 자질을 보여주는 것으로서 중세나 근대의 역사영웅서사문학과 구분되는 요소이기도 하다. 즉, 중세적 영웅에게서 발견되는 초월적 능력이나 신이한 요소가 별반 보이지 않을 뿐만 아니라 일상적 삶 속에서 개인의 개성적 성격을 통해 영웅성을 드러내는 근대적 범인상도 아니다. 그것보다는 여전히 공동체의 일원으로서 민족과 집단을 위해 기꺼이 충성과 희생을 아끼지 않으면서 유한한 능력의 인간으로서 보여줄 수 있는 나약함과 갈등을 동시에 보여주고 있다고 할 것이다. 이런 점에서 역사영웅서사문학 작품에서 묘사되고 있는 역사영웅의 인물형은 중세에서 근대로 넘어가던 시기에 일반적으로 대다수의 사람들이 현실적이고 이상적으로 바라고 기대하던 영웅의 모습이라는 사실을 알 수 있다.

근대 이전에 나타난 역사영웅서사문학에서 영웅은 때로는 주도적으로 행동하는 주체가 아니고, 역사의 복합적인 힘의 작용에 떠밀려 갈등하는 존재들이다. 이는 민족의 운명과 역사에 대한 현실적 자각하에서 변화된 의식을 충분히 반영할 만한 인물로서 민족적 영웅이 요청되었기 때문이다. 이때 민족적 문제를 해결하는 주체는 여전히 중 · 상층계급의 인물이어야 한다는 의식이 내재되어 있음 또한 알 수 있다. 임경업을 비롯하여 고쿠센야, 발렌로드, 아이반호는 모두 귀족 또는 상층계급의 신분에 속하는 인물들이다. 시대를 이끌어갈 수 있는 주체는 비록 범인화한 영웅의 모습을 갖고 있더라도 여전히 귀족 또는 상층 출신이어야 하며, 그래야만 기존 질서와 체제를 유지하고 국가와 민족의 운명을 좌우할 수 있다고 여겨졌던 것이다.

그렇기 때문에 상층의 영웅은 한계에 부딪혀 신분으로 해결할 수 없는 인간적 고민에 빠지기도 한다. 그러나 대체로 대내외적인 국가적 · 개인적 갈등 속에서 힘써 위기상황을 극복하려 한다. 이런 이중적 영웅의 모습이 종종 문명권 내 주변국의 남성영웅에게서 구체적으로 나타나고 있다. 신화적 영웅상, 또는 비현실적 인간으로서의 영웅의 모습은 제거되었지만, 그렇다고 해서 민중적 영웅으로서 온전히 현실적 · 사실주의적 욕구를 성취하는 인물도 아닌, 중간적 인물형의 면모를 갖추고 있는 것이다. 주변국가와의 관계 속에서 생존을 위한 민족적 차원의 대응이 주된 관심사로 등장하고 민족주의 의식이 현실적으로 요청되던 시기에 쓰인 역사영웅서사문학 작품에서 영웅이자 주인공은 그가 속한 국가와 민족, 그리고 영웅을 간절히 바라던 시대적 당위성과 현실적 요구에 의해 현실에서 찾아낼 수 있는 범인적 인물로서 구체화된 것이다.

요컨대, 네 작품의 주인공들은 역사 속에서 주도적으로 행동하는 주체가 아니라, 역사와 세계의 복합적인 힘들의 작용에 의해 희생당하거나 고통 받는 매개물로서 존재한다. 그렇기 때문에 이들 주인공들의 범인적 면모는 작품 내에서 역사의 복합적인 갈등 구조를 조명할 수 있는 장치로서 효과적이다. 이러한 모습을 보며 독자들은 주인공들이 철저한 역사의식과 목적의식이 결여된 채 방황하고 있는 모습을 발견해 낼 뿐만 아니라, 이를 극복하기 위한 주인공들의 노력과 번뇌의 흔적도 음미하면서 진정한 영웅상이 무엇인지를 찾으려 한다.

그렇다면 여기서 마지막으로 범인적 영웅에 관한 개념을 다시금 정리해 보도록 하자. 앞에서 이미 언급한 대로, 루카치는 역사소설과 서사시에서 주인공의 차이를 인물의 전형성에 있다고 보았지만 그것보다 '범인화한' 인물의 성격과 특성에서 찾는 것이 더 유용할 수 있다. 적어도 여기서 다루는 네 작품의 경우, 루카치가 말한 인물의 전형성보다는 범인화한 영웅으로서의 인물형이 주인공의 성격을 더 잘 보여준다. 비범한 능력과 범인적 면모를 함께 갖고 있지만, 후자 쪽의 성격이 더 부각되고 있다는 점에서 '범인화한 영웅'이라 부를 수 있을 것이다.

완전히 근대적인 인물형도 아니지만 중세적 비현실성과 신성성을 강하게 드러내는 초월적 능력을 가진 인물도 아니라는 점에서 이들 영웅은 이 두 성격이 공존하는 과도기적 인물형이라 할 수 있다. 통시적 관점에서 볼 때, 중세적 인물형에서 근대적 인물형으로 변모하는 과정에서 이 양자의 요소가 부분적으로 뒤섞여 드러나고 있는 '범인화한 영웅'이 루카치가 명명한, 한 시대의 '전형적 인물이자 영웅'이라는 시각보다 실상에 더 부합할 수 있다. 아이반호를 비롯한 다른 세 작품의 남성 주인공들을 '전형적 인물'로 부르기에는 비현실성과 현실성, 영웅성과 범인성의 공존이 부담스러울 수밖에 없다.

따라서 이들 주인공들이 보여주는 평범성과 비범성의 혼재는 작가들이 아직 근대적 의미의 '전형적 인물형'보다 근대 직전 시기에 나타나는 과도기적 인물형, 즉 '범인화한 영웅' 내지 '범인화된 인물형'이라 부를 수 있는 인간상 표출에 공통적으로 관심을 쏟았던 사실을 잘 보여준다. 근대 이전에 창작된 역사영웅서사문학 작품에 등장하는 남성 주인공의 상당수가 바로 그러한 예에 해당한다.

미주

1) 이복규 편, 『임경업전』(서울: 시안사, 1998), 26면.

2) 近松門左衛門, 『國性爺合戰』(東京: 春陽堂, 1922), 268면.

"唐をてらす日影も日本をてらす日影も。光に二つはなけれども。日の本とは日の始め仁義五常情有り。"

3) 이복규 편, 앞의 책, 116면.

4) 近松門左衛門, 앞의 책, 255면.

"うぬらが小國とてあなどる日本人。虎さへこはがる日本の手なみ覺えたか。... 先帝の妹宮栴檀皇女にめぐり合ひ。三世の恩を報ぜんため。父が故鄉へ立ち歸り國の亂を治むるなり。"

5) 사실 17세기 들어 중국에서 명나라가 망하고 야만족이 세운 청나라가 중국을 차지하게 되자, 이전에 중국을 중심으로 한 중화와 이적에 대한 관계의식이 변하게 되었다. 특히 일본의 경우, 도요토미 히데요시가 조선 침략까지 감행한 직후의 일이라 중국과 조선 등 주변국에 대한 우월감과 일본 중심의 세계관으로 재편되어 가는 과정에 있었다. 지카마쓰는 이런 변화를 놓치지 않고 『國性爺合戰』에다 변화하던 조닌들의 세계관을 노골적으로 담아 놓았다고 할 것이다.

6) 송시열, 「林將軍慶業傳」, 『한국의 사상 대전집 21』(서울: 동화출판사, 1977), 495면.

"不爲婦人而爲男子惜乎生此偏邦將局束以送一生也."

7) 그룬발트 전투에서의 승리는 폴란드-리투아니아 연합국에게 큰 의미를 지닌 역사적인 사건이라 할 수 있다. 폴란드에서 처음으로 독일 기사단이 패배한 사건인 동시에 이후로 기사단의 세력이 점점 약화되기 시작했기 때문이다.

8) 이복규 편, 앞의 책, 28면.

9) '朝比奈 스타일' 이란 朝比奈 三郎義秀가 1213년에 있었던 和田合戰 전쟁 당시 鎌倉御所의 惣門을 파괴시킨 것을 가리킨다.[『近松淨瑠璃集』 下(東京: 岩波書店, 1959), 補註 참조]

10) 近松門左衛門, 앞의 책, 279-280면.

"樊噲流は珍しからず。門を破るは日本の朝比奈流を見よやとて。貫の木さかも木押しやぶり。むかふ者をたゝきふせ逃ぐるをつかんで人礫。左龍虎右龍虎打ち取ってなんなく過ぐる月日の關や。"

11) Adam Mickiewicz, *Konrad Wallenrod*(Kraków:Krakowska Spółka Wyolawn. 1926), 9-10면.
"Dotąd powszechna między braci? zgoda / Nad wszystkich wyżej stawi Wallenroda. /... / Czy Maurów ścigał na kastylskich górach, / Czy Otomana przez morskie odmęty, / W bitwach na czele, pierwszy był na murach, / Pierwszy zahaczał pohańców okręty ;

12) Walter Scott, *Ivanhoe*(Berkshire: Cox & Wyman, 1994), 98면.
"The Templar aimed at the centre of his antagonist's shield, and struck it so fair and forcibly that his spear went to shivers, and the Disinherited Knight reeled in his saddle. On the other hand, that champion had, in the beginning of his career, directed the point of his lance towards Bois-Guilbert's shield, but, changing his aim almost in the moment of encounter, he addressed it to the helmet. Fair and true he hit the Norman on the visor, where his lance's point kept hold of the bars."

13) 이복규 편, 앞의 책, 78면.

14) 『박씨전(朴氏傳)』에서도 김자점이 주인공과 대립하는 적대적 인물인 동시에 증오와 규탄의 대상으로 동일하게 나타난다.

15) 지카마쓰의 작품을 역사물(歷史物, 또는 時代物)과 세화물(世話物)로 나눌 때, 이러한 경향은 주로 『고쿠센야캇센』과 같은 역사물에서 나타난다. 이 중 역사물과 달리, 세화물은 의리와 인정과의 갈등에서 고민하는 조닌[町人]의 생활을 소재로 남녀간, 부부간, 어버이와 자식 간의 사랑 등을 즐겨 나타낸다. Donald Keene, *Major Plays of Chikamatsu*(New York: Columbia Univ. Press, 1961), 5-7면 참조.

16) 일본인이 갖고 있는 사관(死觀)에 관해서는 이토 세이[伊藤整], 고재석 옮김, 『近代 日本人의 발상형식』(서울: 소화출판사, 1996)을 참고할 만하다.
"현실 부정으로 안도감을 얻는 경향이 강한 일본인은 현실에서 나타나는 힘이나 힘의 다툼을 묘사하는 데 서투르다. 그리하여 은둔적인 생활로 자연의 미를 새롭게 발견하는 동시에 죽음의 의식으로 사람과 사물의 개체로서의 생명을 파악하는 것이 전통적인 기교이다."(40면)
"일본인은 위기에 직면했을 때 자신의 존재가 무엇인가 절대적인 것과 결합되어 있지 않으면 불안해서 견딜 수 없어 한다고 한다. 그 절대적 형태의 한 쪽

끝이 죽음 또는 무이며 다른 한 쪽 끝이 완전성 또는 신이다."(45면)

17) 水原一, 「軍記物の倫理」, 『平家物語の形成』, 1971.

18) Adam Mickiewicz, 앞의 책, 79면.

"Ja więcej nie chcę, wszak jestem chłowiekiem! / Spędziłem młodość w bezecnej obłudzie, / W krwawych rozbojach, - dziś schylony wiekiem, / Zdrady mię nudzą, niezdolny do bitwy, / Już dosyć zemsty, - i Niemcy są ludzie." (VI, 21-25)

19) 위의 책, 80-81면.

"Tak, wróćmy, pozwól! mam w Zakonie władzę, / Każę otworzyć; lecz po co rozkazy? /.../ "Aldono, przebóg! ranek nas uprzedzi, / Zbudzą się ludzie, i straż nas zatrzyma; / Aldono!" wołał, drżał z niecierpliwości, / Głosu nie stało, błagał ją oczyma, / I załamane ręce wzniosł do góry, / Padł na lokana, i żebrząc litości, / Objął, całował zimnej wieży mury. // "Nie, już po czasie", - rzekła smutnym głpsem, / Ale spokojnym."

20) Walter Scott, 앞의 책, 197면.

"The sudden and romantic appearance of his son in the lists at Ashby he had justly regarded as almost a death's blow to his hopes. His paternal affection, it is true, had for an instant gained the victory over pride and patriotism; but both had returned in full force, and under their joint operation he was now bent upon making a determined effort for the union of Athelstane and Rowena, together with expediting those other measures which seemed necessary to forward the restoration of Saxon independence."

21) 이러한 세드릭의 신념은 『아이반호』의 다른 부분에서도 여러 차례 노골적으로 서술되고 있다. 그중 한 예를 더 들면 아래와 같은 것이다.

"색슨 민족 독립의 회복은 그(=세드릭, 필자 주)가 가장 염원하는 바였고, 그것을 위해서는 일가의 행복도 자기 자식의 이해(利害)까지 기꺼이 희생한 그였다.(The restoration of the independence of his race was the idol of his heart, to which he had willingly sacrificed domestic happiness and the interests of his own son.)"(위의 책, 195면.)

22) 게오르그 루카치, 이영욱 옮김, 『역사소설론』(서울: 거름출판사, 1987), 30-38면.

23) 위의 책, 31면.

24) Walter Scott, 앞의 책, 297면.

"It were an offending of Heaven to betray the secrets of the blessed Miriam; for the good which Heaven giveth is not rashly to be squandered upon others, whether it be talents of gold and shekels of silver, or whether it be the secret mysteries of a wise physician; assuredly they should be preserved to those to whom Providence hath vouchsafed them."

25) 위의 책, 304면.

"Nay," said Rebecca, "thy weakness and thy grief, Sir knight, make thee miscalculate the purpose of Heaven. Thou hast been restored to thy country when it most needed the assistance of a strong hand and a true heart, and thou hast humbled the pride of thine enemies and those of thy king, when their horn was most highly exalted; and for the evil which thou hast sustained, seest thou not that Heaven has raised thee a helper and a physician, even among the most despised of the land?"

26) 위의 책, 295면.

"The beautiful Rebecca had been heedfully brought up in all the knowledge proper to her nation, which her apt and powerful mind had retained, arranged, and enlarged, in the course of a progress beyond her years, her sex, and even the age in which she lived.... Rebecca, thus endowed with knowledge as with beauty, was universally revered and admired by her own tribe, who almost regarded her as one of those gifted women mentioned in the sacred history."

27) 위의 책, 253면.

"Her high and firm resolve, which corresponded so well with the expressive beauty of her countenance, gave to her looks, air, and manner a dignity that seemed more than mortal."

28) 위의 책, 246면.

"She(=Rebecca) was better prepared by natural strength of mind ... of a strong and observing character, even from her earliest years ..."

29) 위의 책, 253면.

"Bois-Guilbert, proud himself and high-spirited, thought he had never beheld beauty so animated and so commanding."

30) 예를 들어, 고대 그리스 신화에 나오는 아킬레스(Achilles)가 큰 능력을 발휘할

줄 아는 신적인 영웅이지만 때로는 갇히거나 불가항력적인 영향을 받기도 하는 모습을 발견할 수 있다.

31) 近松門左衛門, 앞의 책, 290면.

"今まで勇む國性爺。はっとばかりに目もくらみ力も。落ちて打ちしをれ。...國性爺。うろたへたかおくれたか。...大明の御代になさんと思ふ根性は何處で失うた。"

32) Adam Mickiewicz, 앞의 책, 11-12면.

"Słowa: ojczyzna, powinność, kochanka, / O krucyjatach i o Litwie wzmianka, / Nagle wesołość Wallenroda truły; / Słysząc je, znowu odwracał oblicze, / Znowu na wszystko stawał się nieczuły / I pogrążał się w dumy tajemnicze." (Ⅰ, 55-60)

33) Walter Scott, 앞의 책, 304면.

"Rebecca said, 'thy weakness and thy grief, Sir Knight, make thee miscalculate the purposes of Heaven.... and for the evil which thou hast sustained, seest thou not that Heaven has raised thee a helper and a physician, even among the most despised of the land? Therefore, be of good courage."

34) 이복규 편, 앞의 책, 82-84면.

35) 간신 리 도우텐의 속임에 빠진 명나라 황제에게 고 산케이가 충언을 고해 보지만 오히려 책망받고 불충한 신하로 매도당하는 상황을 통해 작품에서 황제를 비롯한 대부분의 신하들이 속임을 당하고 있음을 간접적으로 보여준다.

"황제: 네(=고 산케이, 필자 주) 얼굴에 그런 수심의 낯을 띤 채 글자 뜻풀이나 하는 강의 따위는 그 정도로 충분하다! 그런 논리로는 '눈[雪]이 사실은 검다' 라는 글자 뜻풀이나 증명할 수 있을 것이다. 네가 말한 모든 것은 네가 리 도우텐을 질투하기 때문이다. 아무런 이유 없이 투구를 쓰고 갑옷을 입은 채 짐 앞에 가까이 와 있는 것은 네가 불충한 역신이기 때문이다. 해설자: 황제가 일어나서 고 산케이를 발로 찼다.(帝大きに逆鱗有り物知り顔なる文字の講釋。理を付けて云ふならば白雪かへって黑しとも いふ義有り。皆李蹈天をそねみの詞。事もなきに甲冑を帶 朕に近よる汝こそ。逆臣よと立ちかゝって御足にかけ。)(近松門左衛門, 앞의 책, 235면.)

36) 이복규 편, 앞의 책, 60면.

37) Adam Mickiewicz, 앞의 책, 10면.

"On cudzoziemiec, w Prusach nieznajomy, / Sławą napełnił zagraniczne domy"(Ⅰ, 15-16)

38) Walter Scott, 앞의 책, 101면.

"The Disinherited Knight, with all knightly courtesy, declined their request, alleging, that he could not at this time suffer his face to be seen, for reasons which he had assigned to the heralds when he entered the lists. The marshals were perfectly satisfied by this reply; for amidst the frequent and capricious wows by which knights were accustomed to bind themselves in the days of chivalry, there were none more common than those by which they engaged to remain incognito for a certain space, or until some particular adventure was achieved."

39) 이복규 편, 앞의 책, 82면.

40) Adam Mickiewicz, 앞의 책, 86면.

"Już orszak dolne krużganki przebiega, / Już przez żelazne pokręcone wschody, / Do Wallenroda wiodącc gospody, / Łoskot stop zbrojnych raz wraz się rozlega, / Alf, zawaliwszy wrzeciądzem podwoje, / Dobywa szablę, wziął czarę ze stoła, / Poszedł ku oknu, - "Stało się!" zawoła, / Nalał i wypił."

41) Walter Scott, 앞의 책, 337-338면.

" 'Yet first let me say,' said De Bracy, 'what it imports thee to know. Wilfred of Ivanhoe is wounded and a prisoner, and will perish in the burning castle without present help.' "

42) 이복규 편, 앞의 책, 86면.

43) Adam Mickiewicz, 앞의 책, 33면.

"Wyrok mój zda się przybliżać do końca, / Nic już krzyżaków od wojny nie wstrzyma. /... / a dzisiaj ja stary, / Dzisiaj powinność, rozpacz, wola Boża / Pędzą mię w pole!"

44) 조동일, 「임진록」, 『한국고전소설작품론: 완암 김진세 선생 회갑기념논문집』 (서울: 집문당, 1990), 294면.

V. 작가의식 및 세계관

1. 역사영웅서사문학의 이데올로기성과 세계관

1) 주제 실현의 이데올로기성과 고유 사상

본 절에서는 작품 속에 내재되어 있는 이데올로기 및 고유사상이 작품 속에 어떻게 반영되고 있는지 살펴보고자 한다.

이를 위해 기본적으로 문학작품에서 사회적으로 합의된 이데올로기가 우리에게 거부감 없이 다가오도록 만드는 교묘한 장치 중 하나가 '서사'[1]라는 관점에서 논의를 전개하려고 한다. 이때의 서사란 이미 이데올로기로 인해 만들어진 인식을 강화하는 방법으로 서사화하는 것을 의미한다. 그리고 여기서 말하는 인식은 세상이 어떻게 돌아가고 있는지 알고 있으며 세상의 문젯거리가 낯익다는 사고와 상통하는 것이다. 다시 말해, 낯익다는 인식은 곧, 서사에서 사용되는 허구가 현실 생활을 모방하기 때문이 아니라 동일한 서사 유형으로 말미암아 생각해 낼 수 있는 다양한 방식을 지배하고 있기 때문에 가능해지는 것이라 할 수 있다. 이때 이런 서사 형식을 유지하기 위한 조건들이 이데올로기적이라 할 수 있다.

주지하듯이 이데올로기 문제는 작가와 독자 간의 공동체 의식을 강화하고, 문화적 동일성과 정체성을 강화하는 방법과 관련이 있다. 인물과 사건이 얽혔을 때 이를 해석해 내는 방법과 그 의미는 취급하는 이의 관점에 따라 각기 다르게 나타날 수 있기 때문이다. 가령, 여성 등장인물들이 재현의 주체가 아니라 단순히 보조적 도구로서 다뤄지는 것이 일반적이라 할 때, 그것은 남성 중심적 시각에서 구성된 결과일 수 있다는 것이다. 그러므로 작품 속에 나타나는 이데올로기적 성격뿐만 아니라, 작품 창작과 관련하여 작품 외부에서 요구하는 역사 재구성의 문제는 역사영웅서사문학의 특성을 이해하는 중요한 척도가 된다.

이데올로기는 역사의식의 성격, 즉 과거의 사실에 대한 서사와 함께 현재적 의미와 실천의 관계가 전제될 때 비로소 의미를 갖는다. 이데올로기가 적절한 서사유형을 필요로 하는 갈등 구조를 갖는 것도 바로 그 때문이다. 사회적 변화를 체험하되 그 변화의 규범적 범위를 상정하고, 역사 속의 사건과 과정들을 이야기로 구성해 내는 방법을 통해 세계 내에서의 행동과 역사의 관계를 성찰하게끔 하는 것 자체가 바로 이데올로기적인 것이다. 그래서 영웅에 대해 평소에 갖고 있던 기대심리 내지 소망의식을 통해 그 시대의 함축된 이데올로기를 엿볼 수 있다.

역사적 사실을 갈등의 원천으로 삼아 서사유형을 만들고자 할 때, 이데올로기는 현재적 실천과 역사적 성찰의 관계를 문제 삼는 의식의 이면에도 함의되어 있다. 물론 작품의 내용이나 주제가 작가가 현재 처한 현실과 관련하여 의도적으로 사회적 이념 또는 이데올로기를 반영해 낸 것인지, 아니면 순수하게 상상의 세계를 그려낸 것인지 분명하게 구별하기가 힘들 수 있다. 그렇기에 역사영웅서사문학 작품에서 이데올로기의 문제를 살펴보고자 할 경우, 한 개인의 사사로운 생활사나 내면의식보다 시대적 현실과 집단공동체의 현안을 중심으로 바라보는 것이 좀 더 용이할 수 있다. 시대적 성격과 집단적 성격 측면에서 서사와 이데올로기의 관계를 중심으로 역사영웅서사문학 세계를 살펴보려는 것도 바로 이 때문이다.

한국과 일본은 양국 모두 중국으로부터 적지 않은 영향을 받았지만, 그중에서도 섬나라 일본은 동아시아의 중화적 질서에 편입되는 일 없이 고립 또는 독립의 상태로 있으면서 국내적으로 중세 이후로 무가(武家) 막부 체제를 유지하게 된다. 다른 나라처럼 무력 대결로 구세력이 완전히 멸망당하는 일 없이 조정의 명맥으로 유지되고 전국을 통일한 에도 막부 이후에도 지속적으로 나타났다.

이런 일본 국내 정치 흐름과 국외 관계가 여실히 반영되어 있는 작품이 『고쿠센야캇센』이라 할 수 있다. 작가 지카마쓰는 주군을 위해, 의리 때문에 자신 또는 가족을 희생시키고 영웅적 죽음을 맞이하는 것을 찬미하는 내용의 작품을 많이 썼다. 그것은 그의 주관객이었던 조닌 층의 윤리적 가치관이 '무사도'와 큰 차이가 없었기 때문이었다. 낮은 무사 집안 출생인 작가는 역사물 죠루리에서 자신의 출신 계급, 곧 그 시대의 지배층의 가치 체계를 당시 시민계급인 조닌에게 선전하고자 했다.[2] 그런데 이것은 비단 지카마쓰의 문학관으로 국한되지 않는다. 조선에서는 문치를 중심으로 유교적 사상을 실천하는 충신을 숭상하고 미화시키려는 경향이 강한 반면, 일본에서는 무사도 정신에 입각하여 죽음까지 내버릴 수 있는 의리의 인물을 미화시키려는 의식이 강하다고 변별시킬 수 있기 때문이다.

중국의 책봉체제하에 있던 조선에서는 중화질서 즉, 중국을 중심으로 한 평화질서의 확립과 그에 기반을 둔 조선의 안녕과 질서 확립이라는 신념에 집권 위정자들이 대단한 집착을 보였다. 그러한 신념은 관념적인 것이 아니었다. 일본처럼 스스로 무력을 겸비하지 않은 조선의 국왕과 사대부 계층에 있어서 무반의 세력을 배제하고 자기들을 중심으로 한 권력체제를 유지·발전시켜 나가기 위해서는 강한 이데올로기와 정치사상이 필요했다. 문치와 중화주의에 대한 집착은 유교사상이라는 명목하에 당대의 정치외교뿐만 아니라 학문과 사상, 사고방식에까지 큰 영향을 미쳤다.

더욱이 두 차례의 큰 전란을 경험한 후 국왕과 조정 대신들로서는 무기력하게 당했던 치욕적 패배를 씻고, 국가 기강을 바로잡기 위해 예교(禮敎)와 사회적 이념을 더욱 분명히 할 필요가 있었다. 국내적으로 『삼강행실도』나 『경국대전』 등을 재간행하여 백성들의 교화에 주력하는 한편, 국외적으로 오랑캐족인 후금이 문화국 명나라를 정복한 사실을 인정하지 않고 배청숭명론(排淸崇明論)과 북벌론(北伐論)을 줄기차게 전개하게 되었다. 이런 상황에서 국가적으로 요청되는 가장 중요한 것은 충효열의 윤리도덕, 그리고 명분을 앞세운 숭명(崇明)사상이었다.

병자호란 이후에 창작된 『임경업전』은 짓밟힌 백성들의 자존심을 회복하고 야만족 청나라에 복수하고자 하는 분위기를 반영해 낸 소설이다. 『박씨전』처럼 『임경업전』은 상상의 공간을 통해 현실 속의 패배를 통쾌한 승리로 바꿀 수 있는 영웅을 만들어 냈다. 따라서 이러한 영웅적 인물을 창조하는 과정에 국가적·민중적 소망과 이데올로기가 반영되는 것은 자연스러울 수밖에 없었다. 명나라와 조선이 힘을 합쳐 '오랑캐국' 호국을 물리치는 일에 임경업이 혼자 나서서 종횡무진 활약하는 가운데 변함없는 충성심을 보여주는 모습이야말로 당시 국가와 백성 모두가 원하던 전형적 영웅에 해당하는 것이다.

이처럼 설화성과 기록성이 혼재하는 역사영웅서사문학 작품은 단순히 역사적 사실을 보고하는 식이 아니라 허구적 스토리를 가미시

화몽집에 수록되어 있다고 알려진 임경업전

출처: 김윤세 역, 『림경업전』, 평양: 문학예술종합출판사, 1992 표지 사진.

켜 역사성을 드러내려는 서술의도가 크기 때문에, 그 속엔 이데올로기가 내재되어 있을 가능성이 다른 서사 장르보다 더 많다. 충신과 열녀, 의리를 지키는 인물들의 극적인 삶을 현실적이고 구체적으로 담아내려는 작가의식과 이에 공감하는 독자의식 사이에 합의된 시대의식이 전제되어 있는 것이다. 허구적 사실에다 당대의 이데올로기에 합치될 수 있는 이상적인 영웅을 창조해 냄으로써 당대 문학담당층의 요구, 즉 변화하는 세계의 흐름을 인식하고 자아와 민족에 대한 주체적 자각을 하기 시작한 사회구성원들의 요구를 충족시키려 한 것이다.

『콘라드 발렌로드』나 『아이반호』의 경우에도 사회적 이데올로기가 적지 않게 반영되어 있다. 특별히 『콘라드 발렌로드』에서의 이데올로기 문제는 당시 폴란드가 처한 국가적 운명과 밀접한 관련을 맺는다. 왜냐하면 19세기 초에 나타난 폴란드 낭만주의 문학은 나라 잃은 폴란드 민족의 정체성을 찾고 민족문학의 우수성을 드러내는 데 관심이 많았기 때문이었다. 결과적으로 목적 문학적 성격이 강했다고 할 것이다.

1830년에 러시아 지배에 대항하여 폴란드에서 일어났던 '11월 봉기' 이전에 나타난 '운문'적 성격이 강한 작품들은 폴란드인들에게 과거 조상들의 감정과 삶의 모습 속에서 정체성을 깨우치고 자주성을 회복시키려는 목적이 강했다. 그 역할을 정확하게 보여준 작품이 바로 『콘라드 발렌로드』였다. 폴란드 문학사에서 이 작품만큼 정치적 색채가 강하고 젊은 세대에게 강력한 영향력을 끼친 것이 없다는 평가를 받는 것도 바로 그러한 이유 때문이다.[3]

『콘라드 발렌로드』는 역사적 사실보다 딜레마의 현재적 의미를 더 중요하게 드러낸 작품이다. 단순히 과거의 사실을 재구성한 것이 아니라 현재의 역사적 의미를 발견하려는 의도에서 창작된 것이라 할 수 있다. 그동안 폴란드 학계에서도 『콘라드 발렌로드』가 정치적 · 의도적 목적으로 쓰인 작품인지에 대한 논란이 많았다.[4] 그러나 현재는 작가가 정치적 목적을 갖고 민족의식을 고취하기 위한 의도에서 창작했다는 견해가 우세하다. 『콘라드 발렌로드』가 폴란드 인들에게 강력한 정치적 · 애국적 상징문학이라 할 폴란드 낭만주의 문학의 본령을 비로소 깨닫게 해 주었다는 점을 강조하고 있는 것도 바로 그 한 예이다.[5] 작가는 삼국지배하의 정치적 상황을 극복하고 민족의식을 고취하기 위한 목적에서 민족적 이데올로기를 적극 이야기하고자 했다. 그 결과 자유와 독립을 바라는 작가의 뜨거운 애국심과 민족주의적 색채가 독자들의 시대적 요구에 부합되어 강력한 힘을 발휘할 수 있었던 것이다.

한편, 스콧이 살았던 시대는 스코틀랜드와 잉글랜드가 오랜 반목과 대립의 관계를 청산하고 평화롭게 공존을 모색하던 때였다. 18세기 말–19세기 초 유럽은 산업혁명으로 대표되는 급격한 사회경제의 변화가 일어나고 프랑스 대혁명 같은 사상적 혁명이 분출된 데다 나폴레옹의 등장과 몰락, 그리고 민족 간 대립과 정체성 논란이 한창 벌어지던 시기였다. 이러한 다변적이고 복잡한 역사적 상황들은 역사를 대중적 체험으로 만들기에 충분했다.

스콧의 역사소설에는 이러한 대중적 체험을 민족주의로 바꿔 놓고자 한 의도가 비교적 잘 드러나 있다. 영어가 문어로서 프랑스어보다 더 우월한 언어임을 노골적으로 표현해 놓은 것이 바로 『아이반호』이다. 그리하여 민족의 우수성을 드러내고 타 문화를 배척하려는 의식의 일단을 작품 곳곳에서 보여주고 있다. 스콧이 『아이반호』에서 자신의 세계관과 신념을 분명히 드러내고자 한 것은 통일과 평화, 진보에 관한 것이었다. 그는 낭만적 · 영웅적 시대에서 통일, 평화, 그리고 진보의 시대로의 전환에 주로 관심을 기울였다.[6] 비록 역사적 인물과 중세의 배경 처리에서 불일치를 보이기도 하지만, 영국사에서 비판적으로 다뤄지던 시대의 사회적 문제들을 그가 구체적으로 건드리고 있는 것이다. 색슨족과 노르만족의 민족 간 대립, 색슨인과 유대인의 사회계급적 대립, 불평등한 남녀 차별의 대립, 상층민과 하층민의 신분적 대립을 첨예하게 드러내고 또 그것을 해결할 수 있는 방법으로 평화와 조화라는 신념을 내세우고 있는 것이다.

아이반호가 레베카가 아닌 로웨나 공주와 결혼한다는 결말구조 또한 스콧 당대의 사상 또는 사회적 통념이 반영된 결과이다. 아이반호와 로웨나 공주의 결혼은 색슨 민족의 밝은 미래와 평화를 상징적으로 제시해 놓은 것이나 마찬가지다. 통일된 잉글랜드를 이끌어 나갈 새로운 상징적 지도자상을 아이반호와 로웨나에게서 찾고자 한 것이다. 또한 작품에서 가장 중요한 서사축에 해당하는 아이반호와 레베카와의 만남과 헤어짐은 두 남녀가 각각 기사도 전통의 최고 이념이라 할 '명예와 정의', 그리고 이스라엘-기독교 전통의 최고 이상이라 할 '희생과 사랑'이라는 숭고한 가치를 실현하고 있음을 상징적으로 보여주고 있다. 『아이반호』가 색슨족과 노르만족 사이의 민족적 갈등을 통해 조화와 평화의 메시지를 보여주고자 했다면, 다양한 작중 인물들의 성격을 통해서는 전통과 진보에 대한 작가의 신념을 대변해 놓고 있다. 그중 세드릭과 리처드 왕은 과거에 속한 그들의 삶을 낭만적인 꿈들로 채우려 한다. 세드릭은 색슨 왕국을 다시 세우기를 바랐던 인물로, 리처드 왕은 새롭고 진보적이며 통일된 영국을 세우기를 희망한 인물로 그려지고 있기 때문이다. 그러나 이들이 갖고 있던 꿈은 그 당대에는 결국 실현될 수 없는 것들이었다. 너무나도 무모하고 낭만적인 꿈이었던 것이다.

그렇지만 작품에 등장하는 하층민들은 '화합과 진보'를 현실 속에서 구체적으로 실현해 보이는 주체들이다. 도적의 우두머리인 록슬리는 프롱 드 부우프의 성을 포위 공격할 때 "토종 잉글랜드인"을 자처하면서 그 전투에 참여한다. 탁발 수도승 턱(Friar Tuck) 또한 "나는 분명한 영국인이다"라고 리처드 왕에게 외친다. 세드릭의 두 하인 왐바(Wamba)와 거스(Gurth)도 민중봉기가 성공하는 데 적지 않은 공을 세운다. 가령, 왐바는 사제복으로 바꿔 입고 성에 들어가 주인인 세드릭을 사제로 변장시켜 안전하게 성을 빠져나오게 하고 정작 자신은 성에 남아 위험을 감수하는 인물로 그려지고 있다. 불의한 세력에 대항하고 자기 민족을 지키는 데 신분과 계급을 초월하여 자기 목숨을 바칠 수 있다고 생각하는 왐바나 거스의 의식 속에는 자신의 헌신이 현재보다 더 나은 세계가 도래하도록 만들 수 있다는 믿음이 자리 잡고 있었기 때문이었다.

레베카는 유대인의 전통적 사상이라 할 사랑과 희생적 삶을 최고의 미덕으로 믿고 그것을 일상생활 속에서 실천하려고 한다. 그러나 12세기의 영국 사회는 그녀의 그러한 삶을 높게 평가하거나 인정할 만큼 정신적으로 성숙하지 못했다. 아무리 능력이 탁월하고 남을 위한 삶을 산다 할지라도 유대인이라는 이유만으로 멸시와 천대를 하던 사회였던 것이다. 그렇기에 그녀가 마지막으로 택한 최선의 방법이란 영국을 떠나는 것이었다. 레베카가 떠나기 전 그녀는 로웨나 공주에게 이렇게 말한다. "영국 사람들은 무서운 민족이에요. 서로 또는 그들의 이웃과 싸우며 상대방의 가슴에 칼을 꽂기를 좋아하는 호전적 민족이에요. 우리 유대인의 아이들이 살기에 안전한 곳이 아닙니다."[7] 이러한 심경 고백은 레베카 개인의 문제가 아니라 차별적 신분사회의 완고함에서 비롯한 것이다. 이방인의 신념과 운명이 올바르지 못한 사회적 제도 또는 편협한 종교관으로 인해 현실 속에서 좌절하거나 번뇌할 수밖에 없는 사회상을 레베카를 통해 극명하게 보여주고 있는 것이다.

스콧은 중요한 역사적 전환기를 택해 이야기를 끌어나가는 과정에서 사회와 국가 내에 존재하는 사회적 가치관과 종교적 신념, 그리고 여러 종류의 이데올로기를 노골적으로 드러내 보여주고 있다. 『아이반호』가 창작된 1820년대의 사회적 · 정치적 · 경제적 갈등과 화해, 그리고 역사 가운데 존재하는 개인의 정체성 문제 등을 고민하면서 반영해 놓았던 것이다. 작가가 작품에서 말하고 있는 영웅주의 내지 상류층의 지도력이란 19세기 영국의 대내외 문제를 해결하기 위해 사회의 안정과 질서 유지라는 차원에서 제시해 놓고 있는 것이다. 그가 하필 역사를 소재로 한 소설 창작에 열을 올린 이유는 당대 영국의 현재와 미래를 분명하고도 명확하게 진단하고, 그대로 재현하기 위해서였다.

임경업이나 고쿠센야, 발렌로드나 아이반호는 하나같이 나라 또는 민족에 대한 충성과 희생을 충실히 보여준 영웅들이다. 임경업의 비극적 최후나 발렌로드의 장렬한 죽음 또한 단순히 안타까운 마음과 슬픔의 감정을 유발시키는 것이 아니라, 죽음의 순간을 미화시키고 극적 분노를 일으킴으로써 죽음과 고통의 의미를 다시 한번 되새겨보게 만든다. 이런 동병상련 의식의 유발은 국가적 · 집단적 이데올로기와 맞아떨어지는 부분이기도 하다. 고쿠센야의 중국진출도 일본 독자의 요구를 반영한 결과이다. 아이반호가 마지막에 레베카를 구해내는 것도 기사도 정신의 실천과 조화를 내세우기 위함이었다.

이렇듯 작가가 의도했건 의도하지 않았건 간에, 역사와 영웅을 소재로 개인과 사회, 국가의 갈등과 그 해결을 모색하고 있는 역사영웅서사문학 작품 속에는 민중의 요구와 민족 전체의 의식을 담아내고 있는 동시에 사회와 국가의 질서를 유지시키는 데 유용하다고 여겨질 만한 이데올로기 역시 직간접적으로 반영되어 있음을 간과할 수 없다.

그렇다면 이러한 이데올로기적 성격과 관련해서 좀 더 구체적으로 그 내용을 이해하기 위해 작품 속에 내재된 사회적 신념 내지 고유 사상과 연결시켜 살펴보도록 하자. 종교적 · 사회적 관념 또는 고유한 전통사상 주제와 관련하여 구체적으로 명시되어 있는가 하면 문면에 내포되어 있으면서 인물과 사건의 방향과 목적을 암시해 주는 기능을 하기도 함에 유의하면서 작품별로 이 문제에 대해 짚어보기로 하자.

『임경업전』에는 유교적 충 사상과 소중화 의식이 비교적 선명히 나타나 있다. 이것은 종종 주인공의 행동이나 말을 통해 작품 전반에서 제시되곤 한다. 임경업은 시종일관 명나라를 존숭하고 청나라를 배척하는 입장에 서 있다. 소위 주화(主和)가 아닌 척화(斥和)를 주장하고 있다. 시대의 현실적 변화를 기꺼이 받아들이기보다 기존의 관념적 · 이념적 가치와 윤리를 지켜내려는 경향이 강하다. 그러나 작품 후반에 이르러 호왕의 호의를 받게 되자, 임경업은 철저한 척화론자의 입장에서 한 발 뒤로 물러난 듯한 태도를 보인다. 즉, 척화의 의지는 문면에서 슬그머니 사라져버리고 그 자리에 국가와 왕을 위한 충신으로서의 면모가 크게 강조되고 있는 것이다.

이렇듯 텍스트에서 서술 내적 변화가 감지되는 것은 명나라에 대한 관념적 대의명분 의식이 약해지는 대신, 현실적으로 청나라를 점점 인정할 수밖에 없었던 현실 인식의 자각 과정이 은연중 나타난 것으로 적극 해석해 볼 수 있다. 즉, 현실에 소용되지 않는 명분의식이 점점 약화되면서 실질과 합리성을 중시하고 인정하는 방향으로 사상이 변화되고 있음을 암시하고 있는 셈이다. 물론 신하된 자가 임금과 나라에 충성을 다해야 한다는 유교적 충 사상만큼은 임경업의 인물됨과 영웅성을 뚜렷하게 부각시켜 주는 정신적 지주노릇을 하면서 국치를 회복시키고 국제질서를 재건하는 과정에서 여전히 유효한 이념이었던 것은 분명하다.

『고쿠센야캇센』에는 음양(陰陽) 사상과 신토[神道] 사상이 잘 나타나 있다. 하나의 예를 들어보자.

고 산케이가 어린 황태자를 데리고 규센산[九仙山]을 헤매고 있을 때, 바둑을 두는 두 노인을 만나게 된다. 여기서 고 산케이는 두 노인들로부터 바둑판이 보여주는 철학적 의미, 즉 음양사상과 자연이치에 관한 이야기를 듣게 된다. 바둑을 매개로 한 노인과의 대화 속에는 우주의 법칙과 길흉화복, 병법에 이르는 다양한 동양적 사상이 한데 뒤섞여 있다고 해도 과언이 아니다. 바둑판이야말로 세상 전체를 들여다볼 수 있는 혜안의 통로인 셈이다.

노인: 당신이 바둑판을 보면 그것이 곧 바둑판이 되고, 바둑알을 보는 눈이 곧 바둑알이 된다네. 그런데 여기엔 세상과 바둑판을 하나로 연결시켜 생각할 수 있는 본문(本文)이 있지. 이 세상은 바둑판과 같다네. 마음으로 바둑판을 볼 수 있는 사람들에게는 그것이 곧 우주의 중심[須彌山]을 의미하지. 우리가 만일 여기서 저 산들과 강들, 중국 전역에 있는 풀들과 나무들을 본다면, 무엇이 우리의 시야를 가릴 수 있겠는가? 바둑판 각 면마다 90개의 교점(交點)이 있는데, 이는 4계절이 각각 90일로 되어 있음을 의미하네. 그리고 이 모두를 합치면 360개의 교점이 생기지. 그런데 당신은 우리가 한 교점에서 하루를 보낸다는 사실을 알지 못하다니 얼마나 어리석은가?

산케이: 정말 흥미롭군요! 그런데 왜 두 분은 하늘이면 하늘, 땅이면 땅에서 각기 누릴 법한 유일한 기쁨과 상반되는 서로 다른 것을 택해야만 합니까?

노인: 가령 음과 양이 존재하지 않는다면, 창조물 사이에는 어떤 질서도 없게 될 것일세.

산케이: 그러면 이기고 지는 것은 어떻습니까?

노인: 인간의 길흉은 한순간의 운에 있지 않은가?

산케이: 그러면 검은 돌과 하얀 돌은 무엇을 의미합니까?

노인: 그야 밤과 낮이지.

산케이: 그러면 바둑 두기는 무엇과 같습니까?

노인: 군대의 병법!

산케이: 진(陣)을 파하거나, 검열하는 것, 또는 공격을 개시하는 것 등은 무엇입니까?

두 노인: 바둑판에 바둑알을 놓는 것이 곧 전쟁을 의미하지. 그리고 검은 돌과 하얀 돌은 마치 날아다니며 교류하는 검은 까마귀나 무리를 지어 모이는 하얀 왜가리, 또는 밤과 낮의 규칙적인 진행과도 연결될 수 있지. 옛적에 한 왕이 바둑 두는 일에 너무 빠져든 나머지 수많은 밤과 낮이 지나는 것을 알아차리지 못했지. 그래서 그가 미처 알아차리기 전에 그의 손도끼가 이미

썩어버리고 말 정도였지.[8)]

윗글대로라면, 바둑판은 세상을 의미한다. 그리고 바둑판이 각 면마다 90개의 교점으로 이루어져 전체 360개의 교점을 갖는 것은 사계절이 각각 90일씩 나눠진 채 1년을 이루고 있기 때문이라고 했다.[9)] 바둑을 통해 세상과 우주의 본질을 바라볼 수 있다고까지 하였다. 그런데 작가는 여기서 멈추지 않고 흑과 백으로 이루어진 바둑 세계야말로 시간과 공간의 조화, 특별히 음양의 질서에 의해 존재하는 만물세계를 의미한다고 보았다. 인간사의 길흉과 낮과 밤, 하늘과 땅 등 세상만사의 이치가 곧 음양의 조화에 의해 존재한다고 본 것이다. 인생과 자연의 질서라 할 음양사상이 바둑판과 바둑 두기를 통해 드러날 수 있다고 여긴 것이다. 이는 일본 고유사상이라기보다 동양 문화권 내 공통적 사유물이라 할 수 있다.

그런데 바둑을 두는 의미가 제한적인 것은 아니다. 작가는 바둑을 곧 전쟁에 비유하고 있다. 군대의 병법에 따라 전쟁의 승패가 좌우되듯이 바둑도 전략을 갖고 둬야 한다. 흔히 바둑에 능숙한 이가 군사전략가다운 지략도 갖고 있다고 여겼다. 또한 바둑 두기는 세상의 이치를 아는 혜안과 지혜가 있는 자만이 할 수 있는 일종의 신선놀음과 같은 것으로 보았다. 이는 세속적 욕망을 멀리하고 마음을 깨끗이 할 때 세상의 진실까지 바라볼 수 있는 것과 같다.

작품에 등장하는 두 노인은 각각 명나라 첫 번째 황제였던 태조(太祖)와 신하 유백온(劉伯溫)의 혼령이 인간으로 화한 것이었다. 이들은 이 세상의 이치와 미래를 예견하여 보여주기도 하고, 홀연히 사라지기도 하며, 작품 후반부에서 고쿠센야 일행이 탓탄국 병사들에게 쫓길 때 구름 사다리를 내어 도망하게끔 도와주기도 하는 등 조력자 내지 수호신의 모습으로 그려지고 있다. 유교 사상이나 도교 사상 등 동양의 주요 사상에 대해 상당한 지식과 이해를 갖추고 있던 작가의 의식세계를 엿볼 수 있다.

또한, 바둑 두는 장면은 서사전개상 긴요한 역할을 담당하기도 한다. 바로 다음에 제시될 사건, 즉 주인공 고쿠센야가 중국을 구하기 위한 전쟁을 5년간 치르고 있다는 사실을 고 산케이가 알아차리게 만드는 기제로 활용되기 때문이다. 독자는 앞에서 바둑 두기가 전쟁에 해당한다고 했던 두 노인의 말이 무엇을 의미하는지 이 대목에 이르러 보다 명확히 깨닫게 된다. 바둑판을 보며 수천 리 밖 고쿠센야가 청나라를 상대로 전쟁을 치르는 모습을 환히 들여다보게 되었기 때문이다. 산 속에 지내는 고 산케이로서는 세상이 어떻게 돌아가고 있는지 알 길이 없는데, 바둑판을 들여다보며 명나라를 지키기 위한 전쟁이 한창 벌어지고 있음을 깨닫게 되는 것이다. 이 과정에서 명나라의 대표적 충신이라 할 고 산케이와 명나라의 황실을 계승할 어린 황태자가 직접 '일본인' 고쿠센야의 활약상을 봄으로써 일본인이 중국을 위해 펼치는 노력이 고마운 것임을 중국인들로 하여금 자연스럽게 느끼게끔 하고 있다. 즉, 일본인의 활약상을 신비스런 서사장치를 통해 맘껏 보여주고 있는 것이다.

한편, 『고쿠센야캇센』에는 일본 문화의 근간이라 할 신토[神道] 사상이 잘 나타나 있다. 일본인에게 있어 신토란 종교심과 미의식이 결합된 특수한 정신세계에 해당한다. 고쿠센야가 중국으로 건너가 명나라 회복 운동을 전개하는 과정에서 몇 차례 커다란 기적을 경험하게 된다. 그런데 이때 주인공을 위기에서 구해주는 주체가 바로 신토의 신들이다. 고쿠센야가 중국에 도착한 후, 숲속에서 호랑이와 싸울 때 고쿠센야를 호랑이로부터 보호해주고 고쿠센야에게 비범한 영웅적 능력을 부여해 준 것도 바로 신토였다. 그런가 하면 센단 공주와 고쿠센야의 아내가 배를 타고 바다를 건너 중국으로 가는 도중 탈진하여 목숨이 위험하게 되었을 때, 바람을 불게 하여 단숨에 중국 해변가에 닿을 수 있도록 한 것도 바로 '수미요시(住吉)'라는 항해 안전의 신토였다.[10)]

그런데 『고쿠센야캇센』에서의 신토의 의미는 종교적 색채를 띠기보다는 오히려 일본의 신비스런 힘을 강조하는, 그래서 일본 우월적 의식을 보여주려는 의식과 연결되는 특징이 있다. 신토는 신적 존재로서, 어느 곳에나 존재하는 정신적 힘, 다시 말해 불행을 제거시켜 주는 신비한 미신적 마력을 지니고 있다. 이 신들은 사건을 진전시키

부친 이칸을 욕보인 무장한 네덜란드인 세 명과 맨손으로 싸우는 젊은 와토나이

가나가키 로분[假名垣魯文]이 쓴 국성야일대기(國性爺一代記, 1855)에 나오는 장면이다.

출처: Donald Keene, *The Battles of Coxinga*, London: Taylor' s Foreign Press, 1951, 속지 삽입 그림.

고 상황을 역전시켜 명나라 재건을 돕는 조력자로서 일본과 일본인의 능력과 위상을 높여주는 역할을 한다.

> 모친: 와토나이! 신의 땅에서 태어나 신들로부터 받은 너의 몸과 머리카락, 살을, 짐승들을 만나 힘을 쓰느라 자신을 해롭게 하지 마라. 일본 땅은 여기서 멀지만, 신들은 바로 네 몸 안에 있다. 이수주[五十鈴] 강의 위대한 신으로부터 오는 신비한 힘이 이제부터 발휘되지 않겠느냐?[11]

일본은 신들의 보호를 받는 나라[神國]이다. 비록 주인공이 중국에 와 있지만 지리적 거리와는 상관없이 일본의 신들이 고쿠센야의 몸 안에 있어 영웅적 능력을 발휘하도록 도와줄 것이라 믿고 있다. 이러한 신의 도움이 고쿠센야가 중국 도착 후 탓탄국과 싸우면서 남경을 다시 되찾는 과정에서 결정적인 순간에 여러 차례 나타난다. 결국 주인공을 도와주는 신들은 일본의 신들이고, 이들 위대한 힘을 가진 신들이 다스리는 나라 일본에서 온 영웅에 의해 중국이 구원을 받게 된다는 논리구조를 보여줌으로써 일본국과 일본인의 우수함을 드러내고자 한 것이다. 그래서 일면 일본의 신토 사상은 애국주의의 변형이라고 할 수 있다. 종교적 개념이 강하지 못한 중국과 한국의 유교와는 달리, 일본에서는 토속 신앙과 유교가 결합하여 일본의 독자적 종교관 내지 사상으로 발전한 것이다. 단적인 예로, 신체발부(身體髮膚)는 부모로부터 받은 것이므로 자기 몸을 소중히 하며 부모님께 효도해야 한다고 믿는 중국 · 한국의 유교 사상과는 달리, 일본에서는 신체발부가 신(神)으로부터 온 것이라고 믿는다.

한편, 기사문화와 기독교 문화를 배경으로 한 『콘라드 발렌로드』에서는 작품 전체에 걸쳐 예수 그리스도의 고난과 민족 구원에 관한 메시아(mesia) 사상이 근간을 이룬다. 콘라드 발렌로드는 조국과 민족을 구원할 영웅이자 구원자로서 택함 받은 인물이었다. 앞에서도 이미 말한 바 있지만, 마치 구약의 모세나 신약의 예수 그리스도와 같은 존재인 것이다. 독일 기사단의 침략과 지배에 고통 받던 리투아니아의 한 아이가 독일 기사단 사령관의 보호 아래 자라나 결국 기사단의 총사령관이 된다는 상황 설정은 모세가 바로의 공주의 아들로 자라나 이집트의 왕자가 되는 것과 흡사하다. 그런데 화려하고 편안한 삶을 거부하고 민족애를 자각한 발렌로드가 기사단을 탈출하여 리투아니아로 가 자신의 정체를 밝히고 리투아니아를 위해 싸울 것을 맹세한다. 또한 행복한 결혼생활을 즐기며 지내기엔 너무나도 고통스런 동족의 현실 앞에서 자신의 모든 것을 포기하고 다시 죽음의 길을 걷는다. 이런 발렌로드의 행적은 모세가 왕궁을 도망쳐 광야로 가 수련을 거친 후 이스라엘 백성을 이끄는 지도자가 되는 것과 유사하다. 배신과 음모를 통해 결국 기사단을 와해시키지만 자신은 적의 세력에 의해 막다른 방 안에서 자살하고 마는 모습 또한 인류의 죄를 대속하기 위해 무고한 피를 흘려 십자가에 달리는 예수 그리스도의 모습과 상통한다.

성경에서 이스라엘의 구원자인 모세와 예수 그리스도의 삶과 운명처럼 발렌로드의 삶의 궤적 또한 독일 기사단을 물리치고 폴란드-리투아니아 연합국을 구원하기 위해 예정된 전 과정을 묵묵히 실천해 낸 고독과 번뇌의 길이나 마찬가지였다. 이러한 예언자적 · 암묵적 희생의 삶과 운명은 독자들에게 커다란 충격과 반향을 불러오기에 충분하다. 나라를 빼앗기고 소망이 꺼져 가던 폴란드 민족에게 독립과 부활의 의지를 불러일으키기 위해서는 구원자 메시아의 도래를 노래하고 과거의 위대했던 역사적 사건을 이야기하지 않을 수 없었다. 아담 미츠키에비치가 『콘라드 발렌로드』에서 구현하려 했던 주제는 바로 현실을 초월하여 이상을 현실로 만들 수 있는 가장 강력한 사상과 신념, 곧 메시아주의의 재현에 있었던 것이다. 주인공의 일생을 통해 민족혼을 일깨우고 민족의 나아갈 바를 분명히 보여주고자 한 흔적이 작품 전편에 걸쳐 배어있다고 할 것이다. 독자의 심금을 울리고 감정에 호소하기 위해 다소 낭만적이며 우울하고 신비로운 분위기에다 진지하고도 격정적인 표현을 적절히 배합시켜 민족주의 사상을 고취시키고 있음을 간파할 수 있다.

이와 비교한다면 『아이반호』는 심각한 민족 간 갈등을 비교적 밝고 건강한 이성적 사고 위에서 다루고 있다고 할 수 있다. 그리고 등장인물이 갖고 있는 신념이나 이상은 긍정적이며 미래지향적이다. 기독교의 구원 사상이나 율법주의가 작품에서 종종 나타나지만 거기에는 낙관적인 신앙관이 전제되어 있다.

> 하나님은 만사를 처리하십니다. 하나님은 비록 가장 약한 도구를 통해서라도 유대의 포로를 돌려보내실 수 있습니다. 하나님의 말씀을 완수하기 위해서는 달팽이라도 독수리만큼 확실한 심부름꾼이 될 수 있습니다.[12)]

윗글에서는 시련과 환난이 닥쳐 오고 자신이 비록 가장 연약하고 보잘것없는 존재라 할지라도 신이 자신을 큰일을 감당할 도구로서 사용할 것이며 구원의 능력을 보여 줄 것으로 믿는 신앙고백이 잘 드러나 있다. 위기에 처했을 때 신의 구원의 손길을 바라는 레베카의 절박한 신앙심은 작품 전편에서 지배 세력으로부터 압박당하고 조롱받는 피지배층 사람들이 공통으로 갖고 있던 기독교적 구원관과 연결되어 나타나고 있다.

그 밖에 『아이반호』에서는 명예와 충성을 중시하는 기사도 정신

역시 중요하게 작용하고 있다. 마녀라는 죄명으로 화형 당할 위기에 처한 레베카를 구할 수 있는 유일한 방법은 그녀를 위해 성당기사와 결투를 치르고 승리를 해야만 가능하다. 이러한 극한 상황에서 정의의 기사가 불현듯 나타나 주인공 여성을 구해내고 사건을 종결짓는다는 사고방식이야말로 기사도 정신의 정점을 보여주는 것이라 하겠다.

> "나는 기사이며 귀족이오. 여기 있는 처녀, 요오크의 아이작의 딸 레베카의 정당하고도 합법적인 싸움을 창과 칼로 돕기 위해서 더욱이 이 처녀에 대해서 언도된 판결은 잘못되었으며 허위라고 주장하기 위해서, 또 반역자, 살인자 및 사기꾼인 브리앙 드 부아 기르베르 경에게 도전하기 위해 여기 온 것이오. 그러므로 이 시합장에서 신의 가호, 성모의 도움, 기사 성 조지 님의 조력에 의하여 이 몸을 바쳐 브리앙 드 부아 기르베르 경과 싸워 이상의 것을 입증하려는 바이오." ... "내 이름은" 하며 그 기사는 투구를 벗었다.... "나는 아이반호의 윌프레드요."[13)]

레베카를 구하기 위해 화형 직전에 달려와 결투를 신청하는 기사의 모습이 자못 극적이고 감격적이다. 투구를 벗고 자신의 이름이 아이반호의 윌프레드임을 밝히는 장면에서 중세의 기사담이나 로맨스에서 느낄 만한 낭만적 희열감을 느끼게 해준다. 더욱이 결투를 신청하는 이유를 분명하게 밝힘으로써 자신이 신의 이름으로 불의를 심판하고 의로움을 보여주고자 하는 정의의 기사라는 사실을 당당히 선포하고 있다. 또한 아이반호는 아직 부상에서 완쾌되지 않은 몸이라 성당기사 기르베르와의 대결은 상식적으로 보더라도 그 결과가 뻔한 것이었다. 그럼에도 불구하고 결투를 신청하는 아이반호의 모습은 남성 영웅의 이상형이라 할 수 있다. 이러한 영웅상의 재현은 독자들의 마음을 한번에 사로잡기에 충분했다. 정의를 위해, 그리고 한 여성을 구하기 위해 불의를 참지 못하는 남성 기사가 악의 세력과 싸워 끝내 승리를 쟁취하고 사랑도 얻어낸다는 이상적 바람이 『아이반호』에서 기사도 정신과 명예를 존숭하는 사회적 통념과 연결되어 작품의 대미를 장식하고 있는 셈이다.

이렇듯 여성의 생명을 보호하고자 하는 남성상이 하나의 사회적 미덕으로 승화된 기사도 정신은 11세기 이후에 중세 서유럽에서 보편화된 사회규범이라 할 수 있다. 특히 교회가 문화 전반에 영향을 끼치면서 체계적으로 이상과 현실을 조화시킨 정신체계라 할 수 있다. 이는 성모숭배 사상이 기사도 정신의 근간을 이루며 마련되었기 때문이다. 신을 경외하고 불의를 배격하며 약한 자를 도와주고 명예를 존중해야 한다는 기사도 정신은 『아이반호』에서 주인공을 비롯한 선한 등장인물들이 추구하는 가장 숭고하고 아름다운 신념과 사상에 해당하는 것이다.

그렇지만 작품이 이러한 기사도 정신을 근간으로 서사 전개가 이루어지고 있다는 사실은 근대적 역사소설의 성격뿐만 아니라 중세적 로맨스 전통이 여전히 계승되고 있음을 방증하는 것이기도 하다. 스콧이 『아이반호』를 창작한 시대에도 아직까지 명예와 신분, 그리고 최고의 의로움에 대한 신념 및 사상이 여전히 중세적 사고에서 완전히 이탈하지 않은 가운데 작가와 독자 모두에게 별 거부감 없이 받아들여지고 있었던 것이다.

요컨대, 네 작품에는 각기 고유한 사상과 사회적 신념이 이데올로기적 성격을 띠고 주제와 밀접한 관계를 맺고 있다. 역사적 영웅들이 주어진 환경 속에서 전통적으로 강조되어 온 사회윤리를 지키고 몸으로 실천하는 삶의 여정을 보며 독자들은 감동감화를 받고 그 속에 담긴 지배 이데올로기적 의미를 자신의 가치 판단 체계 속에 포함시킬 수 있다. 특히 기존의 전통 사상이 거부감 없이 쉽게 받아들여지기 때문에 작가는 자국의 고유 사상을 활용해 독자의 흥미와 관심을 불러일으키고, 교훈까지 제시하고자 했던 것이다.

2) 변형된 '영웅의 일생 구조' 작품의 세계관

한 편의 서사문학 작품에서 주인공의 삶을 이야기하고자 할 경우, 주인공의 삶 전체를 다루거나 어느 한 특정 시기만을 골라 집중적으로 다룰 수도 있다. 주인공의 출생부터 죽음까지 전 생애를 일대기적 구성으로 이끌어 나가는가 하면, 특별히 의미 있다 판단되는 짧은 시기를 택해 좀 더 구체적으로 삶을 그려나가는 방식이 있을 수 있다.

『임경업전』을 보면, 주인공 임경업이 비록 보잘것없는 가문에서 태어났지만 어려서부터 열심히 공부하여 무과에 장원급제한 후, 조선과 중국에서 그 용맹과 덕을 떨치고 나라에 충성하다가 안타깝게 간신의 술수에 말려 죽고 마는 삶의 과정이 잘 드러나 있다. 주인공의 생애 전체가 드러나고 있다는 점에서 일대기적 구성을 취하고 있다고 할 수 있다. 이는 중국에서 이미 오래 전에 시작된 열전의 글쓰기 양식을 계승해 한 인물의 생애를 말하고자 한 전(傳)계 문학의 영향이기도 하다. 그러나 임경업의 생애는 다른 영웅군담소설에 나타난 영웅들의 생애와는 조금 다르다. 임경업은 비범하지 않은 출생과 성장과정을 보일 뿐만 아니라 그의 결말 또한 안타까운 죽음으로 끝나고 있기 때문이다.

『콘라드 발렌로드』에서도 임경업과 마찬가지로 주인공 발렌로드의 출생부터 죽음에 이르는 전 생애가 작품의 주된 서사적 줄기를 이루고 있다. 리투아니아에서 태어난 어린 발렌로드는 독일 기사단에 붙잡혀 독일 땅에서 자라난다. 그리고 성장한 후에 리투아니아와 독일, 그리고 여러 나라를 오가며 전투를 치르고 독일 기사단의 총사령관에까지 오르지만 결국 배신의 대가로 독일 땅에서 최후를 맞이한다는 이야기가 바로 그러하다.

이에 반해 『고쿠센야캇센』이나 『아이반호』에서는 주인공의 생애 전체가 아닌 부분만이 드러나고 있다. 고쿠센야는 작품 속에서 이미 장성하여 결혼을 한 성인으로 설정되어 있다. 또한 작품의 결말 부분에서 주인공의 여생이 어떠했는지에 대한 아무런 언급이 없다. 일본에서 중국으로 건너가 중국 명나라를 재건하기 위한 싸움을 5년간 벌인 시기의 사건만이 집중적으로 서술되어 있다. 주인공의 생애 중 중요한 시기 일부만을 특별히 부각시켜 다룬 소위 삽화형 서사구조를 보여주고 있다.

『아이반호』 역시 주인공인 아이반호의 삶 중에서 어떤 한정된 시기에 일어났던 중요 사건을 중심으로 다룬 삽화식 구성을 하고 있다. 주인공의 출생이나 성장과정, 그리고 최후에 대한 이야기는 전혀 나타나지 않고 있다. 십자군 원정길에서 돌아와 존 왕자의 폭정과 노르만 귀족들의 횡포에 맞서 몇 차례의 결투를 벌이는 사건이 주를 이루고 있을 뿐이다. 스콧이 쓴 역사소설 중에 영웅의 일대기를 그린 작품은 하나도 없다.

그렇다면 이상과 같이 네 작품에 나타난 영웅의 생애는 일반적으로 영웅소설에서 발견되는 '영웅의 일대기적 구성'과 어떤 관계가 있을까? 역사영웅소설(서사) 작품 중 아예 일대기적 구성이 아닌 삽화적 구성을 보이는 작품을 어떻게 이해해야 할 것인가?

'영웅의 일생 구조'를 구현한 소설을 영웅소설이라 한 것은 조동일에 의해서였다. 영웅의 전체 생애가 몇 개의 공통된 과정, 즉 '고귀한 혈통, 비범한 출생→탁월한 능력 소유→기아(棄兒) 또는 가족과의 분리→구원자의 도움→자라서의 고난(위기)→투쟁을 통한 승리

→천상복귀 또는 부귀영화'의 단계가 공식처럼 나타나고 있는 것으로 본 것이다.[14] 이러한 영웅의 일대기 구조는 일찍이 영웅을 소재로 한 민담이나 전설 같은 구비문학에서 전승되어 오던 서사유형이었다. 더욱이 이런 서사구조는 하나의 공식처럼 고정화된 채 20세기 초까지 인기리에 읽혔던 영웅 소설 작품들에서도 그대로 계승되어 나타나고 있었다.

그러나, 실존하는 모든 영웅소설이 위의 영웅의 일생 구조를 전형적인 형태로 구현하고 있지는 않다. 『최고운전』, 『전우치전』, 『임진록』 등이 영웅의 삶을 형상화한 영웅소설이지만 영웅의 일생구조를 도식적으로 적용시키기 어렵다. '영웅의 일생구조'는 영웅소설 작품 중에서도 『소대성전』이나 『유충렬전』 등 창작 영웅소설에서 흔히 드러나는 것으로 한정지을 수 있기 때문이다. 그러므로 영웅소설의 개념을 영웅의 일생 구조에 근거하여 결정하기보다 좀 더 넓은 범주 차원으로 확장시켜 살펴볼 필요가 있다. 본고에서 다루는 네 편의 역사영웅서사문학 작품들 중에도 비록 주인공의 생애가 출생부터 죽음까지 다루어지고 있다 하더라도 기존에 영웅소설에서 구현된다고 본 '영웅의 일생 구조'와는 달리, 일탈 내지 변형된 구조를 보여주고 있기 때문이다.

우선 본고에서 다루는 네 작품에 나타난 영웅들의 일생 구조를 간략히 정리해 보면 다음과 같다.

(a) 평범한 출생
(b) 고난
(c) 승리
(d-1) 사라짐(죽음) / (d-2) 부귀영화

무엇보다도 본고의 네 작품에서는 기존에 영웅소설의 서사구성

요건으로 종종 언급해 온 '신이한 탄생' 부분이 없다. 출생담이 아예 없기도 하고(『고쿠센야캇센』과 『아이반호』), 설령 출생담이 있다 할지라도 고귀한 혈통을 받아 태어나지도 않고 평범한 인물로 출생하여 정상적인 어린 시절을 보내는 것으로 처리되고 있다(『임경업전』). 비록 발렌로드가 어린 시절에 독일 기사단에 끌려가 독일군 총사령관의 양자로 자라나는 경험 자체가 특이하다 할 수 있지만, 기본적으로 그 자신이 고귀한 혈통을 이어받아 비범한 존재로 태어난 것은 아니다.

네 작품의 주인공 중에서 가장 탁월한 능력을 소유한 인물이라면 단연 '고쿠센야'를 들 수 있을 것이다. 고쿠센야는 중국에 도착한 직후에 호랑이를 만나지만 구원자(신토)의 도움으로 문제를 해결한 후 신토로부터 영감을 받아 신이한 능력을 지니게 된다. 구원자가 인간이 아닌 신으로서 신의 조력을 계기로 고쿠센야 역시 비범한 영웅의 능력을 부여받게 된다. 임경업과 아이반호도 구원자의 도움을 받기는 하지만 신이 아닌 주위의 인간으로부터 현실적인 방법으로 결정적인 도움을 받고 있다는 점에서 『고쿠센야캇센』에서의 구원자의 도움과 차이가 난다. 또한 탁월하고 신이한 능력도 소유하지 못하고 있다.

주인공들은 공히 고난을 당하거나 크고 작은 전투를 치르게 되지만 결국에는 이를 잘 극복하고 승리를 얻는다. 그런데 네 작품에서는 영웅소설의 '투쟁을 통한 승리' 부분이 두 가지 결말로 나타난다. 그 첫 번째는 역사적 주인공이 세계의 횡포 또는 주어진 환경으로 말미암아 안타깝게도 어쩔 수 없이 죽음에 이르게 되는 '죽음' 내지 '사라짐'의 유형(d-1)이다. 비록 잠시 동안의 승리 또는 행복을 맛보기는 하지만, 궁극적으로 구원받지 못하고 죽음에 이르고 마는 것이다. 이런 인물로는 임경업과 콘라드 발렌로드를 들 수 있다.

그러나, 이와는 반대로 영웅소설에서의 주인공의 결말처럼 부귀영화를 누리고 소위 출세하는 것으로 끝나는 경우가 있다(d-2). 하지만 이러한 행복한 결말은 천상이 아닌 현실세계에서 누릴 수 있는 행복에 해당한다. 고쿠센야나 아이반호의 경우가 그러하다.

전자의 경우에는 영웅의 일생 공식 유형에서 일탈하여 보다 현실적이고, 객관적인 세계와 현실적 인물의 생애를 보여주고 있다. 현실적 시간 개념 위에 현실적 방법으로 사건의 갈등이 증폭되었다가 해결되는 방식이 주로 나타난다. 서사단계 중 '승리'가 일반 영웅소설에서는 행복한 결말을 위해 예정된 중간과정이라면, (d-1)과 같은 역사서사문학 작품에서는 '승리'의 과정이 '사라짐'을 위한 일종의 역설적 장치 또는 일시적 의미로 활용되고 있다.

이에 반해 (d-2)에서는 '출생'에서 '사라짐'으로 이어지는 미학적 구조는 없고 다만 고난과 승리의 구조로만 채워져 있다. 오히려 승리 후의 부귀영화와 출장입상(出將入相)이 별다른 반전 없이 그대로 보장되어 있다. 이런 결말은 현실세계에서 현실적으로 상정할 수 있는 최고의 기대치이자 소망의 실현에 해당한다. 관념적이며 이상적인 세계로의 복귀를 최고의 것으로 여기지 않는다. 다시 말해, 작품에서 추구하고 있는 최고의 가치와 궁극적 목표는 개인적 행복이나 출세 자체보다는 민중과 민족의 문제 해결에 집중되어 있다. 그리하여 리얼리티가 보다 현실적으로 구현되고 있는 것이다.

이처럼 영웅의 일생 구성에서 벗어나 변형된 서사구조를 보여주는 역사영웅서사문학 작품에서는 '(출생)-고난-승리-사라짐 또는 부귀영화'의 서사국면 중에서도 '출생'과 '고난' 부분이 현실적인 서사로 처리되고 있다. 반면에 '승리'와 '사라짐 또는 부귀영화'의 단계에서는 작가가 보는 세계관 또는 집단의식의 성향에 따라 두 가지 양분된 측면, 즉 비현실적 서술이나 사실적 서술 중 한 가지의 방식에 의해 '승리-사라짐'의 관계로 처리되거나 '승리-부귀영화' 관계로 실현되고 있다.

그런데 '승리'의 단계에서 '사라짐' 혹은 '부귀영화'의 결말로 바뀌는 과정에는 눈에 보이지 않는 일종의 '운명적 힘'이 작용하고 있다. 서사전개 과정에서 주인공의 운명을 바꿔놓을 만한 운명적 사건이나 행위가 직접적으로 매개됨으로써 급진전된 결과를 초래하는 것이 그러하다. 인간의 운명에 개입하는 비가시적(非可視的) 동력을 서사전개의 동인으로 설정해 놓고 있는 것이다. 그 힘의 성격이 설화나 전설에서는 불가해(不可解)한 것이 될 수도 있지만, 네 편의 작품에서는 각기 그것들을 그 나름대로 규정할 수 있다.

『임경업전』에서는 정치적 욕망과 개인적 갈등이 빚어내는 김자점의 '악의(惡意)' 자체가 그 힘의 원천이 되고 있다. 여기서 김자점의 악의는 주인공과의 필연적 갈등으로 인해 빚어진 것이 아니다. 임경업에 대한 시기와 두려움이 김자점의 악의의 본질이 될 수 없다. 작품에서는 악의의 근원이 주인공의 죽음으로 이어져야만 하는 서사전개과정상의 필연적 이유와 역사의식이 결여되어 있다. 단지 부당한 횡포에 당할 수밖에 없는 인간의 유한성, 곧 현실 세계의 질서가 변하지 않는 한 패배할 수밖에 없는 운명적 힘으로부터 비롯된 것이다.

이에 비해 『콘라드 발렌로드』에서는 순응할 수밖에 없는 맹목적 신앙 차원의 절대화된 신념이 주인공의 운명을 결정짓는 원동력으로 작용하고 있다. 자신을 길러준 독일을 배신하고 조국을 구하는 것은 자신의 의지와 상관없이 이미 예언된 것으로, 이를 믿고 실현하고자 하는 개인적 신념이 그를 죽음으로 몰아가고 있는 것이다. 그리고 그러한 신념의 실현 과정을 효과적으로 보여주기 위해서 주인공의 전 생애를 활용하고 있다. 주인공이든 적대자든지 간에 등장인물들이 갖고 있는 내적인 힘이 『임경업전』과 『콘라드 발렌로드』에서 주인공을 죽음으로 몰아가고 있는 것이다.

그러나 『고쿠센야캇센』과 『아이반호』에서의 힘은 앞의 두 작품과는 상반된 의미로 작용한다. 두 작품에서 주인공에게 영향을 끼치는 주된 내적인 힘은 긍정적 방향으로 작용하고 있기 때문이다. 『고쿠센야캇센』에서는 일본의 신인 신토의 도움이 운명적인 역할을 대신하고 있다. 이성적으로 받아들일 수 없는 비논리적 힘의 세계가 작품속에 하나의 논리인 양 작용하고 있는 것이다. 반면, 『아이반호』에서는 주인공을 비롯한 민중들의 '민족혼'이 양심적 신념과 애정과 결합해 내적인 힘으로 작용하고 있다. 여기서의 내적인 힘은 인간세계에서 가치관과 세계관이 절대시된 관념적 의식이라 하겠다. 이것은 상당히 현실적이고 이성적으로 납득 할 수 있는 내적인 힘이다.

서사전개 과정에서 작용하는 다양한 힘은 주인공의 생애와 결말에 크고 작은 영향을 미치고 있다. 이것은 아직 완전히 현실에 기초한 이성적 사고와 초월적 관념이 분리되지 않은 세계관이 주인공의 일생에 투영되어 일정한 영향을 미치고 있기 때문이다. 네 편의 역사영웅서사문학에는 작가가 주인공의 삶과 일생을 이해하는 방식으로 서사를 만들어 나가는 내적인 힘의 작용을 설정해 놓고 있지만, 한편으로는 민중의 의지와 소망이 반영되면서 작가의 개인적 · 이성적 사고 외에 신적 · 초월적 영역에 대한 집단적 · 민중적 의식까지 함께 혼재되어 나타나고 있는 것이다. 이렇듯 개인적 작가 의식과 민중적 독자 의식이 한 작품 속에 뒤섞여지면서, 때때로 현실적 사고가 강하게, 또는 비논리적 · 초월적 사고가 강하게 표출될 수 있다.

그렇기에 이처럼 기존의 '영웅의 일생 구조'에서 다소 일탈하거나, 변형된 서사구조를 보여주는 작품들을 별도로 '변형된 영웅의 일생 구조'의 영웅소설, 역사영웅서사문학으로 부를 수 있다. 이것은 영웅의 일생 구조를 제대로 갖춘 소설이 영웅소설이 아니라 영웅소설의 범주를 좀 더 확장시켜 변형된 영웅의 일생 구조를 보여주는 작품들까지 영웅소설의 범주에 포함시킬 수 있음을 의미한다. 박일용의 경우, 이러한 영웅소설의 개념적 범주를 확장하여 '민중적 역사 영웅소설'과 '통속적 창작 영웅소설'로 구분[15]한 후, 민중적 역사 영웅소설 작품들에서 영웅의 일생구조가 전형적으로 구현되지 않고 있다고 보았다.[16]

네 편의 작품만을 놓고 볼 때, 모든 작품에서 영웅의 일생 구조가 제대로 구현되어 있지 않다. 그런데 그나마 '고쿠센야'의 생애와 활동이 다른 세 영웅에 비해 영웅의 일생 구조와 가깝다고 말할 수 있다. 이것은 환상적 성격이 강한 『고쿠센야캇센』이 사실적 역사영웅서사문학 작품에 비해 영웅의 일생 구조와 비슷하다는 것을 의미한다. 그렇다면, 박일용 교수가 언급한, 소위 '통속적 창작 영웅소설'에 포함되는 『구운몽』, 『숙향전』, 『소대성전』 등의 작품들도 본고의 관점에서 본다면 모두 비현실적 역사소설에 해당한다. 영웅의 일생 구조가 변형된 형태의 모습을 보여주는 것은 '창작' 영웅소설이 아니라 주로 '역사' 영웅소설이나 '역사영웅서사문학' 작품에서다. 환상적 · 비현실적 역사영웅서사문학보다 '사실적 역사영웅서사문학'에서 이러한 변형이 나타나고 있는 것이다.

역사영웅서사문학은 현실적인 시각에서 역사적 영웅의 일생을 재구성해 내고 있기 때문에 통속적 창작 영웅소설에서 유형화된 서사구조보다 현실적인 방향으로 변형되어 있다고 말할 수 있다. 그리고 환상적 역사영웅서사문학 작품(『고쿠센야캇센』)의 경우에는 사실적 역사영웅서사문학 작품(『아이반호』, 『임경업전』, 『콘라드 발렌로드』)보다 영웅의 일생 구성에 더 가까운 면모를 보이고 있다.

이러한 결과는 환상적 역사영웅서사문학에서 초월적 · 상상적 서사기법을 통해 추구하려는 세계관과 통속적 창작 영웅소설에서 주인공의 일생 구조를 통해 실현해 내고자 한 세계관이 서로 유사한 부분이 많기 때문이다. 여기서의 유사한 세계관이란 작가와 독자의 소망에 부응하는 미래 지향적 의지 및 욕구와 관련된다. 이에 비해 사실적 역사영웅서사문학에서 변형된 영웅의 일생 구조를 설정하는 이유는 주인공이 현실 세계와 싸우는 과정을 통해 그 현실적 한계를 자각하는 한편, 안타까운 최후나 비극적 좌절을 통해 일종의 카타르시스를 추구하고자 하는 작가의 의식이 바탕에 깔려 있기 때문이다.

2. 중세적 가치관과 근대적 의식의 이행기적 성격

1) 중세 보편주의와 근대 민족주의의 대립과 조화

중세는 한 문명권 안에서 동질성을 바탕으로 질서와 체제가 유지되었다. 같은 문명권 내 두 나라가 동심합력(同心合力)하여 운명을 같이하려 하지만, 다른 문명권에 속한 국가 또는 야만(오랑캐)족과는 대립하고자 했다. 이런 중세적 가치관은 중세가 끝나고 근대로 이행하는 과도기적 시기의 여러 작품에서도 여전히 남아 있다. 근대에 이르러 자국 중심주의 의식 또는 민족주의 의식이 팽배해진 것과 달리 문명권 내 중심국가와의 동질성을 확인하고 조화와 협력을 추구하고자 한 흔적을 본 작품들에서도 찾아볼 수 있다.

> [1] 경업이 안ᄉᆡᆨ을 화히ᄒᆞ여 왈, "화복이 슈에 잇고 인명이 ᄌᆡ쳔ᄒᆞ니 죠션과 ᄃᆡ국이 다르오나 보쳔지하막비왕토오, ᄉᆞᆯ토지민이 막비왕신이라 ᄒᆞ니, 엇지 죽기를 ᄉᆡ양ᄒᆞ리잇고?" ᄒᆞ고 인ᄒᆞ여 하직ᄒᆞ니,[17)]

[2] 쳔ᄌᆡ 친히 옥ᄇᆡ를 잡아 쥬시며 왈, "이 술이 첫ᄌᆡᄂᆞᆫ ᄉᆞ례ᄒᆞᄂᆞᆫ 슐이오, 둘ᄌᆡᄂᆞᆫ 젼별ᄒᆞᄂᆞᆫ 슐이니, 나라히 비록 다르나 ᄯᅳᆺ은 ᄒᆞᆫ가지라. 엇지 결연치 아니ᄒᆞ리오?"[18)]

[3] 우리 냥국이 동심 합녁ᄒᆞ여 호국을 치기를 언약ᄒᆞ고[19)]

『임경업전』 중에서 중국과 조선의 동질성을 강조하고 있는 부분에 해당한다. [1]에서 임경업은 "온 천하에 왕의 땅이 아닌 곳이 없고, 온 천하의 백성이 왕의 신하되지 않은 자가 없다(普天之下 莫非王土 率土之民 莫非王臣)."[20)]라고 하여 조선의 신하가 곧 중국의 신하로서 중국(곧, 명나라)에 충성하는 것이 당연하다는 논리를 내세우고 있다. 모든 땅과 사람이 다 하늘의 것이요 문명권의 중심국인 천자의 통치하에 있다고 본 것은 친명배청(親明排淸)의 사대주의 의식으로 비쳐질 수 있다. 그러나 이러한 사고방식은 사대주의 의식 이전에 동양적인 '왕도 사상'을 집약적으로 보여주고 있는 것이다.[21)] 이것이야말로 중세적 보편주의 의식과 맞닿아 있는 것이라 하겠다.

"나라는 다르지만 뜻은 하나다"([2])라는 생각이나, "두 나라가 동심합력"([3])하여 호국, 곧 야만국을 물리치고자 하는 의식의 기저에는 [1]과 마찬가지로 문명권 내 회원국인 조선이 중국과 서로 동질적 요소를 확보하고 있다는 전제가 깔려 있는 것이다.

이러한 의식은 중국을 위시한 유교 문화권에서 왕권 강화 및 체제 유지를 위해 내세우는 이상적인 통치체제의 모형 또는 국가적 이데올로기 측면에서 다뤄질 수 있다. 중요한 것은 타의든 자의든 간에 중세에서 근대로 넘어가던 시기에 일반 서민들 사이에서도 이러한 동질의식이 상당한 설득력을 갖고 있었으며, 세상을 바로잡는 하나의 기준으로 여겨지고 있었다는 점이다. 현실세계에서 기대하는 이상적인 세계의 모습이란 곧 문명권 내 안녕과 동질성을 공유하면서 살아가는 것이라 할 수 있다.

이러한 중세적 보편주의 의식을 달리 보자면, 그만큼 조선의 국력과 위상이 높아졌음을 단적으로 보여주는 것이다. 대외적 현실인식 태도와 관련한 주체적 민족자각 의식이 문명권 내 중심부 노릇을 해온 중국에서는 상대적으로 약화된 반면, 주변 국가의 위상과 역할은 격상되었음을 뜻한다. 근대에 이르러 보편화된 자민족 중심주의적 의식(ethnocentrism)이 시대의 흐름을 따라 새롭게 등장하고 있었으며, 그런 의식의 일단이 문학작품 속에까지 투영된 것으로 볼 수 있다.

> 4 조션에 엇지 이런 명쟝이 이슬 줄 ᄯᅳᆺᄒᆞ여스리오?[22)]

> 5 만니 원노에 무ᄉᆞ 회환ᄒᆞ니 다힝ᄒᆞ기 측냥 업고, 경으로 인ᄒᆞ여 님경업을 타국 젼장에 보ᄂᆡ여 승쳡ᄒᆞ니, 죠선에 빗ᄂᆡ미 ᄯᅩᄒᆞᆫ 젹지 아니ᄒᆞ다.[23)]

> 6 경업은 삼국에 유명ᄒᆞᆫ 쟝슈오 ᄯᅩᄒᆞᆫ 쳔고 츙신이라.[24)]

4에서 6까지는 임경업 같은 명장이 조선에 있어 나라의 명성이 세상에 널리 알려지고, 삼국(=문명권 전체)의 평화까지 가능하다는 의식을 보여준다. 그동안 중국 중심 세계관에서 볼 때, 동쪽의 오랑캐에 불과하다고 여겼던 조선에서 오히려 중국을 지켜줄 장수가 나왔으며, 삼국(=세계 전체)에 널리 이름이 알려져 조선의 이름을 빛내게 되었다는 의식은 조선에 대한 자부심과 독자적 주체 의식이 전제되지 않고는 불가능한 발상이다. 비록 대상국은 다르지만 『최고운전(崔孤雲傳)』에서 중국황제에 대항하는 것이나, 『신유복전(申遺腹傳)』에서 가달국을 물리치기 위해 출병해서 승리를 거두는 것과도 일맥상통한다.

그런데, 여기서 한 가지 유의해야 할 것은 이러한 자민족 중심주의적 의식은 자민족(국가) 대 타민족(국가)의 대결에서 한쪽의 일방적인 승리를 추구하려는 데 있는 것이 아니라는 점이다. 흑백논리처럼 한 나라의 일방적인 승리로 귀결되는 것이 아니라, 비록 적대국이라 할지라도 궁극적으로 함께 더불어 공존해야 할 국가(민족)라는 의식이 전제되어 있다는 점이 중요하다. 작품의 중반부에 이르기까지 호국과 중국 · 조선의 대결, 즉 호왕과 임경업의 대립 국면을 보이던 것이 점차 후반으로 가면서 호왕이 볼모로 잡아 온 세자와 대군을 본국으로 돌려보내고 임경업을 자신의 부마로까지 삼으려 하는 화해 상황으로 바뀌고 있는 것이 그러하다. 그리고 이 이후로는 갈등의 축이 국내의 사회 · 정치적 문제와 개인적 갈등, 곧 임경업과 김자점 사이의 대립 양상으로 변모하고 있다. 여기서 호국 대 중국을 포함한 조선의 갈등이 슬그머니 약화되면서 호왕과 임경업의 관계가 화해의 분위기로 일변한 것은 작가가 지향하고자 하는 세계관이 궁극적으로 민족(국가) 간 대립이 아닌 세계 질서의 회복과 조화에 있음을 의미한다.

중세적 보편주의와 근대 민족주의 의식의 혼재 양상을 바로 이런 측면에서 찾아볼 수 있다. 『고쿠센야캇센』에서는 일본이 우수한 민족이자 훌륭한 국가라는 사실을 작품 곳곳에 거듭 언급해 놓고 있다. 역사적 사실과는 무관하게 일본을 기본적으로 문화국으로 상정한 상태에서 일본에 의해 중국을 비롯한 문명권 전체의 안녕과 평화가 이루어지게 되었다는 자부심이 강하게 드러나고 있다. 심지어 중국인을 대등하게, 어떤 면에서 낮춰 보려는 의식마저 존재한다.

[7] 와토나이: 더러운 중국 놈들! 너희 귀를 어디에 붙여 두고 무엇을

듣느냐?[25)]

8 모　친: 소국일지라도 일본은 남자도 여자도 의리는 버리지 않는다.[26)]

9 해설자: 그들은 에이랴쿠[永曆] 황제(皇帝)가 영원토록 제국을 다스리기를 기원했다. 국가의 안녕과 운명 또한 대일본국의 군주가 계속 이어 나가기를 바랐다.[27)]

7에서 주인공 고쿠센야가 중국인을 향해 호통을 치고 있다. 그리고 비록 일본이 중국에 비해 그동안 소국에 불과했지만 대의를 중시하고 윤리와 도덕이 살아있는 문화국으로 중국과 다르지 않다(8)는 점을 설명하고 있기도 하다. 또한 자국을 대일본(大日本)국으로 칭할 정도로 자부심(9)이 대단하다. 이처럼 작품 곳곳에 작가는 일본이 훌륭하다는 사실을 거듭 강조해 놓고 있다. 이렇듯 일본 중심의 우월의식은 단순히 작가 개인의 주관적 견해에서 창작된 것이 아니라 당시 죠루리의 주된 관객이라 할 무사와 조닌 집단의 의식과 요구가 맞물려 나타난 결과다.

그러나 일본이 중국을 배척해야 할 문화 중심국이 아니라 공존을 도모해야 하는 나라로 인식하고 있는 점은 『임경업전』에서와 마찬가지다. 일본에 뜨는 해가 중국의 해와 다르지 않다고 하면서 해로 비유될 수 있는 인륜, 곧 '인의오상정(仁義五常情)'을 숭상하고 발달된 문화와 도덕의식을 갖고 있다고 내세우는 것[28)] 또한 일본의 일방적인 우위를 주장하는 것이 아님을 보여준다. 이렇게 말한 이유는 도덕과 규범을 통해서야 양국이 비로소 하나가 될 수 있으며, 문화국이 야만국을 물리쳐 세계의 질서와 평화를 유지시킬 수 있다는 동질의식과 사명의식이 전제되어 있었기 때문이다.

『고쿠센야캇센』에서 고쿠센야의 여성 파트너(주인공)로서 일본인 아내보다 중국인이자 고쿠센야의 이복누이인 긴쇼조가 더 큰 비중을 차지하고 있는 것도 바로 중국과 일본이 좋은 경쟁자이자 협력자라는 의식이 깔려 있기 때문이다. 이처럼 일본과 중국이 같은 문화국으로서 함께 동일 문명권 내 질서를 회복하고 평화와 안녕을 이루는 데 협력한다는 바탕아래 일본 국가의 우수함을 내세우고 있다. 중세의 보편주의에서 근대의 민족주의로 넘어가는 과정에서 만들어진 절충적 민족주의의 형태인 것이다.

『콘라드 발렌로드』의 경우, 민족에 대한 집착과 애정이 더욱 강하게 드러나 있다. 나라를 잃은 미츠키에비치는 문학 작품을 통해 폴란드의 독립을 외치고자 했다. 그의 작품들은 어떤 정치인의 연설보다도 억압받던 폴란드 민족에게 독립에 대한 소망과 자유를 향한 의지를 불러일으키는 데 큰 영향을 끼쳤다. 미츠키에비치가 폴란드 민족에 관해 쓴 글 「폴란드 민족과 폴란드 순례여행에 관한 서(序)(Księgi narodu polskiego i pielgrzymstwa polskeigo)」(1832)를 보면, 그가 자기 민족을 어떻게 인식하고 있으며, 그의 작품 속에 담아 낸 민족의식의 실체가 어떠한 것이었는지 단적으로 살펴볼 수 있다.

> 폴란드 민족은 죽지 않았다. 비록 육신은 무덤에 있지만, 그 영혼은 땅으로부터, 민중의 삶에서부터 일어나 깊은 심연까지, 노예 상태로 고생하는 그 나라 또는 주변 나라 백성들의 개인적 삶에까지 이르러 고통 받는 이들의 모습을 보게 될 것이다. 그러나 사흘째 되는 날, 그 영혼은 육체로 되돌아가고 그 민족은 일어나 노예 상태의 유럽 사람들 모두를 자유롭게 만들 것이다. 이미 둘째 날이 지나갔다. 첫째 날은 바르샤바가 처음 붙잡히던 날로 끝났으며 둘째 날도 바르샤바의 두 번째 포로로 끝났으며, 이제 셋째 날이 시작되었으나 아직 끝나지 않았다. 예수 그리스도의 부활로써 피의 희생이 전 세계적으로 멈춘 것 같이

> 폴란드 민족의 부활 후에 전쟁은 모든 기독교 국가 사이에서 모두 끝날 것이다.[29]

소위 메시아주의에 근거한 이 글은 가톨릭 국가인 폴란드 인들에게 종교적 신념과 문학적 감동은 물론 독립 의지를 웅변적으로 강하게 불러일으키고 있다. 현재 폴란드의 속박과 피지배는 그리스도의 고난에 해당하는 것으로, 그리스도의 부활처럼 폴란드도 다시 일어나 옛 영광을 회복하고 구속당한 민족들이 해방될 수 있다는 점을 분명히 밝히고 있다.

『콘라드 발렌로드』는 바로 폴란드 민족에게 운명을 개척할 수 있는 힘과 자유에 대한 열망과 정치적 · 애국적 신념을 불어넣기 위해 창작된 작품이다. 민족주의적 색채가 강한 낭만주의 문학의 한 전형을 이루는 작품이라 할 수 있다. 특히 제4장에 삽입된 '바이델로타의 노래'에 이 작품의 민족주의적 성격이 잘 드러나 있다.[30]

> 마음속에 타오르는 이 불길을
> 청중들의 가슴 속에 전해주고 싶어라.
> 지난날의 죽은 영혼에 생기를 불어넣고 싶어라.
> 내 형제의 심장에 나의 불타는 노래를 부를 수 있다면,
> 비록 지나가는 이 순간이라도
> 조국의 노래로 그들의 마음을 감동시킬 수 있다면,
> 그들의 심장이 힘차게 뛰음을 느끼고
> 그들의 정신은 옛날의 위대함을 느끼게 되리.
> 그리고 잠시나마 고귀한 힘을 지니게 되리라.
> 조상들이 일생 지니고 살았던 그 고귀한 힘을.
> 그런데 어찌하여 지난날을 소리쳐 노래 부르지 않고,
> 오늘날의 영광을 노래 부르지 않는가?
> 이는 위대한 사람이 가까이에 살아 있기 때문이라네.

나는 그를 노래하리라. 리투아니아 사람들이여, 기뻐하라![31]

발렌로드가 연회를 베푼 자리에서, 그곳에 참석한 리투아니아의 왕자 비톨드의 배신을 내심 나무라면서 부르는 노래의 일부분이다. 이 노래는 리투아니아를 구원할 영웅이 나타나 독일 기사단을 물리칠 것이므로 조상들이 했던 것처럼 리투아니아의 영혼과 정신을 지키기 위해 깨어 있어야만 한다는 것이 주된 내용이다. 세 나라에 의해 분할 점령당한 폴란드를 구원해 줄 영웅이 곧 나타날 것이라는 굳은 믿음은 폴란드 민족의 단합과 정체성 자각, 실천을 요구하고 있다. 메시아주의가 곧 민족주의로 환원되고 있는 것이다.

그런데 여기서 작가는 폴란드 민족의 독립과 자유를 희구하면서 리투아니아를 노래하고 있다. 폴란드와 리투아니아의 관계를 좀 더 자세히 알아야만 작가 아담 미츠키에비치가 갖고 있었던 조국에 대한 정체성 문제를 제대로 이해할 수 있다. 『콘라드 발렌로드』의 시간적 배경이 되는 14세기 말 폴란드와 리투아니아는 한 왕이 두 나라를 통치하는 이중의 국가체제를 유지하고 있었다. 그렇지만 당시의 왕 야기에오는 리투아니아 출신이면서 폴란드 왕임을 자처했다. 폴란드보다 리투아니아가 문화적 · 지리적으로 중심부에서 더 떨어져 있어서 리투아니아의 왕보다 폴란드의 왕이 대내외적으로 높은 권위를 부여받을 수 있었기 때문이다. 두 나라는 때로 반목하고 대립하기도 했지만 역사상 대부분의 기간 동안 폴란드가 리투아니아의 중심부 노릇을 해 왔다.

작가 아담 미츠키에비치가 폴란드와 리투아니아의 역사적 관계를 소재 삼아 『콘라드 발렌로드』를 창작한 배경에는 자신이 리투아니아 출신의 폴란드 민족 시인이라는 의식이 있었기 때문이었다. 미츠키에비치가 태어난 빌르노(Wilno)는 당시 폴란드 영토에 속해 있었다.

말년의 아담 미츠키에비치

M. Szweycer가 1853년에 찍은 사진.
출처: Jarosław Marek Rymkiewicz 외 3인 편, *Mickiewicz Encyklopedia*, Warszawa: Horyzont, 2001, 99면의 삽입 사진.

그렇지만 그 이전까지 그 지방은 리투아니아였기 때문에 미츠키에비치는 리투아니아의 문화와 풍속을 배우며 자라났다. 그러므로 그의 정신세계 속에는 폴란드 외에 리투아니아가 항상 자리 잡고 있었다. 그의 대표작인 『판 타데우쉬(*Pan Tadeusz*)』에서 조국 리투아니아를 예찬하는 시편을 남긴 것이나, 『콘라드 발렌로드』에서 발렌로드의 조국을 리투아니아로 상정하고, 부제 또한 '리투아니아와 프러시아 사이에 일어난 사건을 다룬 역사소설' 이라고 붙인 것도 리투아니아에 대한 그의 의식이 어떠했는지 잘 보여준다. 그가 폴란드를 언급하면서 복수형으로 적고 있는 것도 바로 정신적 조국이 리투아니아였다는 사실을 짐작케 해준다.

그러므로 폴란드의 독립 의지를 고취시킨 『콘라드 발렌로드』를 비롯하여 미츠키에비치 작품에 나타나 있는 리투아니아란 나라가 역사 · 문화적으로는 폴란드보다 미약한 주변부 국가였는지는 몰라도 작가에게 있어서만큼은 주변부가 아닌 중심부에 해당하는 나라였다는 사실을 간과할 수 없다.

중세적 보편주의 의식이 무너지고, 자민족의 독립과 민족의식이 중요한 이데올로기로 정착되던 19세기 초, 서유럽의 민족주의가 미츠키에비치에게도 일정한 영향을 미쳤음에 분명하다. 다만, 다른 민족 위에 군림하는 민족주의 대신 미츠키에비치는 다른 약소국가들에게 희망을 주고 자유롭게 존립할 수 있는, 생존을 위한 인류 보편적 민족주의를 보여주고 있다. 이러한 작가의 생각은 발렌로드가 자신의 심정을 토로하는 부분에서 잘 나타나고 있다.

> 이제, 세월의 무게가 나를 누르고,
> 배신은 나에게 지루한 것, 싸움에도 능하지 못해.
> 복수는 이것으로 충분해. 그리고 독일인도 사람이야.[32)]

앞서 'IV. 2. 개인 대 개인의 대결'에서 언급한 바 있는 위 인용문은 다른 각도에서 해석이 가능하다. 이미 밝혔듯이 이 부분에는 독일 기사단을 배신하고 그들을 파멸시키는 것이 조국과 민족을 위하는 일임에도 불구하고 민족 구성원 이전에 한 인간으로서 고뇌하는 발렌로드의 모습이 나타나고 있다. 그런데 발렌로드의 고뇌에 찬 고백 속에서 "복수는 이것으로 충분해. 독일인도 사람이야"라는 울부짖음은 독일인이 대립과 갈등의 화신이 아닌 자기와 동일한 인간임을 인정하고 함께 더불어 평화를 나누어야 할 대상임을 보여준다. 이것은 독일민족이 언제까지나 적대적 민족일 수 없으며 복수는 또 다른 비극을 낳기 때문에 서로 협력하고 조화를 이루는 세상을 만들 필요가 있음을 시사하는 것이라 할 수 있다. 이것을 민족 단위로 확장시킨다면 독일민족과 더불어 공존할 필요성을 역설적으로 토로하고 있는 것이나 마찬가지다. 이런 입장에서 볼 때, 발렌로드의 입을 통해 작가가 말하고 싶은 민족주의란 단지 지배-종속 차원의 일방적 승리에 근거한 우월적 민족주의가 아니라 공존공생에 기반한 인류 보편적 민족주의라 할 수 있다.

그렇다면 『아이반호』에서의 민족주의란 어떤 모습인가? 『아이반호』에는 세드릭으로 대표되는 색슨족과 브리앙 드 부아 기르베르와 존 왕자로 대표되는 노르만족 간의 민족적 갈등이 중심이 된다. 갈등의 구체적 양상은 각기 색슨족과 노르만족이 만든 문화적 전통과 언어의 우수성 여부를 놓고 흔히 나타난다. 아래의 예를 보도록 하자.

> "민요, 민요" 하고 은자는 급히 서두른다. "불란서의 시는 말고. 저는 철두철미한 잉글랜드인입니다, 기사님. 그리고 제 수호성인인 던스탠 님도 철두철미한 잉글랜드인이셨죠. 그리고 늘 악마의 발톱을 자른 부스러기를 천하게 여기신 것처럼, 그 또한 불란서 말을 천하게 여기셨죠. 이 안에선 단지 철두철미하게 영어로 된 노래만을 불러야 합니다."[33)]

흑기사로 변장한 리처드 왕이 어느 작은 수도원에 가 그곳의 은자와 함께 저녁식사를 하고 이야기하는 도중에 은자가 노래 한 곡을 청하자 흑기사가 어떤 노래를 부를까 고민할 때 은자가 이에 대답하고 있는 장면이다. 여기서 은자는 철저한 잉글랜드인으로서 영어만을 사용하기를 요구하고 있다. 그러면서 노르만 귀족들의 언어인 프랑스어는 극도로 멸시하고 있다. 수호성인마저 잉글랜드인으로서 영어를 사용했으며, 프랑스어를 배척했다며 자랑스럽게 주장하는 데서 색슨족 중심의 사고방식을 쉽게 간파해 낼 수 있다. 이처럼 『아이반호』에서는 색슨족 중심의 민족주의를 강조하기 위해 언어 사용 문제, 곧 영어와 프랑스어를 구별하려는 장면이 여러 차례 나타난다.

더욱이 사용 언어를 구분하는 것은 사회적 신분뿐만 아니라 감정의 차이까지 보여주는 장치로 활용된다. 아이반호가 다쳤을 때 레베카가 히브리(Hebrew) 노래를 부르자 이 노래를 알지 못하는 주인공은 노래의 멜로디에 부드럽게 반응한다. 그러나 레베카가 영어로 그 멜로디의 의미("당신의 하녀는 보잘것없는 유대인 여자입니다.")에 대해 주인공에게 말하자 아이반호의 부드러웠던 얼굴 표정이 냉랭해지고 마음조차 가라앉고 만다. 레베카가 단순히 색슨인이면서 유대인의 노래를 부른 것이 아니라 유대인으로서 히브리어로 노래했다는 사실을 아이반호가 알게 되자, 그녀에 대한 호감도 사라지고 그녀의 인격이나 사람됨에 앞서 시대적 편견과 민족적 감정이 더 중요한 요소로 작용하게 된 것이다. 노르만 민족과 프랑스어에 대한 거부감 외에도 유대인과 그 언어에 대한 노골적인 차별과 멸시는 결국 색슨족에 대한 우월 의식 내지 편협한 민족의식의 표출처럼 보인다. 그러나 본질은 그렇지 않다. 이에 대해서는 후술하기로 한다.

그런데 이렇듯 색슨족을 중심에 둔 듯한 민족주의 의식이 극명하게 드러나는 예는 작품 곳곳에서 쉽게 찾아볼 수 있다.

> "예, 우리 주인님이 허락하시면요." 하고 왐바가 말했다. "좀 보세요. 저는 주인님 허락 없인(하고 그가 목에 두르고 있던 고리를 만지면서) 이놈을 풀면 안 되지요." 그러자 드 브라시가 말했다. "흥, 노르만의 톱은 색슨의 고리를 쉽게 자를 수 있지." 왐바는 "그렇죠, 기사님." 하면서 속담을 인용하여 말했다. "잉글랜드 참나무는 노르만의 톱에 베이고, 잉글랜드의 목은 노르만의 멍에(사슬)로 묶이었네. 노르만의 숟가락은

잉글랜드의 접시 위에 놓이고, 잉글랜드의 통치는 노르만 마음대로라네. 잉글랜드의 행복한 세상은 잉글랜드에서 이 네 가지가 없어지기 전엔 다시 돌아오지 않으리."[34)]

노르만인과 잉글랜드인 간의 갈등 정도가 얼마나 심한지를 단적으로 보여주는 좋은 예에 해당한다. 여기에는 상대방에 대한 비아냥과 조소는 물론 자민족에 대한 무한한 애정까지 담겨 있다. 더구나 위 대화에서는 색슨족 출신인 하인 왐바가 노르만족 기사인 드 브라시에게 떳떳하게 응대하면서 노르만 민족에 대한 민족적 감정을 노골적으로 드러내고 있다. 이것은 노르만 민족에 대한 반감이 상류 계층뿐만 아니라 천대받던 하류 계층(예를 들어 하인)에 이르기까지 뿌리 깊게 자리 잡고 있음을 의미한다는 점에서 문제가 심각하다.

아이반호와 그의 아버지인 세드릭, 로웨나 공주, 록슬리, 아델스테인 등은 모두 색슨족을 대표하는 인물들이다. 이에 반해 존 왕자를 정점으로 한 성당기사 브리앙 드 부아 기르베르, 드 브라시, 대장로 등은 노르만 왕족 내지 귀족들로서 색슨족과 대립되는 위치에 있는 인물들이다. 이들 등장인물들은 왕족이거나 귀족, 지방 영주 또는 성직자들로서 모두 상층계급에 속해 있다. 다만 흑기사로 변장한 '리처드 왕'은 비록 노르만 왕족 혈통이지만, 색슨인들과 우호적인 입장에 있기 때문에 그들로부터 존경을 받는다. 더욱이 그는 민중 봉기를 일으킨 색슨족 사람들과 함께 부패한 노르만 성주의 성을 쳐들어가는 일에 앞장서기도 한다.

반면에 아이반호는 색슨족의 유명한 기사이지만, 또한 노르만족의 왕인 리처드 왕을 보좌하고 그에게 충성을 다하는 신하로서 활약한다. 심지어 리처드 왕을 따라 십자군 원정길에 동참하기까지 한다. 그렇기 때문에 색슨족의 혈통과 문화를 너무나도 중시하는 보수적 민족주의자인 부친 세드릭의 미움을 산 나머지, 아이반호는 가문에서 내침을 당하기까지 한다. 그러나 여기서 알 수 있듯이, 리처드 왕이나 아이반호는 두 사람 모두 작품 속에서 가장 중요한 역할을 감당하는 긍정적 인물들로서 그들에게 있어 색슨족이니 노르만족이니 하는 구분은 별 의미가 없다. 만약 작가 스콧이 색슨족의 민족주의에 주목하고자 했다면 아이반호를 노르만 왕의 충성스런 기사로서 설정해 놓거나 리처드 왕을 중립적 인물로 그리지 않았을 것이다. 리처드 왕이 프롱 드 부우프의 성을 색슨족 백성들과 함께 공격하는 것은 노르만족 자체에 대한 부정이 아니라 부패한 노르만 귀족에 대한 응징 차원의 일이었던 것이다.

결국 『아이반호』에서 말하고 있는 민족주의란 색슨족만을 위한, 색슨 민족의 우수성을 강조하기 위한 데 있지 않다. 스콧은 민족 간 갈등의 불씨를 작품 곳곳에서 보여주고 있지만, 궁극적으로 그가 말하고자 했던 민족주의란 민족 고유의 전통과 문화를 긍정하면서 민족 간 화합과 조화를 추구하려는 데 있었다고 말할 수 있다.

네 작품에서 공통적으로 말하고자 했던 시대적 화두 중 하나는 민족이었다. 문학담당층의 민족적 감정을 반영하기 위해 주변 민족(국가)과의 관계를 문제 삼고 민족의 정체성을 강조하되 자민족 중심주의 의식을 보여주는 방향으로 나타나고 있다. 민족의 생존과 존재 의미를 찾는 일에 직결되어 강렬한 성격을 띠고 있는 작품도 있다. 그러나 이들 작품들 속에 담겨 있는 내면적 민족주의는 단순히 이기적이거나 일방적이지 않다. 궁극적으로 세계와 사회의 화합과 조화를 추구하기 위해 자기 민족이 일정한 역할을 감당해야 한다는 의식이 내포되어 있는 것이다. 인류 보편적 민족주의를 추구하면서 자민족이 중심이 되어 질서를 유지하고 평화를 이룰 수 있기를 바라는 소망과 그 의지를 담고 있는 것이다.

이러한 민족주의 의식은 근대에 이르러 나타나는 제국주의적 민족주의, 우월 논리에 입각한 민족주의 의식과는 성격이 사뭇 다르다. 이는 합리주의적인 근대성의 원리에 앞서는 의식이다. 대외적 갈등을 해결하고 주체적 민족으로서의 생활을 영위하며 인과응보의 결과를 따라 함께 더불어 공존하는 것이 자민족에게 주어진 최우선적 과제라는 의식이 네 편의 역사영웅서사문학 작품들에게서 공통적으로 발견된다. 표면적으로 근대적 민족주의의 성격을 띠고 있지만, 내면적으로는 일류 공존과 평화라는 보편적 의식하에 자민족의 생존을 추구하려 한, 상대적 민족주의의 성격을 보여주고 있는 것이다.

2) 역사의식 및 세계관의 확대

서사문학에서 세계란 일반적으로 영웅을 포함한 인간의 삶과 사회 권력 및 가치체계, 그리고 역사적 배경 전체를 일컫는 말로 사용할 수 있다. 이때 영웅을 둘러싼 세계가 독특한 의미로 다가오는 이유 중 하나는 작품의 배경으로 설정된 시간적 · 공간적 영역에 대한 심미적 의식구조와 연결될 수 있기 때문이다. 특별히 역사 자체가 함유하고 있는 시간적 · 공간적 특수성은 '당대성'과 '현재성'의 간극에서 빚어지는 인식 세계의 낯설음에서 비롯되기 쉽다. 여기서 '당대성'은 문자 그대로 '과거 어느 한 시기에 나타난 시대적 성격'을, '현재성'은 '현재 인식되고 있는 시대적 성격'을 의미하는 것으로 볼 수 있다.

작품에서 과거의 어느 한 시대, 특별히 문화가 성했거나 중요한 역사적 의미를 지니고 있다고 판단되는 어느 한 시기를 배경으로 설정했다면, 작가는 일단 '역사' 또는 '과거'가 갖는 시간적 의미에 대해 남다른 관심을 갖고 있다고 할 수 있다. 이는 작가가 '당대성'에 대해 말하고자 하는 의도를 분명히 내포하고 있는 것이 된다. 그러나 작가의 이런 당대성 지향은 단순하지 않다. 왜냐하면 작가는 현재성을 이야기하는 데에 궁극적인 목적이 있기 때문이다. 현재성 속에서 작가의 심층적 의도를 알아차리는 것이 어렵다고 인식하게 될 때, 그 반작용으로 나타나는 것이 바로 당대성으로의 지향이다. 그리하여 당대성을 현재성으로 끌어오기 위해 작가는 역사의 과거적 시간을 연속적인 사실의 시간으로 상정하고 현재를 가능케 한 과거라는 의미로서 시간적 배경을 만들어 낸다. 이때 이러한 시간적 배경은 사실성을 유지시켜 주는 구실을 한다. 독자는 독서 행위에 몰입하는 과정에서 과거를 현재적으로 체험하게 된다.

역사영웅서사문학은 이러한 당대성과 현재성의 경계를 가장 쉽게 넘나들 수 있는 작품군 중 하나이다. 작가나 독자는 과거의 '당대성'을 통해 '현재'를 발견할 수 있다는 담론적 상황을 무의식적으로 인정하고 있다. 작가와 독자가 창작하고 독서하던 시대, 곧 역사영웅서사문학이 담론으로서 의미를 갖는 한 시대의 '현재성'에서 구체적인 역사적 사실과 영웅을 소망하는 세계관을 통해 당대 과거의 '현재성'을 지향하게 될 때 이 둘은 관념적 시간의 일치를 이루게 된다. 그렇기 때문에 역사영웅서사문학에서 시간적 배경은 현재와 당대를 동시에 고려한 논리적 사유세계의 산물이 된다.

네 작품의 시간적 배경은 허구적 요소가 비교적 가장 적게 개입되어 사실성을 잘 드러낼 수 있는 역사적 사건, 또는 특정 시간으로 구체적으로 확정된다. 작품 창작 시기보다 짧게는 100년 전의 과거로부터, 길게는 약 500년 전의 시대로까지 거슬러 올라간다.

> 가 화셜 ᄃᆡ명 슝졍 말에 조션국 충청도 충듀 단월 싸히 ᄒᆞᆫ ᄉᆞ람이 이스니, 셩은 님이오, 일홈은 경업이라.[35)]

나 대명국의 17대 황제는 '宗烈皇帝'라 불렸으며 '光宗皇帝'의 두 번째 황세자였다. 오랫동안 아무런 변란이 일어나지 않았다. 중국을 섬기는 주변 국가는 보물을 산더미처럼 조공으로 바쳤고 노래를 부르고 춤을 추며 노는 잔치가 오래도록 이어졌다.[36)]

다 십자가의 교리가 피의 대가를 치르며 북방 이교도국에까지 나아가게 된 지 100여 년이 지났다. / 이미 프러시아인(Prusak)들은 그 속박에서 벗어나고자 도망치거나 / 또는 땅을 바쳤다. 그들의 영혼마저 잃어버린 상태였다. / 독일인들은 그들을 리투아니아 국경에까지 흩고, 추격하고, 가두고, 살해했다.[37)]

라 이 이야기의 무대는 우선 이러한 곳(=잉글랜드, 필자 주)으로, 그 시대는 리챠드 1세의 치세 말기에 해당한다. 그 무렵 오랫동안 이국땅에 유폐되었다가 풀려난 국왕이 다시 귀국한다는 소식은 그동안 귀족들의 온갖 압박을 받고 절망의 심연에서 갖은 고생을 다 겪고 있던 신민들로서는 실현되기를 바라는 바였다기보다 오히려 간절히 희구하던 것이었다고 하는 편이 더 좋을 것이다.[38)]

『임경업전』은 중국에서 명과 청이 교체되는 역사적 지각변동과 함께 국내적으로 병자호란이 일어났던 17세기가 주된 시간적 배경이 된다. 1715년에 창작된 『고쿠센야캇센』 역시 1644년에 일어난 명나라와 청나라 간 남경전투를 중심 배경으로 설정해 놓고 있다. 창작 시기와 시간적 배경과는 약 100여 년 정도의 차이밖에 나지 않는다. 『임경업전』이나 『고쿠센야캇센』의 시간적 배경이 '명나라 숭정 말'로서 시기가 동일하다. 한편, 『콘라드 발렌로드』는 독일 기사단과 폴란드-리투아니아 연합국과의 전투가 일어났던 14세기로 거슬러 올라간다. 『아이반호』는 그것보다 좀 더 이른 시기인바, 리처드 1세가 잉글랜드를 다스리던 12세기를 배경으로 삼고 있다.

네 작품에 나타나 있는 시대적 배경은 자국 또는 세계 역사에서 중요한 사건이 일어났던 시기에 해당한다. 조선에서의 병자호란이나 중국에서의 남경 전투(명 · 청 교체), 폴란드에서의 그룬발트 전투, 영국에서의 민중봉기 등은 각기 국제적으로 또는 국내적으로 커다란 영향을 미친 중요한 역사적 사건들이다. 사건이 일어나기 전과 후의 역사 흐름의 방향과 성격이 확연히 달라지는 분수령이 되는 중요한 시기를 의도적으로 선택해 놓은 것이다. 일상적 시간이 아닌 특별한 시간, 곧 보편성보다 특수성이 강조되는 시기를 일부러 시간적 배경으로 설정해 놓았다.

이것은 앞서 말한 대로 현재와 당대를 동시에 고려한 논리적 사유의 결과이다. 창작 당시의 현실이 요구하는 시대적 성격, 곧 민족의 자주성을 드러내고 현실적으로 안고 있는 문제를 해결할 필요가 있는 사안에 대해 역사적 귀감이 될 만한 시기로 거슬러 올라가 그 시대의 이야기로 재구성해 내고 있는 것이다. 그리하여 과거의 사건이 현재의 의미로 환원될 수 있게끔 의도적으로 설정해 놓고 있다.

적어도 100여 년 전에 일어났던 구체적인 역사적 사건을 시대적 배경으로 삼고 있기 때문에 역사적 결과나 인물에 대한 지식은 이미 창작 당시에 폭넓게 인지되어 있었을 것이다. 그러므로 과거의 어느 역사적 시간은 문학담당층에게 있어 상상의 과정을 거쳐 역사적 지식과 제일 가깝게 만날 수 있는 통로가 된다. 창작 당시의 현재와 시간적 배경으로서의 당대는 서로 일치할 수 없음에도 불구하고 과거를 통해 현재를 의미 있게 자각하게 되는 것이다. 또한 이전까지 불확실하던 당대의 의미를 현재를 통해 새롭게 해석해 내게 되는 것이다. 그리하여 당대성과 현재성이 하나의 관념적 연속성 안에서 긴밀하게 연결될 수 있는 것이 된다.

그렇다면 공간적 배경은 어떠한가? 네 작품에서의 지리적 공간은 모두 현실세계를 배경으로 한다. 또한 자국을 벗어나 국외로까지 확장되어 있다. 그리고 자국의 공간과 국외의 공간은 둘 다 그 나름대로 고유한 의미를 갖는다.

『임경업전』에서 주인공은 조선의 충청도 달천에서 출생한다. 그런데 한양, 의주, 속리산 등 국내 여러 지역은 물론이고, 범위를 넓혀 중국의 남경, 피섬 등까지 자주 넘나들고 있다. 조선과 중국이란 현실적 세계의 공간을 둘 다 비중 있게 설정하여 사용하고 있는 것이다. 이것은 조선후기에 창작된 통속적 영웅소설에서 공간적 배경으로 으레 관념적으로 중국을 설정해 놓고 있는 것과는 다르다. 오히려 중국보다 조선이 중심적 공간으로 활용되고 있다.

『고쿠센야캇센』에서도 『임경업전』과 마찬가지로 일본 외에 중국까지 공간적 배경으로 적절히 활용하고 있다. 이 작품에서는 주로 사건이 전개되는 무대로서 중국을 설정해 놓고 있지만 주인공의 의식 속에는 동시대의 일본이란 공간이 더 큰 의미를 갖고 있다. 일본과 중국을 넘나드는 이원적 공간 구조가 선명하게 제시되고 있다.

『콘라드 발렌로드』는 마리엔부르크(Marienburg)[39]라는 독일 지배하의 한 도시가 주된 공간적 배경이 된다. 폴란드와 리투아니아 입장에서 14세기의 독일 기사단은 이미 기독교 집단으로 당시 국가에 맞먹는 세력을 갖추고 무력으로 주변지역을 확장시켜 나가던 강대한 집단인 데 비해, 리투아니아는 이제 막 기독교로 개종하고 야만국 상태를 벗어나려 하던 약소국에 불과했다. 그러니 독일 기사단이 주둔하고 있던 마리엔부르크는 14세기에 문화의 중심지 노릇을 하던 도시였다. 이에 비한다면 리투아니아의 수도 빌르노(Wilno)는 변방의 한 도시라 할 수 있다. 따라서 앞의 두 작품처럼 『콘라드 발렌로드』에서도 독일 기사단이 거주하는 중심지와 리투아니아의 수도가 이원화된 공간으로 활용되고 있다고 할 것이다.

『아이반호』는 잉글랜드를 주 무대로 삼고 있지만, 그 외의 또 다른 국가 또는 지역을 설정하고 있지 않다. 정작 작가가 살았던 지역은 잉글랜드가 아니라 스코틀랜드였지만 작가의 입장에서 볼 때 잉글랜드는 스코틀랜드인에게 있어 문화 중심부에 해당한다. 그리고 작품에서는 실질적인 공간적 배경으로 나타나 있지 않지만 노르만족과 노르만 문화에 대한 갈등을 주로 다루고 있기 때문에 유럽 대륙의 프랑스를 잉글랜드에 대응되는 별개의 심리적 공간으로 가정해 놓고 있음 또한 간과해서는 안 된다.

이로 보건대, 네 작품 속에는 작자가 속해 있는 집단 내지 자국뿐만 아니라 경험세계(현실세계)에서 중심부 또는 문화 선진국 노릇을 하던 제2의 현실공간을 동시에 고려하고 있음을 알 수 있다. 『임경업전』에서는 조선 이외에 중국(명나라, 호국)이, 『고쿠센야캇센』에서는 일본 이외에 중국(명나라)이, 『콘라드 발렌로드』에서는 폴란드와 리투아니아 이외에 독일 기사단의 주둔지가, 『아이반호』에서는 스코틀랜드가 아닌 잉글랜드가 주된 공간적 배경으로 설정되어 있는 것이 바로 그러하다. 이들 네 나라, 곧 조선과 일본, 폴란드, 스코틀랜드는 모두 작품 내에서 주변국에 해당하면서 동시에 작가가 속해 있는 공간이기도 하다. 그런데 작품에서는 자국이란 공간적 범위 안에 갇히지 않고 대외적 · 역사적 사건과 갈등을 드러내고 해결을 꾀하는 장소로서 문화 중심국 또는 강대국으로 군림하던 나라(세계)로까지 그 공간적 범위를 확대시키고 있는 것이다.

문명권 내 주변국에 해당하는 공간은 작가가 속해 있는 공간인 동시에 자민족 중심주의 의식 또는 민족의 정체성을 확인하는 구체적 공간이기도 하다. 작가가 처한 곳에서 제2의 공간의 존재는 때로는 자국을 위협하거나 자국의 도움이 필요한 상대국의 의미로 다가온다. 그리고 자연스럽게 상대국에 대한 공간적 인식을 통해 자국의 정

역사영웅서사 작품에 나타난 이원화된 공간구조 의식

공간 / 작품명	1차적 공간		2차적 공간	
	공간적 배경	의미	공간적 배경	의미
『임경업전』	조선	문명권 내 주변국이자 작가가 소속된 공간, 자민족 중심주의 정체성의 요체	중국(명나라)	문명권 내 중심국이자 대외적 갈등 해결의 공간, 약소 국가의 위상을 높여주는 공간
『고쿠센야캇센』	일본		중국(명나라)	
『콘라드 발렌로드』	폴란드 · 리투아니아		독일 기사단(독일)	
『아이반호』	영국		잉글랜드(노르망디 공국)	

체성을 자각하고 타자와의 관계를 떠올리게 된다. 반면, 2차적 공간으로 설정된 문명권 내 중심국은 대외적 갈등을 해결하는 공간인 동시에 작가가 속한 약소국의 위상을 높이고 중심국과의 관계가 대등할 수 있음을 실현하는 공간이라는 의미를 갖는다. 이것을 표로 정리해 보면 위의 표와 같다.

이원화된 공간구조 의식은 역사영웅서사 작품이 창작될 당시 작가 또는 사회구성원들이 갖고 있었던 대외적 세계관이 적극적으로 반영되어 나타난 것이라 할 수 있다. 작가가 속해 있는 현실적 공간이 자민족 중심주의를 보여줄 수 있는 정체성 확인 차원에서 마련된 것이라면, 국외적 공간은 현실적 공간의 한계를 뛰어넘어 미래를 보장받을 수 있는 문제해결의 장으로서 마련된 것이라고 요약해서 말할 수 있다. 당대성을 지닌 과거에는 사실로서의 공간적 배경에 불과할 뿐이었으나, 현재성의 의미에서 공간인식은 '과거-현재'의 공간이 아니라 '현재-미래'를 위한 가능성의 공간으로 전이되고 있는 것이다.

이것은 바흐친이 말한 소위 '크로노토프'와도 상통한다. 바흐친은 현실의 시공간에서 멀어진, 그렇지만 문학의 미적 형상으로서 시간과 공간이 동화되는 것을 크로노토프라고 불렀다.[40] 소설에서 시간과 공간이 주제나 사건을 구체화하는 형상적 기능을 하는데, 작가가 말하려는 주제 또는 구체적 사건을 시간과 공간의 내적 연관성으로 풀어내는 토대를 그렇게 불렀던 것이다. 이는 특정 공간을 배경으로 시간적 의미, 즉 시대의식을 결합시켜 당대적 사회현실의 문화를 보여주는 것의 다름 아니다. 시간이 공간적 의미를 가지고 공간이 시간적 의미를 가지면서 현실에서 허구로 만들어진 서사적 시간과 공간은 역사적 · 현실적 시간과 공간에서 고립되고 낯설어지지만, 시간이 흐르면서 관념적 세계에서 새롭게 형상화한 한 시대와 사회의 미적 시공간 개념으로 정착하게 된다.

이렇듯 시공간성을 고려한 이원적 사고방식은 당대성과 현재성, 과거와 현실, 사실과 허구, 역사와 문학의 상관관계를 문제 삼는 역사영웅서사문학이 갖는 본질적 속성이다. 구전서사문학에서 출발한 역사영웅서사문학은 '과거의 역사' 속에 존재하는 현실세계의 공간인식과 '예술성 추구'라는 허구적 공간 관념과의 간극이 근대의 사실주의 소설에서 하나로 일원화되기 이전에 가장 가깝게 이원화되어 있었던 작품들의 특성을 잘 보여주고 있다. 세계관의 확대와 더불어 역사적 현실에 대한 깊은 이해와 자각이 그 저변에서 생성의 원리를 만들 수 있었던 사실을 간접적으로 보여준다.

이러한 공간적 개념은 특별히 작품 속에 나타나는 이국적 성격과 연결시켜 생각해 볼 수 있다. 여기서 '이국(異國)적 성격'이란 서사전개와 관련하여 작가가 속하지 않은 다른 나라 또는 지역에 대한 관심이 정경과 풍물 등의 묘사를 통해 색다른 분위기와 예술적 효과를 자아내는 것을 의미한다. 네 작품 중 이러한 이국적 성격이 가장 잘 나타나 있는 것이 『고쿠센야캇센』이다.

『고쿠센야캇센』이 창작된 시대는 도쿠가와 막부 시대로 법으로 외국을 오가는 것을 금지하고 있었다. 따라서 작품의 배경으로 중국이 설정된 것은 독자들에게 이국적 관심을 불러일으키기에 충분했다. 일본인들은 서양은 물론 조선이나 중국의 문화에 대해 상당한 호기심을 갖고 있었다. 특히 문학에서는 중국의 전설이나 문학에 대한 친근함이 있었기 때문에 이것들이 일본인의 지적 풍토에 쉽게 수용될 수 있었다.

지카마쓰는 중국을 배경으로 한 희곡의 극적 재미와 호기심 충족의 가능성을 의식했음이 분명하다. 실존했던 고쿠센야의 생애를 살펴본 후에 이국적 소재로서 중국적 요소를 과감히 활용하고자 했다. 그것은 이국적 성격을 보여주는 중국적 장면을 일본과 유사한 것으로 바꿔 놓은 데서 확인 가능하다. 예를 들어, 제1막에서 화려한 중국궁궐을 배경으로 제시한 후, 제2막에서는 친근한 일본 어촌마을을 설정해 놓고 있다. 이는 중국배경을 의도적으로 익숙하게 만들려고 한 것이다. 화려한 중국 배와 허름한 일본 어촌의 모습을 대조적으로 설정한 후, 화려한 옷을 입은 센단 공주의 의복과 함께 중국어를 듣고 놀라는 식의 반응을 곁들여 놓은 것은 이국적 요소를 유머러스한 상황으로 연출하고자 했기 때문이다.

제3막에 보면 중국에 간 고쿠센야의 모친만이 일본 옷을 입고 있는데, 이때 중국 하녀들의 가십거리가 될 만큼 이상하게 보인다고 언급해 놓은 것도 이국에 대한 호기심을 유발시키고자 한 장치라 할 수 있다. 제4막에서 고무쓰(小睦)가 젊은 일본 무사의 옷을 입고 있는 것이나, 제5막에서 바둑 두는 노인들이 신선 같은 이상한 옷차림을 하고 있는 것 등도 모두 관중의 흥미를 사로잡기에 충분하다. 이러한 등장인물들의 복식은 무엇보다도 낯선 중국적 요소와 친숙한 일본적 요소를 적절히 활용해 극적 결말을 유도하기 위한 작가의 의도에서 이루어졌던 것이다.

이러한 이국적 취향의 무대설정은 『고쿠센야캇센』의 성공과 인기를 좌우하는 요소가 되기도 했다. 죠루리나 가부키에서 이국을 배경으로 한 이야기는 많지 않았다. 그러므로 흔하게 만나볼 수 없는 이국인들을 향해 "너희들이 소국이라고 멸시하는 일본 사람, 호랑이조차도 두려워하는 일본의 솜씨 기억하느냐"며 큰소리를 칠 때(제2단) 대중은 갈채를 보냈을 것이 틀림없다. 또한 혼혈아인 주인공은 중국어를 말할 수 있는 것으로 되어 있다. 일본에서 살던 고쿠센야가 중국어로 말할 수 있다는 가정에서 알 수 있듯이, 등장인물들은 선인이나 악인을 막론하고 모두 일본이나 중국에서 문화적 이질감 없이 의사소통과 의식공유가 가능한 것으로 설정해 놓았다. 이것은 중국이란 세계가 일본 사회의 연장임을 의미한다. 대신 탓탄국을 "도(道)도 없고 법도 없으며", "짐승과 마찬가지인 북쪽 오랑캐"(제1단)의 나라라고 구별 지음으로써 일본이 탓탄국과 동류가 아님을 암시하고 있다.

『고쿠센야캇센』에서의 이국적 요소는 섬나라라는 지형적 특성상 확대된 지리적 의식과 이국에 대한 호기심이 자연스럽게 반영된 결과이기도 하다. 주제 면에서 궁극적으로 중국과 일본의 조화로운 관계를 자연스럽게 보여주고 거부감을 일으키지 않게 하는 데 일정한 역할을 감당하고 있다. 그리하여 중국이란 2차적 공간을 적극적으로 활용하여 민족주의를 구현해 보이기 위한 배경으로 끌어오고 있는 것이다.

스콧의 역사소설은 한 시대의 일상생활의 정경을 나타내고 있지만, 낯선 세계에 대한 모험담과 이국적 분위기를 자아냄으로써 낭만주의적 성격을 만들어 내고 있다. 이전 작품과는 달리, 작가가 속한 스코틀랜드 땅이 아닌 잉글랜드를 배경으로 하고 있는 것이 독자의 입장에서 볼 때 이국적 요소라 할 수 있다. 또한 비교적 최근의 과거가 아니라 수백 년 전의 중세 시대(12세기)로 거슬러 올라가 순전히 상상에 의해 그 시대를 독자들이 재구성해 내야 한다는 점에서 그 시공간적 배경은 이국적이며 낭만적인 요소가 풍부한 호기심의 대상이 되기에 충분하다.

등장인물의 의상에서부터 그들이 사용하는 언어, 문화적 · 사회적 계급 차이와 관습, 기사도 정신을 실현하기 위해 약자를 구하고 여성을 보호하려는 기사의 충성스런 모습 등은 중세 기사문학에서 흔히 나타나던 것이지만 19세기 초 독자들에게도 낯설고 흥미로운 과거의 이야기가 아닐 수 없다. 더욱이 노르만 문화와 의식, 저 멀리 팔레스타인 땅으로 십자군 원정길을 갔다가 돌아온 기사들이 들려주는 이교도 세계에 대한 이야기, 그리고 유대인의 전통과 관습을 그대로 지키며 살아가는 아이작과 레베카 부녀의 삶과 의식 자체도 이국적 관심과 호기심을 유발시키고 이국적 분위기를 느끼게 하기에 충분하다. 섬나라인 영국의 독자들이 유럽 대륙과 팔레스타인 지역에 사는 사람들의 삶과 그들의 문화를 접하게 될 때 이국적인 정취를 느끼지 않을 수 없었을 것이다.

그렇지만 상대적으로 『콘라드 발렌로드』나 『임경업전』에서 이국적 요소는 그다지 많이 나타나지 않는다. 지리적으로 대륙에 속한 나라라서 이국에 대한 호기심이 앞의 두 작품보다 덜 반영된 것일 수도 있다. 그러나 이 두 작품의 경우에는 민족 간 갈등이 실제 민족 구성원들의 체험을 바탕으로 설정되고 있는 데다 주제 또한 역사 영웅의 개인사적 비극에 초점이 맞춰져 있기 때문에, 작품의 공간적 배경으로 설정된 제2의 공간이 독자의 관심을 충족시킬 만한 주된 요소가 될 수 없었다.

그렇다고 해서 두 작품에 이국적인 요소가 전혀 없는 것은 아니다. 『콘라드 발렌로드』에서는 발렌로드의 영웅적 활약담을 들려주는 대목에서 이국적이고 낯선 풍경이 등장한다. 발렌로드가 자신의 경험담을 노래한 '알푸하라' 에서 멀리 스페인 그라나다 지경에까지 가서 무어인과 싸워 승리를 거두고 회교국의 왕 알만조어와 대면한 이야기가 나타나고 있다. 기독교가 아닌 이슬람 군대와의 싸움 장면은 이국적인 분위기를 자아내기에 충분하다.

『임경업전』에는 임경업이 여러 차례 중국을 오가면서 활약을 펼치지만, 배경으로 설정된 중국이 조선과 다르다는 느낌을 좀처럼 갖기 어렵다. 작자는 풍물, 습관, 언어, 복식 등 모든 면에서 아무런 차별성을 두지 않는다. 굳이 찾는다면 호왕의 요구로 다시 중국에 불려가는 임경업에게 '만리타국' 을 운운함으로써 가는 지역이 조선과 멀리 떨어져 있음을 드러낸다거나 호국에 쳐들어온 가달국을 물리치고 회환할 때 장안 백성들이 나와 칭찬했다는 장면 묘사 정도일 것이다. 그만큼 중국이란 나라는 작자와 독자 사이에 이미 관습화되고 관념화된 추상적인 세계에 불과할 뿐, 낯선 이국이라는 의식이 거세되어 있다고 할 수 있다. 『임경업전』의 작자는 중국과 조선이 문화적으로 동일한 공간 안에 있다는 의식을 갖고 있었던 것이다.

이처럼 역사영웅서사문학 작품에서 보이는 이국적 성격은 국제적인 역사적 사실과 사건을 중심소재로 다루는 가운데 자연스럽게 자국과 타 국가(민족)에 대한 공간적 개념뿐만 아니라 당대 세계에 대한 인식태도를 보여주는 것이 될 수 있다. 확대된 공간적 개념과 함께 자국과 타국(타민족)과의 관계를 새롭게 자각하고 자민족에 대한 관심과 애정의 일환으로 타국을 새로운 인식매체로 이해하고 그것을 현실적으로 또는 비현실적으로 그려낸 세계관의 일면을 엿볼 수 있다. 그렇지만 이국적 성격은 다른 나라의 풍물과 문화에 대한 동경의식을 담아낸 것일 수도 있고, 단지 이국적 요소를 보여주고 재현하는 것일 수도 있다. 전자를 위해 환상적 서술기법을 활용하기도 하고, 후자의 경우에는 사실적 서술기법을 쓰기도 한다.

또한 역사영웅서사문학 작품에서 이국적 정취 또는 이국의 의미는 나라(민족)별로 조금씩 차이가 날 수 있다. 『고쿠센야캇센』과 『아이반호』에서는 2차적 공간으로서 설정된 이국이 관심과 흥미의 대상이 되고 있지만, 『임경업전』과 『콘라드 발렌로드』에서는 별반 이질적이지 않은, 흥미 밖의 공간으로 여겨지고 있다. 이국이 자민족의 생존과 운명에 직접적인 영향을 주는 존재로서 경계의 대상일 경우에는 이국적 개념이 크게 부각되지 않는 반면에, 아무런 이해관계가 없거나 함께 조화할 수 있다고 여기는 제2의 공간일 경우에 긍정적인 시각에서 관심과 호기심 차원에서 공간적 배경이 다루어지고 있음을 알 수 있다.

이국적 성격의 의미는 작자의 공간적 개념 인식이 관념적으로, 또는 현실적으로 이루어지고 있느냐 하는 문제와 함께, 주변 국가를 바라보는 시각이 자국 또는 자민족의 독자성과 정체성 자각과 관련하여 이해관계로 얽혀지느냐 그렇지 않느냐 하는 역사인식태도에 따라 다양한 모습으로 나타나고 있다.

미주

1) 제레미 탬블링(Jeremy Tambling), 이호 옮김, 『서사학과 이데올로기(*Narrative and Ideology*)』(서울: 예림기획, 2000), 172-173면.

2) 그 당시 그의 작품은 흥행에 성공했는데, 이는 그 선전이 조닌으로부터 별다른 거부감 없이 받아들여지고 있었다는 증거가 된다.

3) Czesław Miłosz, *The History of Polish Literature*(Berkeley: University of California Press, 1983), 221면.

"The most committed politically of all Mickiewicz's poems, Konrad Wallenrod exterted strong influence upon the young generation, although many in the name of Christian ethics objected to it for glorifying treason."

4) Maria Janion, "Tragizm *Konrada Wallenroda*", *Tragizm, Historia, Prywatność*(Kraków: Universitas, 2000), 79면.

5) Julian Krzyżanowski, *Dzieje literatury polskiej*(Warszawa: Państwowe wydawnictwo Naukowe, 1979), 257면.

"Tak zrozumieli Konrada Wallenroda czytelnicy polscy, zwłaszcza młodzi, którzy, od tej chwili poczytywali twórcę poematu za swego naturalnego wodza, tak czytelnicy obcy, poznający go z kilku przekładów, tak wreszcie cenzura, która zbyt późno zorientowała się w doniosłości tego wielkiego symbolu politycznego, spełniającego jeden z podstawowych postulatów romantyzmu."

6) Joseph E. Duncan, "The Anti-Romantic in Ivanhoe", *Walter Scott*(London: Macmillan & Co., 1968), 147면.

7) Walter Scott, *Ivanhoe*(Berkshire: Cox & Wyman, 1994), 516면.

"'Lady' said Rebecca, 'the people of England are a fierce race, quarrelling ever with their neighbours or among themselves, and ready to plunge the sword into the bowels of each other. Such is no safe abode for the children of my people.'"

8) 近松門左衛門, 『國性爺合戰』(東京: 春陽堂, 1922), 494-495면.

"碁盤と見れば碁盤にて碁石と見る目は碁石なり。大地世界を以て。一面の碁盤となすといへる本文なり。心上の須彌山是にあり。大明一國の山河草木。今爰より見るに などか曇らん。一角に九十目四方に四季の九十目。合せて三百六十目。一目に一日を送ると知らぬ愚かさよ。面白しし。天地一體の樂みに二人對ふは何事ぞ。陰陽二つあらざれば萬物調ふことなし。勝負は拔如何に。人間の吉凶は時の運にあらずや。拔白黒は。夜晝。手段は如何に。軍の法。切つて押へて跳ねかけて。軍は花の亂れ碁や。飛交ふ鳥。群れ居る鷺とたとへしも。白き黒きに夜晝も分かで昔の斧の柄も。自らとや朽ちぬべし。"

9) 실제로 바둑판에서의 교점은 361개이다. 작가가 360개의 교점을 말한 것은 음력으로 1년이 360일이기 때문에 의도적으로 바꿔 놓은 것이라 할 수 있다.

10) '수미요시[住吉]'는 구체적으로 항해 안전의 신 또는 군신(軍神), 전쟁의 신에 해당한다. 『고쿠센야캇센』에서 고쿠센야가 호랑이와 대면했을 때, 또 고쿠센야의 아내와 센단 공주가 중국으로 항해할 때, 또 고 산케이 일행이 규센산[九仙山]에서 적군에 쫓기고 있을 때 나타나 도와준 수호신과 같은 존재가 바로 이 '수미요시'이다. 원래 수미요시 신사는 신공황후(神功皇后)를 제사 지내는 사당으로, 일본인들은 신공황후를 한반도를 침공해 신라국을 정벌시킨 영웅으로 떠받들고 있다. 역사에서 종종 한반도가 문제될 때마다 거론되는 전설상의 존재이다.

11) 近松門左衛門, 앞의 책, 253면.

"和藤内! 神國に生れて神より受けし身體髮膚。畜類に出合ひ力立てして怪我するな。日本の地ははなるゝとも神は我が身に五十川。太神宮の御祓ひ納受などかなからんやと。"

12) Walter Scott, 앞의 책, 430면.

"'God,' said Rebecca, 'is the disposer of all. He can turn back the captivity of Judah, even by the weakest instrument. To excute His message the snail is as sure a messenger as the falcon.'"

13) 위의 책, 504면.

"'I am a good knight and noble, come hither to sustain with lance and sword the just and lawful quarrel of this damsel, Rebecca, daughter of Isaac of York; to uphold the doom pronounced against her to be false and truthless, and to defy Sir Brian de Bois-Guilbert, as a traitor, murderer, and liar; as I will prove in this field with my body against his, by the aid of God, of Our Lady, and of Monseigneur St George, the good knight.' ... 'My name' said the knight, raising his helmet,... 'I am Wilfred of Ivanhoe.'"

14) 조동일,「영웅의 일생, 그 문학사적 전개」,『민중영웅 이야기』(서울: 문예출판사), 1992.

15) 박일용,「영웅소설 하위 유형의 이념 지향과 미학적 특징」,『영웅소설의 소설사적 변주』(서울: 월인, 2003), 15-17면.

그런데 '민중적'이거나 '통속적'이라는 수식어를 붙여 '역사영웅소설'과 '창작영웅소설'을 구분하고자 했을 때 그것이 각각 적실히 대응하는 개념어인지에 대해서는 보다 구체적인 해명이 필요하다고 본다. 즉, 가령 영웅의 일생구조에 적용할 경우 실패한 영웅의 삶을 형상화한『전우치전』,『임진록』,『임경업전』등의 역사영웅소설 작품들이 과연 '민중적'인 성격만을 지니고 있고 '통속적'인 성격은 배제되어 있다고 말할 수 있는지, 또한 그 반대의 경우도 성립할 수 있는지에 대한 논의가 추가되어야 할 것이다.

16) 본고는 이하에서 영웅의 일생 구조 공식이 도식적으로 잘 드러나는 영웅소설을 지칭하기 위해 논의의 편의상 박일용 교수가 제시한 '통속적 창작 영웅소설'로 대체해 사용하기로 한다.

17) 이복규 편,『임경업전』(서울: 시인사. 1998), 26면.

18) 위의 책, 32면.

19) 위의 책, 56면.

20)『시경(詩經)』소아(小雅)「북산(北山)」. 이는 원래 '주(周)나라의 토지는 주왕(周王)의 소유'라는 개념에서 비롯한 것이었는데, 실질적으로 그 토지를 소유한 것은 신하(제후)들이었으므로 이는 관념적인 사상에 불과하다.

21) 이민희,「전쟁 소재 역사소설에서의 만남과 이산의 주체와 타자: 〈최척전〉·〈김영철전〉·〈강로전〉을 중심으로」,『국문학연구』제17호(국문학회, 2008), 17-18면.

22) 이복규 편, 앞의 책, 32면.

23) 위의 책, 34면.

24) 위의 책, 84면.

25) 近松門左衛門, 앞의 책, 261면.

"毛唐人。うぬらが耳はどこについて何と聞く。"

26) 위의 책, 262면.

"小國なれども日本は男も女も義は捨てず。"

27) 위의 책, 291면.

"永曆皇帝御代萬歲。國安全と壽くも大日本の君が代の。"

28) 위의 책, 268면.

"중국을 비추는 태양도 일본을 비추는 태양도 비춤에 있어 두 가지는 다르지 않지만, 그 태양은 인(仁)과 정의(正義), 오상(五常)과 정(情)이 넘치는 곳에서 떠오릅니다."(唐をてらす日影も日本をてらす日影も。光に二つはなけれども。日の本とは日の始め仁義五常情有り。)

29) Adam Mickiewicz, *Księgi narodu polskiego i pielgrzymstwa polskeigo*(Kraków: Krakowska spółka wydawn, 1924), 81면.

"Bo naród polski nie umarł, ciało jego leży w grobie a dusza jego zstąpiła z ziemi, to jest z życia publicznego do otchłani, to jest do życia domowego ludów cierpiących niewolę w kraju i za krajem, aby widzieć cierpienia ich. A trzeciego dnia dusza wróci do ciała, i naród zmartwychwstanie i uwolni wszystkie ludy Europy z niewoli. I przeszło już dni dwa ; jeden dzień zeszedł z pierwszym wzięciem Warszawy a drugi dzień zaszedł z drugim wzięciem Warszawy, a trzeci dzień wnidzie ale nie zajdzie. A jako za zmartwychwstaniem chrystusa ustały na ziemi całej ofiary krwawe, tak za zmartwychwstaniem narodu polskiego, ustaną, w chrześciańtwie wojny."

30) '바이델로타 노래(Pieśni wajdeloty)' 란 노래는 이 작품에서 가장 중요한 부분 중 하나로 평가된다. 핍박받는 민족일수록 민족의 전통을 지켜나가야 한다는 맹세의 내용으로 이루어진 열정적이고 아름다운 민족 찬양시이다. 이러한 삽입 노래는 폴란드인들에게 민족생존 투쟁에 필요한 강력한 무기이자 민족정신을 불어넣는 자극제 역할을 하게 되었다. 할반이 자신의 뜨거운 민족애를 바탕으로 리투아니아의 과거 역사를 찬양하는 노래이다. 아울러 할반이 독일 기사단에게 납치된 후 그의 아내를 버리고 리투아니아를 떠나기까지의 발렌로드의 삶과 생각들을 이야기하는 노래이기도 하다. 이 노래에서 할반은 발렌로드가 리투아니아를 구할 영웅이라는 점을 강조하고 있다.

31) Adam Mickiewicz, *Konrad Wallenrod*(Kraków: Krskowska Spółka Wydawn, 1926), 45-46면.

"Gdybym był zdolny własne ognie przelać / W piersi słuchaczów i wskrzesić poslaci / Wmarłej przeszłości: gdybym umiał strzelać / Brzmiącemi słowy do serca spółbraci ; / Możeby jeszcze w tej jedynej chwili, / Kiedy ich piosnka ojczysta poruszy, / Uczuli w sobie dawne serca bicie, / Uczuli w sobie dawną wielkość duszy, / I chwilę jednę tak górnie przeżyli, / Jak ich przodkowie niegdyś całe życie. // Lecz po co zbiegłe wywoływać wieki? / I swoich czasów śpiewak nie obwini, / Bo jest mąż wielki, żywy, niedaleki, / O nim zaśpiewam uczcie się, Litwini!"

32) 위의 책, 79면.

"dziś schylony wiekiem, / Zdrady mię nudzą, niezdolny do bitwy, / Już dosyć zemsty, - i Niemcy są ludzie." (VI, 23-25)

33) Walter Scott, 앞의 책, 184-185면.

"A ballad - a ballad," said the hermit, "against all the ocs and ouis of France. Downright English am I, Sir Knight, and downright English was my patron St. Dunstan, and scorned ocs and oui, as he would have scorned the parings of the devil's hoof; downright English alone shall be sung in this cell."

34) 위의 책, 285-286면.

"Ay, with my master's leave", said Wamba; "for, look you, I must not slip collar (and he touched that which he wore) without his permission." "Oh, a Norman saw will soon cut a Saxon collar," said De Bracy. "Ay, noble sir," said Wamba, and thence goes the proverb - "Norman saw on English oak, / On English neck a Norman yoke; / Norman spoon in English dish, / And England ruled as Normans wish, / Blythe world to England never will be more, / Till England's rid of all the four."

35) 이복규 편, 앞의 책, 16면.

36) 近松門左衛門, 앞의 책, 228면.

抑大明十七代思宗烈皇帝と申し奉るは。光宗皇帝第二の皇子代代のゆづりの糸筋も。たえず亂れぬ青柳と。なびきしたがふ四方の國。寶をつんで貢物。歌舞遊宴に長じ給ひ。

37) Adam Mickiewicz, 앞의 책, 6면.

"Sto lat mijało, jak Zakon krzyżowy / We krwi pogaństwa północnego brodził ; / Już Prusak szyję uchylił w okowy, / Lub zimię oddał, a z duszą uchodził ; / Niemiec za zbiegiem rozpuścił gonitwy, / Więził, mordował, aż do granic Litwy.// "

38) Walter Scott, 앞의 책, 7면.

"Such being our chief scene, the date of our story refers to a period towards the end of the reign of Richard Ⅰ, when his return from his long captivity had become an event rather wished than hoped for by his despairing subjects, who were in the meantime subjected to every species of subordinate oppression."

39) 현재 폴란드 북부지방의 조그만 도시인 말보르크(Malbork)를 뜻한다.

40) M. Bakhtin, *The Dialogic Imagination*, Ed. by Michael Holquist, Trans. by Caryl Emerson and Michael Holquist, Austin: University of Texas Press, 1981, 18면.

Ⅵ. 역사영웅서사문학의 문학사적 의의

본 연구는 각기 다른 네 문학 갈래의 작품들로부터 공통점과 차이점을 추출하되, 특별히 네 작품의 공통점이 갖는 특징과 의미가 무엇인지 살펴보는 작업에 초점을 맞춰 왔다. 그 결과 근대문학과 중세문학과 구별 지어 다룰 만한 중세에서 근대로의 이행기 문학의 특징들을 여럿 갖추고 있음을 확인할 수 있었다. 본 장에서는 이상의 논의를 토대로 역사영웅서사문학이 서사문학사 전개 과정에서 어떤 위치를 차지하고 있으며, 개별 민족문학사와 세계문학사에서 갖는 의의가 무엇인지 거시적으로 생각해 보기로 한다.

그동안 학계에서 중세에서 근대로 이행하던 시기에 나타난 서사문학사적 특성에 관해 논의된 사항들을 먼저 정리해 보면 다음의 몇 가지로 요약할 수 있다.

① 서술관점이 왕권 내지 집단 중심에서 개인 중심의 세계관으로 변해 왔다.

② 관념적이며 도덕적인 이상 실현과 관계된 소재 및 주제가 현실적이며 사회 비판적 문제 해결의 것으로 바뀌었다.

③ 주인공이 신적 능력을 지닌 비범한 영웅에서 일상적이며 범인적 인물로 바뀌었다.
④ 작가가 상층 신분의 관료 및 문인에서 일반대중 서민 중심으로 바뀌었다.
⑤ 한문이나 운문문학 중심의 이야기가 국문이나 산문문학의 서사문학으로 변모했다.[1]

위에서 제시된 항목들을 종합해 보면, 중세 시대 서정문학이 발달한 것과 달리 중세에서 근대로 넘어가는 시기에는 서사문학이 큰 위치를 차지하게 되고, 향유층이 일반서민으로 확대되면서 현실적 소재와 주제를 다루되 개인적 관점 내지 세계관에 입각하여 일상적 인간형을 창조해낸 사실을 확인할 수 있다.

그렇다면 이러한 서사문학사 전개과정과 관련하여 특별히 역사영웅서사문학이 차지하는 독자적 위치와 의미는 무엇인가?

첫째, 시기적 특성 내지 성격을 들 수 있다. 서사문학사에서 역사영웅서사문학이 대거 등장한 것 역시 중세에서 근대로 넘어가는 시기의 일이었다. 한국을 비롯한 중국과 일본은 중세적 질서를 파괴하는 대외적 전쟁이나 왕조 교체를 체험한 17세기 이후에 나타나기 시작했다면, 유럽에서는 19세기 전반의 소위 '낭만주의' 시기에 융성하였다. 그런데 중세에도 역사영웅서사문학은 있었지만 그것은 부분적이었으며 그 시대적 의미가 분명히 드러나지 않았다. 근대에 이르러서는 사실주의적 관점에 경도된데다 역사소설이란 특정 하위 문학 갈래로 치우쳐서 역사영웅서사문학의 시대적 성격을 제대로 반영해 냈다고 말하기 어렵다. 요컨대 역사영웅서사문학이라는 유형상 특성이 다양한 관점에서 구현되어 나타나고 있는 것이 바로 중세에서 근대로의 이행기에 두드러졌다는 점이다.

여기서 '다양한 관점'이라 함은 특별히 과거의 역사와 현실세계를 다양하게 구현해 내는 매개체로서의 서사기법, 곧 사실적 서술방식과 환상적 서술방식을 염두에 둔 것이다. 이는 역사영웅서사문학이 서사문학, 아니 사실적 모방과 재현을 표방하는 문학임에도 불구하고 비사실적이며 비현실적인 환상적 요소가 하나의 구성 요소로서 적극 개입하고 있는 사정을 고려한 것이기도 하다. 지금까지 역사를 소재로 세계를 '모방'하거나 '창조'하는 방식은 서로 불가분의 관계를 갖고 공존해 왔다. 그렇지만 그중에서도 중세에서 근대로 이행하던 시기에는 역사를 재음미하고 현실을 반성하려는 시도가 위의 두 방식을 중심으로 대등하게 이루어졌다. 그리고 그러한 글쓰기 양식을 통해 비현실적이고 관념적인 사유논리는 물론, 이성적이고 현실적인 논리세계까지 담아내고 있다. 관념적 세계관이 깨지고 현실인식의 자각이 커지면서 사회 변화에 적응하고 이해하기 위한 인식 틀로서 이 두 서술방식이 적절하게 활용되어 온 사실을 정당하게 평가할 필요가 있다.

모방 이론에 입각한 사실적 서술기법은 사람들의 관계 및 허구적 세계와 현실적 세계가 서로 비슷하다는 점을 보여주는 데 탁월하다. 이에 비해 창조적 충동에 의한 환상적 기법은 기존 관념을 깨뜨리고 새로운 의미를 부여함으로써 리얼리티의 영역을 확장시키고 새로운 관계를 만들어 내는 데 유리하다. 모방이나 환상은 하나의 문학 갈래가 아니라 문학 창작 이면에 작용하는 창작욕구의 두 양상으로 언제든지 어울릴 수 있는 요소인 것이다. 이러한 두 요소가 경쟁적이고 배타적인 관계로 인식된 것이 근대의 사고방식이라면, 이들을 상호 보완적이며 상승의 관계로 파악하고 있는 것이 근대 이전의 사고방식이라 할 것이다.

따라서 현실적 체험과 모순적 삶을 자각하는 한편, 대안적 세계와 인물을 기대하고 이상적 욕구를 동시에 충족시켜 보여줄 수 있는 방법으로 사실적 서술과 환상적 서술이 적극적으로 사용된 역사영웅서사문학 작품들은 당시 새롭게 사회의 주류로 등장하던 시민 독자들에게 큰 관심과 호응을 얻기에 적합했다.

둘째, 역사영웅서사문학이란 범주로 묶일 수 있는 작품들의 성격을 고려할 때, 작품의 실체를 이해하는 매개체로서 역사영웅서사 문학론이 갖는 의미를 생각해 볼 수 있다. 역사영웅서사문학이 다른 일반 서사문학보다 자유롭지 못한 점이 있다면 그것은 역사적 과거와 허구적 서사를 결합하는 기법의 문제와 관련된 것이다. 과거의 역사를 재료로 삼아 일어날 법한 허구적 서사를 만드는 데 있어 자료의 정보 전달이나 사실성이 본질적이고 필수적인가, 아니면 허구적 서사에 의미를 두는 것이 더 긴요한가에 따라 역사영웅서사문학의 특성이 달라질 수 있기 때문이다. 소설과 극, 서사시와 같은 전통적 문학 갈래를 기준으로 역사서사문학 또는 역사영웅서사문학의 하위 갈래를 역사소설, 역사극, 역사서사시로 나누어 그 문학 갈래적 특성을 이해하려 한다면, 그것은 분리와 독자성을 주장하는 근대적 갈래 인식에 머물 수 있다. 따라서 앞서 언급한 대로, 근대에 리얼리즘 창작을 본질적이고 필수적인 것으로 여겨 다른 역사담론에 의해 만들어진 역사서사문학 작품들의 가치를 온통 폄하해 버리는 편견에 빠질 수 있다.

서사기법상의 차이로 역사영웅서사문학을 바라볼 경우, 기존에 역사소설과 역사적 로맨스나 영웅소설과의 차이를 우열 시비에서 다루던 편견에서 자유로워질 수 있다. 소설이 서사시 시대 뒤에 나타났다는 루카치식 주장이나 역사소설이 영웅소설이나 영웅 로맨스보다 우월하다는 가치판단이 무의미해지기 때문이다. 오히려 역사서사문학 작품들의 실상을 객관적으로 파악하고 그 다양성을 인정할 수 있는 가능성을 넓혀 준다. 중세에서 근대로 넘어가던 시기에 창작된 역사영웅서사문학 작품들은 동서양 구분 없이 사실적 역사서사문학과 환상적 역사서사문학, 또는 이 중간적 성격의 역사서사문학의 범주 안에서 파악될 수 있다. 서사기법상의 측면에서 역사영웅서사문학의 지형도를 그려 보고자 할 때, 그 다양한 편차와 특성을 살펴보기가 용이하다. 경험적 이성과 초월적 관념이 공존하던 이 시기에 자아 및 집단의 정체성과 인식의 틀을 다양한 관점에서 보여주기에 적합한 작품들을 묶어 역사영웅서사문학이란 범주에서 다루는 작업은 중요한 의미를 지닐 수밖에 없다.

셋째, 근대 이전에 창작된 역사영웅서사문학의 중심 주제는 '역사 · 민족 · 인간'으로 집약될 수 있다. 중세의 관념적 · 관습적 사고방식에서 탈피해 현실세계의 여러 문제를 새롭게 시비하되, 자신이 속한 국가 또는 민족이라는 집단의식에서 자유로울 수 없었다. 초월적 세계가 아니라 현실세계 속에서 있을 법한 집단을 상정하되, 그 현실 집단에서 공동으로 추구하는 바, 이상적인 목표를 구현하려는 의도가 작품 창작의 동인으로 작용하였다. 그리고 집단의 목표를 이루는 인물로서 범인화한 영웅을 내세우고 있다.

『콘라드 발렌로드』가 망국 상태에서 독립을 되찾기 위한 민족혼의 고취를 목적으로 창작된 것이나, 『임경업전』이 전란의 참상을 되씹으며 역사영웅의 비극적 최후를 통해 민중적 · 민족적 울분을 터뜨리려는 의도가 다분한 것이 민족적 차원의 의지 표명과 관련이 된다. 『고쿠센야캇센』이 섬나라에 사는 일본인들의 이국에 대한 관심이 민족의식 차원에서 강렬해지는 가운데 무사도의 '충과 의리'가 가일층 강조되던 현실이념을 흥미를 곁들여 보여주기 위한 목적에서 만들어진 시대극이었다면, 『아이반호』는 극이 아닌 소설을 통해 계급과 민족의 갈등을 집단 차원에서, 남녀 간 사랑을 개인적 차원에서 결합시켜 낭만적 민족주의의 이상을 실현해 보이고 있다.

이처럼 역사영웅서사문학은 세계문학사 전개 과정에서, 특히 근대 이전에 나타난 어떤 서사문학보다도 그 시대적 성격과 사회구성원들의 욕구와 가치관을 적극 반영한 문학이다. 민족주의와 집단적 의식이 밑바탕에 깔려 있는 민족 문학적 성격이 강하다. 아울러 여성은 남성을 따라 순종하고 섬겨야 한다는 소집단인 가정에서의 윤리의식으로부터, 종은 주인을 충실히 섬겨야 한다는 사회공동체 집단의 사회윤리, 더 나아가 신하는 임금과 나라에 충성하고 희생해야 한다는 국가윤리에 이르는 기존의 윤리의식과 교화적 이데올로기가 네 작품에서 전혀 흔들리지 않은 채, 오히려 더욱 강조되고 있는 점이 특이하다. 시대의 변화와 함께 현실자각 의식이 강해지면서 등장인물의 인간적 형상화는 근대적으로 바뀌어 가고 있는 반면, 시대적 이념이나 윤리관, 세계관 등은 오히려 기존 체제의 유지 및 옹호라는 측면에서 구현되고 있는 것이 역사영웅서사문학이 갖는 독특한 문학사적 특질의 하나라 할 수 있다. 전쟁과 죽음, 대내외적 민족 갈등 등 작품의 주된 소재와 주제가 남성의 욕심과 폭력에 의해 흔히 생겨나는 시대적 산물이라면, 이런 갈등과 문제를 해결하고 평화롭고 조화로운 세계를 만드는 것은 여성의 순종과 희생의 대가에 의한 것이라는 세계관이야말로 문학사적으로 역사영웅서사문학이 작품 속에 실현해 보이고자 한 주제였다고 말할 수 있다.

넷째, 역사영웅서사문학은 동서양 공히 문명권 내 중심국이 아닌 주변국에서 더욱 열심히 창작해 냈다는 점이다. 민족주의 또는 대외역사인식, 그리고 현실에 대한 강렬한 체험과 자각, 변화의 의지가 중세의 중심국보다 주변국에서 더욱 활발히 드러났던 것이다.

지카마쓰의 역사극은 일본의 독특한 시대적 모습을 생동감 있게 나타내고 있다. 때때로 폭력성, 무절제하고 환상적인 요소들, 비합리적이고 과장이 심한 요소들은 일본 특유의 사고방식과 관련된다. 역사적 진실성을 환상적 수법의 서술을 통해서도 마련할 수 있다는 창의적 작가의식이 돋보인다. 외국 연극을 본 적이 없었던 작가가 고유하고 자생적인 작품을 만들어 낸 것이다. 일본의 역사극에서 이런 독자성이 발현되고 있는 것은 중심문화의 영향을 덜 받는 가운데 변화와 혁신을 일찍 도모할 수 있었기 때문이었다.

영국에서 스콧이 당시 세간에 이름을 날리면서 이전 소설과는 질적으로 다른 역사소설을 창작할 수 있었던 것도 문화중심부에 속해 있지 않았기 때문이었다. 더욱이 영국 내에서도 잉글랜드가 아니라 더 변방국인 스코틀랜드에서 자라났기에 민족과 현실의 운명과 미래를 제시해야 하는 필연성을 절감했으며, 그 결과 그의 소중한 역사소설이 탄생할 수 있었다. 한국이나 폴란드 또한 역사의 중심, 문화의 중심이 아닌 주변 지역에 해당한다. 그렇기 때문에 역사적 · 시대적 변화에 대해 중심부보다 더욱더 민감히 반응하면서 민족의식과 역사의식이 강하게 대두될 수 있었다. 역사영웅서사문학은 문명의 주변국에서 가장 앞서 치열하게 모색된 문학 갈래 중 하나였다는 데서 그 문학사적 의미가 크다. 역사영웅서사문학은 중세문학에서 주변에 머물렀던 지역이 세계 서사문학사 서술의 중심지가 될 수 있음을 보여주는 한 예가 된다.

미주

1) 이상에서 언급한 서사 문학사적 변화는 정상균,『한국 중근세 서사문학사 연구』(새문사, 1992)에서 고려 중기 이후부터 구한말에 이르는 시기의 국내 서사 문학사를 개관하면서 정리한 것을 참고 · 인용한 것이다.

Ⅶ. 결론

본고는 지금까지 세계 역사서사문학사에서 중세에서 근대로 이행하던 시기에 창작된 동서양의 네 편의 역사영웅서사문학 작품을 비교해서 역사영웅서사문학이라는 범주로 묶을 수 있는 작품들의 특성을 구명하고 이들의 공통점 및 문학사적 의의를 밝히고자 했다.

본 논의에서는 기본적으로 역사서사문학의 본질이 역사적 진실성, 곧 삶의 리얼리티를 문제 삼는 데 있다고 보고, 리얼리티를 드러내는 방식, 곧 서사기법에 주목하고자 했다. 그리하여 인간의 자연스런 충동이라 할 '모방'과 '창조'의 욕구가 사실적 서술과 환상적 서술로써 형상화된 문학을 각각 사실적 역사서사문학과 환상적 역사서사문학, 그리고 두 가지 서술이 상호 혼재하는 중간적 성격의 역사서사문학으로 구분해 보았다. 세계 역사서사문학이 만들어 내는 두 담론 세계 역시 사실성과 환상성에 의해 매개되는 세계이며 사실주의적 서사기법과 환상적 서사기법에 의해 표현된 세계라는 관점을 전제로 하여 논의를 전개시키고자 했다.

이러한 시각은 사실성에 대별되는 서사의 축으로 환상성의 의미를 적극적으로 받아들여 역사서사문학을 바라볼 때 세계 역사서사문학 작품들을 보다 실상에 가깝게 이해할 수 있다고 보았기 때문이다. 기존의 규범적이고 고정된 문학 갈래, 곧 역사소설 · 역사서사시, 역사극 등의 문학 갈래로 구분하고 각각의 양식적 특질들에 집착하지 않을 때, 서양의 역사서사문학론 또는 소설론을 극복할 수 있는 방법을 모색할 수 있을 것으로 판단되었기 때문이다. 서양의 역사서사문학 갈래론에 입각하여 그동안 서유럽을 제외한 지역에서 창작된 역사서사문학 작품의 가치를 폄하하거나 왜곡해 왔던 잘못을 시정하기 위한 하나의 시론(試論)으로 삼고자 했다.

이에 본고에서는 중세에서 근대로의 이행기에 나타난 역사영웅서사문학 작품의 특성을 잘 드러낼 수 있는 요소를 고려하여 '① 자국 문학사에서 널리 인정받는 대표적 작품이면서 ② 남성 영웅을 주인공으로 하고 ③ 역사적 배경 또는 역사적 사실과 관련되는 소재를 가지고 ④ 나라와 나라 사이의 긴장된 관계를 시비함과 동시에 ⑤ 국내의 사회적 · 정치적 갈등까지 함께 다룬 작품'으로 조건을 한정시킨 뒤, 이에 부합하는 작품으로 네 편을 택했다.

한국의 『임경업전』(역사소설)과 일본의 『고쿠센야캇센』(인형극), 폴란드의 『콘라드 발렌로드』(역사영웅서사시)와 영국의 『아이반호』(역사소설)을 가져왔다. 동서양의 역사서사문학 작품을 균등히 비교할 수 있기 위해 중세에서 근대로의 이행기의 문명권 내 주변부 국가 중 각각 두 나라씩을 택하고 역사영웅서사문학이란 상위 범주에 묶고자 다양한 하위갈래 작품들을 고려하여 선정하였다.

Ⅱ장에서는 네 작품에 대한 개괄적 소개와 함께 구체적 서사단락 및 작품 형성과정에 대해 살펴보았다. 후자의 경우, 네 작품 모두 역사적 사실을 기록한 실전에 바탕을 두면서, 역사적 지식을 습득한 작가가 구비전승되던 이야기와 작가의 상상력을 첨가시켜 만들어 낸 공통점이 있음을 드러내는 데 주목했다. 그리고 제3절에서는 사실성과 환상성을 가지고 상위 범주로서의 역사영웅서사문학의 특성과

의미를 제시하고, 앞에서 언급한 세 가지 범주의 역사영웅서사문학 작품군을 분류하는 시도를 했다. 사실성과 환상성은 리얼리티를 나타내기 위한 서사기법의 원리를 의미한다. 사실성이 '대상의 사실적 모방 · 현실적 사건 전개 · 평범성 · 인간의 조력'과 관련된다면, 환상성은 '대상의 상상적 표현 · 비논리적 사건 전개 · 신비성 · 신의 조력'과 관련된다. 이러한 요소들을 근거로 네 작품을 적용시켰을 때, 사실적 역사영웅서사문학(『아이반호』)과 환상적 역사영웅서사문학(『고쿠센야캇센』), 그리고 사실성과 환상성이 혼재되어 있는 중간적 성격의 역사영웅서사문학(『임경업전』, 『콘라드 발렌로드』)의 세 가지 유형으로 묶을 수 있었다.

제Ⅲ장부터 Ⅴ장까지는 세 가지 범주로 분류한 역사영웅서사문학 작품들의 특성을 구체적으로 살피는 작업을 했다. 즉, Ⅲ장에서는 역사영웅서사문학의 형식적 측면(서사기법), Ⅳ장에서는 내용적 측면(서사적 갈등), 그리고 Ⅴ장에서는 세계관 및 시대의식을 중심으로 살펴보고자 했다.

먼저 Ⅲ장에서는 네 작품에서 사실적 서술과 환상적 서술이 나타난 부분을 직접 살펴보았다. 그리하여 네 작품들이 각각 사실적 · 환상적 · 중간적 역사영웅서사문학 중 하나에 포함될 수 있는지 그 근거를 보여주고자 했다. 그리고 작품의 서사적 결말과 등장인물의 최후를 살펴봄으로써, 역사적 사실 자체를 개작하는 과정에 환상적 서사기법이 활용되고 있으며, 환상적 서사기법이 작가의 창작의도를 분명히 드러내고 글쓰기 전통에서 일탈하려는 경향이 강할수록 적극 사용되고 있는 점을 말하고자 했다. 여기서 환상적 역사영웅서사문학 작품에 나타난 환상성은 사실성과 허구성의 고정된 관계를 바꾸고자 하는 의지를 반영하고 있다는 점, 또한 리얼리티를 재현하는 양식으로서 환상성은 당대의 문학 향유층의 상상력의 폭을 넓혀 주며, 삶의 문제를 탐구하는 서사적 유형의 하나가 된다는 점을 확인했다. 네 작품에서 서사적 결말은 영웅 주인공의 최후와 밀접한 관련을 맺는다. 역사적 인물이 비극적인 최후를 맞이한다는 식의 서사적 결말 설정은 '죽음'이 현실인식에 기초하여 역사적 필연성을 제시함과 동시에 미래 지향적인 의지를 보여주는 데 있으며, 사실성이 강조된 사실적 역사영웅서사문학 유형에서 주로 나타난다고 보았다. 이에 비해 주인공의 행복한 결말을 보여주는 서사에서는 역사적 사실에 집착하지 않고 당시 민족적 소망이나 시대 의식을 반영하여 작가가 의도적으로 바꿔 놓은 사실을 확인할 수 있었다.

작품 내에 등장하는 보조적 인물들은 권선징악이란 주제를 실현하기 위한 도구적 인물로서 활용되기도 한다. 더욱이 남성 영웅을 주인공으로 한 역사영웅서사작품에서 여성 등장인물들의 역할과 의미는 특별한 것이다. 주요 여성 등장인물들은 영웅적 남성이 추구하는 목적 달성을 위해, 또는 남성 영웅으로 말미암아 파괴된 세계나 가치관을 회복시키고 조화롭게 만들기 위해 자신의 삶과 생명까지 기꺼이 희생하고 포기할 줄 아는 인물로 처리되고 있다. 여성 등장인물들의 최후는 남성 주인공의 영웅성을 부각시키는 한편, 사건전개의 진전을 가능케 하는 역할에 모아져 있다.

네 작품에는 구비문학적 요소가 나타나기도 한다. 향유 방식 측면에서 읽기 문학(독서) 외에 구송 또는 낭송과 같은 '구연적 요소'가 드러나기도 하며, 소재 측면에서 구비 전승되던 노래 또는 설화, 민담, 민요, 시 등이 서사에 직접 삽입되기도 한다. 운문과 산문의 성격이 완전 이분화하지 않은 이들 작품들은 중세의 운문적 요소를 일부 간직한 채 근대의 산문문학으로 넘어가기 이전의 과도기적인 성격을 보여준다. 이런 특성들은 사실적 · 환상적 역사영웅서사문학에서 공통적으로 나타나고 있다.

Ⅳ장에서는 네 작품에서 공통적으로 발견되는 서사갈등의 양상과 의미에 초점을 맞춰 논의를 펼쳤다. 국가 간 대결과 개인 간 대결이라는 이원적 갈등구조를 서사의 주된 축으로 설정해 놓은 것이 공통적이다. 여기서 국가 간 대결은 문화 중심국과 야만국과의 대결을 의미한다. 변화하던 국제정세 속에서 국제 질서를 유지하는 역할을 기존의 문화 중심국이 아닌, 작가가 속한 주변국의 역사영웅이 직접 나서서 감당한다. 이로 말미암아 주변국은 중심국과 대등한 위치에서 문화국으로서의 역할을 감당하게 된다. 대외적 전쟁을 통해 주인공의 영웅적 면모는 크게 부각되고 민족적 · 국가적 영웅으로서의 자질을 확인받는다. 이러한 국가 간 대결구도를 통해 민족적 자긍심과 정체성을 새롭게 자각하게 된다.

한편, 개인 간 대결은 선인과 악인의 대결 양상으로 나타난다. 그런데 악인 또는 적대 세력과의 대결 속에서 영웅 주인공은 유한한 능력을 가진, 범인화한 영웅의 모습으로 그려진다. 범인화한 영웅은 구체적으로 '방향성을 잃고, 속기도 하며, 정체를 감추기도 하고, 유괴 당하거나 감금되기도 하며, 다른 사람들의 도구로 이용되기도 하고 다른 사람들의 우월한 지식이나 권력에 의해 영향을 받는' 인물이다. 그러나 범인화한 영웅은 일반 범인과 달리 특정한 목적의식을 갖고 있으며, 목적을 이루기 위해 노력하는 과정에서 세계의 시련과 고난을 받는 상황이 현실적이고 구체적으로 드러나고 있다.

환상성이 두드러진 『고쿠센야캇센』에서는 이러한 범인화한 영웅의 특성이 잘 드러나지 않는다. 범인이 가질 수 있는 인간적 애욕과 좌절, 고난, 슬픔 등은 사실적 역사영웅서사문학에서 비교적 잘 드러나고 있는 반면, 환상적 역사영웅서사문학 작품에서는 오히려 집단적 · 사회적 · 관념적 신념이 개인적 갈등을 통해 더 잘 드러나고 있다고 말할 수 있다.

개인적 갈등을 일으키는 원인은 충과 효, 그리고 의리와 같이 대의명분과 윤리의 실천 문제 때문이지만, 이런 갈등을 극복하는 과정에서 주인공들은 하나같이 충과 의리 등 윤리적 덕목 및 사회적 가치관을 지키려는 체제 수호자로서의 모습을 보여준다. 비범한 인물이자 범인적 인물의 특성을 동시에 지니고 있는 영웅상이 중세에서 근대로의 이행기에 창작된 역사영웅서사문학 작품에서 비교적 잘 구현되어 있다.

제Ⅴ장에서는 주제와 관련하여 이데올로기 및 세계관에 대해 살펴보았다. 임경업이나 고쿠센야, 발렌로드나 아이반호는 공통적으로 나라 또는 민족에 대한 충성심과 희생정신을 극명하게 보여준 영웅들이다. 작품 내 영웅들의 행위는 역사적 사건을 겪은 문학담당층이 실질적으로 바라는 시대적 요구와 국가(민족)가 추구하는 사회 이념 및 윤리규범을 충족시키는 방향에서 전개된다. 그것은 창작 당시의 시대적 이데올로기를 담아낸 결과였다.

또한 일반적인 영웅의 일생 구조 유형과 비교해 볼 때, 네 작품은 변형된 구조를 갖고 있다는 점에 주목했다. 다시 말해, "(출생)-고난-승리-죽음 / 부귀영화"로 단순화된 유형구조를 갖는다는 것으로, '신이한 탄생' 부분이 생략된 채 평범한 출생 및 정상적인 성장과정을 보여준다. 서사 결말은 비극적인 죽음 또는 행복과 부귀영화라는, 이질적이며 극단적인 양상으로 나눠진다. 그리고 '승리'의 단계 이후에 '죽음' 혹은 '부귀영화'의 결말로 바뀌는 과정에는 '운명적 힘'이 작용하고 있는 것으로 볼 수 있다. 이러한 변형된 영웅의 일생 구성은 주로 사실적 역사서사문학 작품에서 잘 나타나고 있는데, 현실세계에 기초한 이성적 사고와 초월적 관념세계가 아직 완전히 분리되지 않은 세계관이 투영된 결과라 할 수 있다.

또한 이들 작품에는 중세적 보편주의와 근대의 민족주의 의식이 공존하고 있다. 그런데 이들 작품 속에 나타나 있는 민족주의는 주변 국가(민족)와의 조화를 꾀하고 공존을 전제로 하는 가운데 자기 민족이 세계 질서유지의 일익을 감당한다는 의미를 갖는 것이 특징적이다. 본고는 이것이 근대 이후에 나타난 제국주의적 민족주의, 우월 논리에 입각한 민족주의 의식과 구별되는 보편적 민족주의에 해당한다고 본 것이다.

또 한 가지, 과거의 시간을 현재적 의미로 대체시키는 시간적 배경 설정 문제를 다루었다. 시간적 배경은 사실성을 유지시켜 주는 구실을 한다. 그리고 공간적 배경은 작자가 속해 있는 집단 내지 자국뿐만 아니라 경험세계(현실세계)에서 중심부 또는 문화 선진국 노릇을 하던 제2의 현실공간이 동시에 설정되어 있는데, 여기서 작가가 소속된 공간은 자민족 중심주의 의식을 발현시키고 정체성을 확인하는 요체로서 기능하는 한편, 문명 중심부라는 2차적 공간은 대외적 갈등을 해결하는 공간이자 작가가 소속된 국가의 위상을 높여 주는 공간으로 활용되고 있음을 밝혔다. 세계관의 확대와 더불어 역사적 현실에 대한 깊은 이해와 자각이 시공간적 배경으로 나타나고 있었던 것이다.

이상 네 편의 작품을 여러 측면에서 비교 · 분석한 결과, 도출 가능한 사실은 역사영웅서사문학이라 칭할 수 있는 서사물이 중세에서 근대로 이행하는 시기에 대거 등장하여 그 시대적 성격을 가장 잘 반영해 내고 있다는 사실이다. 즉, 중세의 역사영웅서사문학이 그 시대적 의미를 충분히 담아 낼 정도로 전면적이지 못했다면, 근대는 사실주의 관점에서 역사소설 위주로 치우쳤기에 시대적 성격을 제대로 반영해 냈다고 말하기 어렵다. 관념적 세계관이 깨지고 현실에 대한 자각이 커지면서 현실적 체험과 이상과의 모순을 표출하기 위해 사실성과 환상성의 두 방식을 적극적으로 활용하여 역사와 현실을 적절히 이해하고 위안을 찾고자 했던 작품군이 역사영웅서사문학이라는 사실을 보여주고자 한 것이다.

역사영웅서사문학은 중세에서 근대로의 이행기에 새롭게 대두된 현실세계의 정신적 화두, 곧 '역사 · 민족 · 인간' 문제를 전면에 내세워, 작가가 속한 국가, 민족의 이상을 구현하려 한 민족 문학적 성격을 갖는다는 점이 중요하다. 등장인물의 형상화 수법은 현실적, 인간 중심적, 근대적으로 바뀌고 있는 반면, 시대적 이념이나 윤리, 세계관은 기존 체제를 유지하려는 중세적 의식을 계승하고 있다. 중세문학과 근대문학을 연결하는 과도기적 성격이 중세에서 근대로 이행하던 시기에 창작된 역사영웅서사문학 작품에서 잘 드러나 있는 것이다.

이러한 역사영웅서사문학은 문명권 내 주변국에서 가장 치열하게 역사와 현실에 대해 고민하고 이를 형상화한 작품군의 하나라는 점에서 문학사적 의의가 크다. 또한 중심부보다 시대적 · 정신적 변화에 더 민감히 반응하면서 민족의식과 역사의식을 강하게 담아낼 수 있었던 역사영웅서사문학 작품들은 문학사에서 중세에 주변에 머물렀던 지역이 이 시기에 이르러 서사문학사 서술의 중심지로 부상하게 된 사실을 보여줬다는 점에서 의미가 있다.

그러나 그럼에도 불구하고 본 연구는 여전히 해결해야 할 많은 과제와 또 다른 문제제기를 안고 있다.

첫째, 본고에서 다룬 네 편의 작품만을 가지고 역사영웅서사문학의 전체 일반론을 도출해 냈다고 단정 지어 말하기 어렵다. 네 편의 작품이 자국 내에서 역사영웅서사문학으로서 그 대표성을 갖는다 하더라도 또 다른 작품들이 갖는 고유한 특성들과 작품별 편차까지도 포괄할 만한 적확한 논의 근거를 제시하고 다른 작품에도 적용 가능한 것인가에 대한 검증과 보완이 이루어져야 할 것이기 때문이다. 예를 들어 한국의 『박씨전』이나 군담소설과 전기(傳記)소설, 일본의 군키모노가타리[軍紀物語], 폴란드의 『그라지나(*Grażyna*)』나 역사소설, 영국의 『웨이벌리(*Waverley*)』나 역사 로맨스 등의 작품들을 통해 더 폭넓게 비교 · 논의하는 작업이 필요하다. 다양한 작품들의 실상을 고려하면서 분명한 범주 및 유형적 특질을 규정하는 연구가 뒤따라야 할 것이다.

둘째, 거시적 관점에서 역사영웅서사문학의 일반적 특성을 도출해 내고자 했기 때문에 논의 전개 과정이 거칠고 섬세하지 못한 면이 있다. 본고가 서로 다른 문학 갈래의 세계 네 나라의 작품을 동시에 취급하고 그 동질성을 확인하는 데 일차적 목적을 두었기 때문에 전체적으로 기술방식이 단조롭고 나열식으로 전개된 감이 있다. 비교를 통해 도출된 특징적 항목들을 더욱 구체적이고 섬세하게 논의하는 장이 마련되어야 할 것이다.

셋째, 역사서사문학 논의는 한국 문학사뿐만 아니라 세계 문학사 차원에서 관심을 갖고 새롭게 틀을 다시 짜야 하는 시대적 흐름에 직면해 있다. 본고에서 그 논의를 위한 이론적 · 실제적 문제제기를 시도해 봤지만, 앞으로 역사서사문학은 많은 연구자들 사이에서 관심을 갖고 보다 더 적극적으로 논의되고 공론되어야 할 것이다. 특별히 역사서사문학 연구는 그동안 서구 이론의 영향을 거의 일방적으로 받아 왔다. 국내 자체적인 이론 생산과 국내 역사서사문학의 특성을 밝히는 작업이 더욱 요청된다. 문학사적 의미를 조망하고 미래지향적 문학 갈래로서 그 가능성에 대한 열린 시각을 제공할 필요가 있다.

지금도 창작되고 있는 역사영웅서사문학이 계속적으로 그 문학사적 위치를 재평가받고 새롭게 자리매김받을 수 있기 위한 후속작업이 계속 이루어져야 할 것이다. 현재 세간의 관심과 함께 새롭게 평가받고 있는 환상문학이 제자리를 찾기 위한 작업이 진행되고 있는 것처럼 역사영웅서사문학 또한 사이버 컴퓨터 세상에서 현실과 환상의 간극을 극복하고 새롭고 올바른 가치관을 정립할 수 있는 확대된 공간으로 활용될 수 있어야 할 것이다. 역사영웅서사문학은 그 여느 문학작품보다 과거와 현재, 그리고 미래를 이해하는 통로로서 중요한 역할을 감당하고 있는 서사물임에 분명하다.

참고문헌

1. 기본자료

『님쟝군전』, 국립도서관소장 경판 27장본; 이복규 편, 『임경업전』, 서울: 시인사, 1998.

朝鮮光文會 編, 『林忠愍公實記』, 京城新聞館, 1913.

近松門左衛門, 『國性爺合戰』(近松門左衛門全集 第七卷), 東京: 春陽堂, 1922.

近松門左衛門, 守隨憲治 · 大久保忠國 校注, 「國性爺合戰」, 『近松淨瑠璃集』(下), 東京: 岩波書店, 1959.

Mickiewicz, Adam, *Konrad Wallenrod*, Kraków: Krakowska spółka Wydawn, 1926.

______, *Grażyna: Powieść Litewska*, Warszawa: Czytelnik, 1976.

월터 스콧트, 김병철 옮김, 『아이반호』, 서울: 을유문화사, 1960.

Scott, Walter, *Ivanhoe*, Berkshire: Cox & Wyman, 1994.

______, *Waverley*, London: Clay, 1985.

2. 연구논저

2.1. 『임경업전(林慶業傳)』

권혁래, 『조선후기 역사소설의 성격』, 서울: 박이정, 2000.

김기동, 『이조시대소설론』, 서울: 정연사, 1959.
______, 『한국고전소설연구』, 서울: 교학사, 1983.
김기현 교주, 『임장군전』, 서울: 예그린출판사, 1975.
______, 「조선 중기의 歷史小說」, 『고소설사의 제문제』, 서울: 집문당, 1993.
김분숙, 「한 · 일 영웅상의 비교: 임경업과 源義仲을 중심으로」, 『石堂論叢』 17, 부산: 동아대 石堂傳統文化硏究院, 1991.
김용덕, 「複合型 傳記小說: "林慶業傳" · "姜邯贊傳" · "韓氏報應錄"」, 『韓國傳記文學論』, 서울: 민족문화사, 1984.
김윤세 옮김, 『림경업전』, 평양: 문학예술종합출판사, 1992.
김의정, 『역사소설 임장군전 연구』, 서울: 솔터, 1992.
김장동, 『조선조 역사소설연구』 서울: 이우출판사, 1986.
______, 「임경업전 연구: '實紀'의 視差와 명분론적 주제를 중심으로」, 『柿園 金起東博士回甲紀念論文集』, 서울: 교학사, 1986.
김태준, 『조선소설사』, 서울: 학예사, 1939.
노성미, 「『임경업전』의 비극성에 대한 고찰」, 『경남어문논집』 3, 마산: 경남대 국어국문학과, 1990.
박희병, 「17세기 동아시아의 전란과 민중의 삶」, 『벽사 이우성 교수 정년퇴직기념논총: 민족사의 전개와 그 문화 (상)』, 서울: 창작과비평사, 1990.
서대석, 「임경업전 연구」, 『하성 이선근박사 고희기념논문집』, 서울: 동간행위원회, 1974.
______, 「임경업전 연구」, 국어국문학회편, 『고전소설연구』, 서울: 정음사, 1979.
______, 「임경업전과 병자호란」, 『군담소설의 구조와 배경』, 서울: 이화여자대학교출판부, 1985.
서영숙, 「임경업전에 나타난 세계관」, 『어문연구』 20, 대전: 충남대 어문연구회, 1990.
소재영, 『임병양란과 문학의식』, 서울: 한국연구원, 1980.
______, 『조선조 문학의 탐구』, 서울: 아세아문화사, 1997.
신태수, 『하층영웅소설의 역사적 성격』, 서울: 아세아문화사, 1995.
윤영옥, 「임경업전 연구」, 『국어국문학 연구』 15, 경산: 영남대 국어국문학회, 1973.
이복규, 「임경업전의 주제 재론」, 『국제어문』 5, 서울: 국제대학 국어국문학과, 1984.
______, 『임경업전 연구』, 서울: 집문당, 1993.

이윤석, 「임경업전 연구 : 그 형성과정과 문학사적 위치」, 서울: 연세대 석사학위논문, 1978.
_____, 「임경업 전설의 연구」, 『효성여자대학교 논문집』 31, 대구: 효성여자대학교, 1985.
_____, 『임경업전 연구』, 서울: 정음사, 1985.
임철호, 「역사군담론」, 『한국고전소설론』, 서울: 새문사, 1996.
장덕순, 「병자호란을 전후한 전쟁소설」, 『국문학통론』, 서울: 신구문화사, 1963.
정규복, 「임경업전의 권선징악적 의식」, 『한실 이상보 박사 회갑기념논총』, 서울: 동간행위원회, 1987.
조광국, 「역사영웅소설 연구 : 구활자본 고전소설을 중심으로」, 서울: 서울대 석사학위논문, 1988.
조동일, 『한국문학통사』 3, 제3판, 서울: 지식산업사, 1994.
차용주, 「임병양란과 소설의 위상(林忠臣傳)」, 『한국한문소설사』, 서울: 아세아문화사, 1989.

2.2. 『고쿠센야갓센(國性爺合戰)』

가와타케 시게토시(河竹繁俊), 이응수 옮김, 『일본연극사(上)』, 서울: 청우, 2001.
가토 슈이치(加藤周一), 김태준 · 노영희 옮김, 『日本文學史序說 2』, 서울: 시사일본어사, 1996.
고니시 진이치(小西甚一), 김분숙 옮김, 『일본문학사』, 서울: 고려원, 1995.
김덕준, 「近松門左衛門の淨瑠璃に關する考察」, 『외국어연구』 2, 부산: 성심외국어전문대학 외국어교육연구소, 1992.
김문길 · 권혁건 · 고용환 · 허배관, 『일본문학 이해』, 서울: 형설출판사, 1998.
김성은, 「〈고쿠센야갓센(國性爺合戰)〉에 나타난 대외의식」, 『일본문화학보』 제14집, 서울: 한국일본문화학회, 2002.
명진숙, 「近松戱曲의 研究: 『國性爺合戰』에 나타난 '孝'의 形象」, 『일본연구』 8, 서울: 중앙대학교 일본연구소, 1993.
미나미 히로시(南博), 서정완 옮김, 『일본적 자아』, 서울: 소화출판사, 1996.
신현하, 『일본문학사』, 서울: 보고사, 2000.

오가와 마사쓰구(尾川正二), 김학현 옮김, 『일본 고전에 나타난 미적 이념』, 서울: 소화출판사, 1999.

이토 세이(伊藤整), 고재석 옮김, 『근대 일본인의 발상형식』, 서울: 소화출판사, 1996.

車參任, 「近松時代淨瑠璃の展開: 「用明天王職人鑑」を中心に」, 『日語日文學硏究』 31, 서울: 박이정, 1997.

최 관, 「지카마쓰(近松)의 『國性爺合戰』에 대한 고찰: 성공배경을 둘러싸고」, 『일본학보』 53, 한국일본학회, 2002.

하윤희, 「『國性爺合戰』에서 보는 女性像」, 『日語日文學硏究』 20, 서울: 박이정, 1992.

高野正巳, 『近松文學と藝術』, 東京: 赤板書院, 1983.

大久保忠國 編, 『近松』, 東京: 角川書店, 1975.

白倉一由, 『近松の 淨瑠璃』, 近代文藝社, 1989.

市古貞次 編, 『增訂版 日本文學全史 4(近世)』, 東京: 學燈社, 1990.

日本文學硏究資料刊行會 編, 『近松』(日本文學硏究資料叢書), 有精堂, 1976.

河竹繁俊, 『日本戱曲史』, 東京: 南雲堂累楓社, 1965.

向井芳樹, 「現代に生きる近松の文學と舞臺」, 『解釋と鑑賞』, 1970.

丸山正彦 著, 張鑄六 譯, 『臺灣開倉 鄭成功』, 1895, 서울대 구간도서소장(출판지 · 출판사 미상)

Coyett Et Socii, 李辛陽 · 李振華 合譯, 『鄭成功復臺外記』, 臺北: 中華文化出版事業委員會, 1955.

Gerstle, Andrew, *Circle of Fantasy: Convention in the Plays of Chikamatsu*, Cambridge, MA: Council on East Asian Studies, 1986.

Kato, Shuichi, *A History of Japanese Literature*, vol. 2, Trans. by Paul Norbury, Hong Kong: Paul Norbury Publications, 1983.

Keene, Donald, *The Battles of Coxinga*, London: Taylor's Foreign Press, 1951.

________(ed.), *Anthology of Japanese Literature: Earliest Era to Mid-Nineteenth Century*, Tokyo: Charles E. Tuttle, 1972.

Miyamory, Asataro (trans.), *Masterpieces of Chikamatsu: The Japanese Shakespeare*, Rev. by Robert Nichols, London: Kegan Paul, Trench, Trubner & Co., 1926.

Ortolani, Benito, *The Japanese Theatre: From Shamanistic Ritual to Contemporary Pluralism*, Princeton: Princeton University Press, 1990.

2.3. 『콘라드 발렌로드(*Konrad Wallenrod*)』

Czachowski, Kazimierz, *Między Romantyzmem a Realizmem*, Warszawa: Państwowy Instytut Wydawniczy, 1967.

Davie, Donald, "Pushkin, Walter Scott, and Mickiewicz", *Essays on Russian and Polish Literature*, Chicago: University of Chicago Press, 1990.

Janion, Maria, *Tragizm, Historia, Prywatność*, Kraków: Universitas, 2000.

Jastrun, Mieczysław, *Mickiewicz*, Warszawa: Państwowy Instytut Wydawniczy, 1956.

Kleiner, Juliusz, *Wallenrod Polski i Wallenrod Amerykański*, Poznań: Uniwersytet Poznański, 1920.

______, *W Kręgu Historii i Teorii Literatury*, Warszawa: Państwowe Wydawnictwo Naukowe, 1981.

Kolbuszewski, Jacek, *Literatura Wobec Historii*, Wrocław: Wydawnictwo Uniwersytetu Wrocławskiego, 1997.

Komitet Redakcyjny i Zespół redakcyjny wydawniczy, *Literatura Polska Przewodnik Encyklopedyczny*, Warszawa: Państwowe Wydawnictwo Naukowe, 1984.

Korycki, Władysław, *Z Duchowych Wnętrz*, Warszawa: Skład Główny w Księgarni E. Wenda i S-ka, 1913.

Krzyżanowski, Julian, *Dzieje Literatury Polskiej*, Warszawa: Państwowe Wydawnictwo Naukowe, 1979.

_______, *Tradycje Literackie Polszczyzny*, Warszawa: Państwowe Wydawnictwo Naukowe, 1992.

Lasecka, Janina, "Ocalenie i Negacja: Epika Poetycka Waltera Scotta i George'a Gordona Byrona", *Prace Polonistyczne*, Wrocław: Ossolineum, 1983.

Makowski, Stanisław, Eligiusz Szymanis, *Adam Mickiewicz*, Warszawa: Wydawnictwa Szkolne i Pedagogiczne, 1992.

Rymkiewicz, Jarosław M. etc, *Mickiewicz Encyklopedia*, Warszawa: Grupa Wydawnicza Bertelsmann Media Horyzont, 2001.

Sięicka, Dorota, *Romantyzm 1822-1863*, Warszawa: Państwowe Wydawnictwo Naukowe, 1999.

Stępniewska, Alicja, *Mickiewicz w Kręgu Homera*, Lublin: Redakcja Wydawnictw Katolickiego Uniwersytetu Lubelskiego, 1998.

Szyper, Henryk, *Adam Mickiewicz: Poeta i Człowiek Czynu*, Warszawa: Czytelnik, 1947.

Ujejski, J., *Byronizm i Scottyzm w "Konradzie Wallenrodzie"*, Kraków, 1923.

Weintraub, Wiktor, *The Poetry of Adam Mickiewicz*, Boston: Mouton & Co, 1954.

Wiech, Anna, *Grażyna-Konrad Wallenrod*, Warszawa: Pomoce Naukowe (출판 연도 미상)

Wojciechowski, Por. K., "Motywy z Waverleya W. Scotta w Grażynie i Konradzie Wallenrodzie," *Pamiętnik Literacki*, tom 16-18, Warszawa, 1918-1920.

Życzyński, Henryk, *Pisma Estetyczno-Krytyczne,* Kraków: Nakładem Krakowskiej Spółki Wydawniczej, 1924.

2.4. 『아이반호(*Ivanhoe*)』

마이어 H. 에이브럼즈 외, 김재환 옮김, 『노튼 영문학 개관 Ⅰ · Ⅱ(*The Norton Anthology of English Literature Ⅰ · Ⅱ*)』(개역판), 까치, 1999.

전수용, 「월터 스콧(Walter Scott)」, 근대 영미소설학회 편, 『19세기 영국소설 강의』, 서울: 민음사, 1998.

Davie, Donald, "Waverley", *Walter Scott*, London: Macmillan & Co., 1968.

Duncan, Joseph E., "The Anti-Romantic in Ivanhoe", *Walter Scott*, London: Macmillan & Co., 1968.

Hart, Francis R., "The Historical Picturesque and the Survivals of Chivalry", *Scott's Novels: The Plotting of Historic Survival*, The Univ. Press of Virginia, 1966.

Hayden, John C. (ed.), "Ivanhoe", *Walter Scott: The Critical Heritage*, London and New York: Routledge, 1995.

Jack, Ian, "The Waverley Romances", *English Literature: 1815-1832*, Oxford: Oxford University Press, 1963.

Kelly, Gary, "History and Romance: Sit Walter Scott", *English Fiction of the Romantic Period 1789-1830*, London and New York: Longman, 1989.

Lang, Andrew (ed.), *Ivanhoe by Sir Walter Scott*, London: Macmillan and Co., 1925.

Lewis, William D. (ed.), *Ivanhoe: A Romance*, Boston: Ginn and Company, 1916.

Mayhead, Robin, "Scott's Treatment of the Heroic", *Walter Scott*, London: Routledge & Kegan Paul, 1968.

Robertson, Fiona, "Fictions of Authenticity: The Frame Narratives and Notes of the Waverley Novels", *Legitimate Histories: Scott, Gothic, and the Authorities of Fiction*, Oxford: Clarendon Press, 1944.

________, "The Healthy Text: Scott, the Monsters, and the Critics", *Legitimate Histories: Scott, Gothic, and the Authorities of Fiction*, Oxford: Clarendon Press, 1944.

Watson, Nicola J., "Consigning the Heroine to History: National and Historical Tales, 1800-1825", *Revolution and the Form of the British Novel, 1790-1825*, Oxford: Clarendon Press, 1994.

Wheeler, Michael, *English Fiction of the Victorian Period 1830-1890*, London: Longman, 1985.

Williams, Merryn, "Ideology and the Novel", *Woman in the English Novel, 1800-1900*, London: Macmillan Press, 1985.

Wilt, Judith, "Coming Home: *Waverley* and *Ivanhoe*", *Secret Leaves: The Novels of Walter Scott*, Chicago and London: The University of Chicago Press, 1985.

2.5. 일반론

강영주, 『한국 역사소설의 재인식』, 서울: 창작과비평사, 1991.

게오르그 루카치, 이영욱 옮김, 『역사소설론』, 서울: 거름, 1987.

_____, 반성완 옮김, 『루카치 소설의 이론』, 서울: 삼설당, 1998.

공임순, 『우리 역사소설은 이론과 논쟁이 필요하다』, 서울: 책세상, 2000.

김윤식, 「역사소설의 네 가지 형식」, 『한국 근대소설사 연구』, 서울: 을유문화사, 1986.

_____, 「루카치 소설론의 수용양상」, 『한국근대문학사상사』, 서울: 한길사, 1984.

김장동, 「역사소설의 제 문제」, 『고전소설의 이론』, 서울: 태학사, 1989.

김창현, 『한일 소설 형성사: 자본이 이상을 몰아내다』, 서울: 책세상, 2002.
김춘택, 『우리나라 고전소설사』, 서울: 한길사, 1993.
김태준, 『한국문학의 동아시아적 시각 2』, 서울: 집문당, 2000.
로버트 숄즈 · 로버트 켈로그 · 제임스 펠란, 임병권 옮김, 『서사문학의 본질』(수정증보판), 서울: 예림기획, 2007.
로즈메리 잭슨(Rosemerry Jackson), 서강 여성문학연구회 옮김, 『환상성: 전복의 문학』, 서울: 문학동네, 2001.
루샤오펑(Sheldon Hsiao-peng Lu), 조미원 · 박계화 · 손수영 옮김, 『역사에서 허구로: 중국의 서사학(*From Historicity to Fictionality: The Chinese Poetics of Narrative*)』, 서울: 도서출판 길, 2001.
류준경, 「방각본 영웅소설의 문화적 기반과 그 미학적 특성: 구술적 성격을 중심으로」, 서울: 서울대 석사학위논문, 1997.
미케 발(Mieke Bal), 한용환 · 강덕화 옮김, 『서사란 무엇인가(*Narratology*)』, 서울: 문예출판사, 1999.
미하일 바흐친, 전승희 · 서경희 · 박유미 옮김, 『장편소설과 민중언어』, 서울: 창작과비평사, 1988
______, 이덕형 · 최건영 옮김, 『프랑수아 라블레의 작품과 중세 및 르네상스의 민중문화』, 서울: 아카넷, 2001.
박일용, 『조선시대의 애정소설: 사실과 낭만의 소설사적 전개양상』, 서울: 집문당, 1993.
______, 『영웅소설의 소설사적 변주』, 서울: 월인, 2003.
박지원, 「渡江錄 關帝廟記」, 『燕岩集』, 서울: 경인문화사, 1979.
반성완, 「루카치의 역사소설이론과 우리의 역사소설」, 『외국문학』 제3호, 서울: 열음사, 1984.
배 현, 「존 파울즈의 『프랑스 중위의 여자』에 사용된 에피그라프 연구」, 『담론의 질서: 원근법으로 본 영문학의 세계』, 서울: 문예출판사, 1998.
서강여성문학연구회, 『한국문학과 환상성』, 서울: 예림기획, 2001.
서인석, 「17세기 전후 민족현실과 소설의 발전」, 민족문학사연구소 엮음, 『민족문학사 강좌 (상)』, 서울: 창작과비평사, 1996.
여홍상 엮음, 『바흐친과 문학 이론』, 서울: 문학과지성사, 1997.
이민희, 「한국과 폴란드의 자국문학사 이해 비교연구」, 서울: 서울대 석사학위논문, 1999.

_____, 「〈임경업전(林慶業傳)〉과 〈국성야합전(國性爺合戰)〉 비교연구」, 『국문학 연구』 제8호, 서울: 태학사, 2002.

_____, 「전쟁소개 역사소설에서의 만남과 이산의 주체와 타자: 〈최척전〉, 〈김영철전〉, 〈강로전〉을 중심으로」, 『국문학연구』 제17호, 서울: 국문학회, 2008.

이상택, 「고대소설의 세속화과정 시론」, 『한국고전소설 연구』, 서울: 새문사, 1983; 「고전소설의 세속화과정」, 『한국고전소설의 이론』 Ⅰ · Ⅱ, 서울: 새문사, 2003 재수록.

_____, 「고전소설의 사회와 인간」, 『한국고전소설의 이론』 Ⅰ, 서울: 새문사, 2003.

이재선 엮음, 『문학 주제학이란 무엇인가』, 서울: 민음사, 1996.

임철호, 『설화와 민중의 역사의식』, 서울: 집문당, 1989.

임형택, 「조선개국록(朝鮮開國錄)」, 『민족문학사연구』 제5호, 서울: 민족문학사연구소, 1994.

제레미 탬블링(Jeremy Tambling), 이호 옮김, 『서사학과 이데올로기(*Narrative & Ideology*)』, 서울: 예림기획, 2000.

조동일, 『한국소설의 이론』, 서울: 지식산업사, 1977.

_____, 「임진록」, 『한국고전소설작품론』, 서울: 집문당, 1990.

_____, 「영웅의 일생, 그 문학사적 전개」, 『민중영웅이야기』, 서울: 문예출판사, 1992.

_____, 『소설의 사회사 비교론』 1 · 2 · 3, 서울: 지식산업사, 2001.

조희웅, 「한국 서사문학의 공간개념」, 『고전소설연구』, 서울: 정음사, 1979.

캐스린 흄, 한창엽 옮김, 『환상과 미메시스』, 서울: 푸른나무, 2000.

한국문학연구회 엮음, 『다시 읽는 역사문학』, 서울: 평민사, 1995.

水原一, 「軍記物の倫理」, 『平家物語の形成』, 1971.

陳平原, 夏曉虹 編, 「中國唯一之文學報『新小說』」, 『二十世紀中國小說理論資料』 第1卷, 北京: 北京大學出版社, 1989.

Bakhtin, Mikhail, *The Dialogic Imagination*, Ed. by Michael Holquist, Trans. by Caryl Emerson and Michael Holquist, Austin: University of Texas Press, 1981.

Davis, Lennard J., "Ideology and the Novel", *Factual Fictions: The original of the English Novel*, New York: Colombia Univ. Press, 1983.

_____, "The Romance: Liminality and Influence", *Factual Fictions: The Original of the English Novel*, New York: Colombia Univ. Press, 1983.

Fleishman, A., *The English Historical Novel*, Baltimore: The Johns Hopkins Press, 1971.

Herman, David, "Story Logic in Conversational and Literary Narratives", *Narrative*, vol. 9, Ohio State University Press, 2001.

Jahn, Manfred, "Narrative Voice and Agency in Drama: Aspects of a Narratology of Drama", *New Literary History*, vol. 32, The Johns Hopkins University Press, 2001.

Pihlainen, Kalle, "The Moral of the Historical Story: Textual Differences in Fact and Fiction", *New Literary History*, vol. 33, Baltimore: The Johns Hopkins University Press, 2002.

Shaw, Harry E., "The Historical Novel" in Martin Coyle (ed.) *Encyclopedia of Literature and Criticism*, London: Routledge, 1991.

찾아보기

ㅂ

ㅅ

ㅇ

ㅈ

ㅎ

Abstract

A Comparative Study of Historical Heroic-Narrative Literature from Korea, Japan, Poland, and England

Min-heui Lee

In the 1930s, Lukács empathized that we must see the past as the prehistory of the present and ultimately understand both past and present as parts of a teleological process of social realistic literature. But what is debilitating in Lukács's approach is that he appears to have no way of focusing other, perhaps less important, but hardly negligible, skills and aims that historical fictions have set themselves. One such rebuilding is to focus on specific characters of historical narrative works which use fantastic and/or romantic descriptive skills, and ideological themes of nationalism or patriotism common in the East and the West.

The representative works are as follows: the Korean anonymous historical novel *Im gyung-up Jeon* (林慶業傳), the Japanese historical puppet play *Kokusenya Kassen* (國性爺合戰, 1715) by Chikamatsu Mozaemon (近松門左衛門, 1653-1725), the Polish heroic epic *Konrad Wallenrod* by Adam Mickiewicz (1798-1855), and the English historical novel *Ivanhoe* by Walter Scott (1771-1832). These works employ historical materials, e.g., historical heroes and events. Most of all, the four works have the following fundamental common points: a) they are acknowledged as are presentative historical-heroic narrative work in one's own country, b) the main character is a male hero, c) they describe historical facts or persons, d) they describe conflict among neighboring countries, and e) they describe domestic matters of politics or society.

The four works, though they are different genres-historical novel, drama or heroic epic, belong commonly under historical heroic-narrative literature which describes an ideology or contemporary spirit by using various narrative styles, and frequenting a boundary between a reality (historical) and a fantasy (romantic) that is different from other genres. We need to understand the fact that in historical works, the style of mixing reality and fantasy that is often used were common in historical works of countries not only in the East, but also the West. As a result, we can separate works of whole historical heroic-narrative literature into three categories, that is to say, a) 'realistic' historical heroic-narrative literature (e.g., *Ivanhoe*), b) 'fantastic' historical heroic-narrative literature (e.g., *Kokusenya Kassen*), and c) historical heroic-narrative literature which falls in the middle of the first two categories. In this thesis, realistic and fantastic are related with a skill of narrative writing.

The main character of *Im gyung-up Jeon*, Im Gyung-Up (林慶業, 1594-1646), was a great general who did great things in the war Byongja-Horan (丙子胡亂), but was killed because of a false accusation by a traitor. Kokusenya (國性爺, 1624-1662), the hero of *Kokusenya Kassen*, was a general who went to China from Japan and fought against Tartary in order to protect the Ming (明) dynasty. Konrad Wallenrod ruled over the Teutonic Knights from 1391 until 1393, but his expedition against Lithuania, in 1392, ended in disaster, and the next year, he died. Though Ivanhoe was not a real hero in England, as to the historical element in *Ivanhoe*, it tells of the strong conflict between the Normans and Saxons, in the time of Richard. *Ivanhoe* also describes love among Ivanhoe, Rebecca, and princess Rowena.

Those works have two kinds of narrative conflicts, foreign and domestic relations, and show us the way the hero, not the heroine, solves those conflicts and the philosophy of encouraging the good and punishing the evil. They show us a national identity that cultural side-countries achieve the main role instead of a cultural center-country in solving the antagonism of one nation to another, and the ideology that loyalty ultimately defeats disloyalty in a conflict between a royal retainer and a treacherous retainer.

The four works also have a few common features: the general role of the main female character is to give up or sacrifice her life voluntarily in order to help the hero to accomplish an important purpose, which he manages to obtain, and to empathize the hero's great activities; the oral narration or the elements of oral literature like folktales, ballads, and popular traditions are still extant in works, because historical heroic-narrative literature is in a condition that prose writing is not yet differentiated from composing in verse; and it also has a transformational structure of the heroic lifetime, for example, 'sufferings-victory-death or living in splendor' without extraordinary birth or back to the heavens.

Though these works have several similarities, they also have some differences; for example, in the style of writing history or in the way of closing stories. Because *Im gyung-up Jeon* was written based on reality, the historical hero's entire life and death was described realistically, like a history, even though sometimes fantastic descriptions were used, which was from the Chinese history writing style. The victory of Chosun in fighting savage countries means that the cultural side-country, Chosun, was laid on an equal position with China, which was the cultural main-country. It also means that people had a strong consciousness of their own country and national identity in the seventeenth and eighteenth centuries. *Ivanhoe* and *Konrad Wallenrod* were also written with a similar principle of creating a realistic historical heroic-narrative literature.

In contrast, the historical play *Kokusenya Kassen* was created fictitiously with various images which were derived from historical romances and other narratives. The narrator recited not only lines for the mute puppets but also connected descriptions. A certain exaggeration was necessary to impart the sentiments of living people to wooden creatures. There are distant battles seen in visions, characters who age seven years in the blink of an eye, and a rainbow bridge which mysteriously spans a gorge only to evaporate suddenly. These dramatic effects, which were intended by the writer, contribute to the literary value of *Kokusenya Kassen* as a fantastic piece of historical heroic-narrative literature.

Historical heroic-narrative literature, regardless of its realistic or fantastic descriptive mode, has an ideological discourse of the importance in constructing a new kind of realistic self-consciousness with the relation of history and national literature, and shows the desire of writers that wished to make the basis for the inculcation of nationalism, loyalty, and filial piety.

It is significant that historical heroic-narrative literature in the period of transition to modern literature dealt with the theme of 'history, people, and human being' in priority under realistic awareness and ethnocentrism, and was written eagerly with the speculation of history and reality in the cultural side-countries than in cultural center-countries.

저자 소개

이민희(李民熙)

강화 출생. 연세대 국어국문학과를 졸업한 후, 서울대 국어국문학과 대학원에서 고전문학을 전공해 석사 및 박사학위를 취득했다. 폴란드 바르샤바대 한국어문학과 조교수와 아주대 교양학부 강의교수를 거쳐 현재 강원대 국어교육과 조교수로 재직 중이다. 저서로 『파란 · 폴란드 · 뽈스까!-100여 년 전 한국과 폴란드의 만남, 그 의미의 지평을 찾아서』, 『16~19세기 서적중개상과 소설 · 서적 유통관계 연구』, 『조선의 베스트셀러』, 『조선을 훔친 위험한 책들』 등이 있다. 고전소설과 소설사회사에 관심이 많으며, 여러 학문 영역의 틀을 넘어서기 위해 노력하고 있다.

역사영웅서사문학의 세계

2009년 2월 25일 초판 제1쇄 인쇄
2009년 2월 28일 초판 제1쇄 발행

저 자 이민희

발행인 이장무
발행처 서울대학교출판부
151-742 서울 관악구 관악로 599
마케팅과 02-889-4424, 02-880-7995
팩시밀리 02-888-4148
이메일 snubook@snu.ac.kr
홈페이지 www.snupress.com

출판등록 제15-3호

ISBN 978-89-521-0958-3 93800

값 14,000원